# CHATS NOIRS

34-36, rue La Pérouse
75116 Paris
www.hugopublishing.fr
Visuels de couverture : © Andreiuc88/Shutterstock ; © NeydtStock/Shutterstock ;
© FedotovAnatoly/Shutterstock
Conception graphique de la couverture : Emmanuel Pinchon

ISBN : 9782755676716
Dépôt légal : novembre 2024
Imprimé en France par CPI Bussière

VÉRONIQUE RIVAT

# CHATS NOIRS

Hugo Thriller

*À la mémoire des femmes victimes*
*d'homicide ou de féminicide.*
*En France, en 2023, 134 femmes ont été tuées.*

# PROLOGUE

*Route nationale 118, kilomètre 70,*
*lundi 21 novembre 2005.*

Il me traîne jusqu'à son van. Il me serre si fort contre lui que nous devons passer pour un couple d'amoureux illégitime qui s'est donné rendez-vous ici. Je ne peux même pas faire un signe aux voitures qui passent, car j'ai le nez coincé contre son torse. Ma gorge est en feu et je peine à respirer. Ma morve dégouline sur sa veste en cuir noir. Aucun véhicule ne ralentit, aucun ne s'arrête. Personne n'a l'air de se rendre compte que je suis victime d'un enlèvement.

Ou bien, tout le monde s'en fout.

Mes talons aiguilles s'enfoncent dans l'herbe sur le bas-côté de la route nationale et je tremble tellement que mes genoux jouent des castagnettes. Qu'est-ce qu'il va faire de moi ? Je le sais bien, mais je refuse d'y croire.

– Allez, monte, Madame le Substitut du procureur ! ricane-t-il en me poussant contre une des portières arrière de sa fourgonnette blanche.

Une bâche bleue recouvre le plancher et remonte sur les côtés, jusqu'au plafond. Il a pensé à tout… On ne retrouvera aucun indice prouvant ma présence là-dedans lorsqu'il aura retiré cette bâche, après…

Il me jette dans la caisse en maintenant fermement mes poignets dans une main et il s'assied à califourchon sur mon dos.

J'ai mal.

De sa main libre, il sort un rouleau de ruban adhésif de la poche intérieure de sa veste et, alors que je me débats, il se penche et se moque à mon oreille :

– Reste tranquille, tu auras moins mal.

À la sensation de son souffle chaud qui balaie ma nuque, je suis prise de haut-le-cœur et je vomis. Mes larmes, ma morve, ma bile… Je me vide de toutes mes sécrétions.

Mon urine coule le long de mes jambes.

Pendant qu'il s'évertue à attacher mes poignets dans mon dos, je pivote la tête et tente de lui mordre l'oreille, mais il s'écarte et ricane :

– Aïe ! Bien essayé, mais c'est raté ! Tiens-toi tranquille, la justicière !

Je n'ai pas fait couler le sang de son lobe, mais j'ai réussi à récolter son ADN quand même.

Pour ne plus vomir, je lèche mon mucus et mes larmes qui coulent pour pallier la salive qui me fait défaut. Si les techniciens ne relèvent aucune trace ailleurs, le médecin légiste fera analyser ce qu'il découvrira sur moi et… en moi… Je vais y passer, c'est certain.

Dans d'autres circonstances, je me serais sentie victorieuse.

– Heureusement que j'ai pensé à bâcher la caisse, tu t'es pissé dessus tellement tu as la trouille. Tu fais moins la maligne, maintenant, se félicite-t-il.

À l'aide de ses dents, il découpe un morceau de ruban adhésif et l'applique sur ma bouche avec violence.

– Et ça, c'est pour te passer l'envie de me mordre, termine-t-il dans un clin d'œil avant de sortir et de claquer les portières derrière lui.

Le fourgon démarre.

Ballottée d'un côté et de l'autre, je roule dans mes traces de pipi et je grelotte. Il ne faut pas que je baisse les bras.

Je tortille mes poignets pour détendre le ruban adhésif et les libérer, mais rien à faire. Mon regard, lui, se dirige vers les portières… Sur mes fesses trempées, je rampe jusqu'à elles, puis je donne des coups de pied dedans. En vain. Elles sont condamnées. Aucune vitre pour faire des signes à une voiture. Je suis prise au piège.

Ma gorge est en feu, je suffoque, j'ai chaud, j'ai froid, j'ai peur. Les larmes roulent sur mes joues et mon nez coule.

« Réfléchis, Kay Dancourt. Laisse des indices dans cette bagnole, car une fois la bâche retirée, il n'y en aura plus », me dis-je.

Cette pensée soulève en moi un ultime relent de survie. Je balance mes escarpins et me contorsionne pour passer mes bras sous mes jambes.

Ça y est, c'est bon !

Je m'empresse de retirer le scotch qui retient mes lèvres scellées et respire un grand coup. Avec les dents, je m'acharne sur mes poignets, jusqu'à les délier, puis j'enfonce l'index dans ma bouche. Le plus profondément possible.

Les secondes s'égrènent. J'essaie de rester concentrée, de respirer, de réfléchir.

Je suis perdue. Déterminée à survivre ou résignée à mourir ?

Mes yeux se fixent sur mon annulaire gauche et sur les deux alliances qui l'ornent. En détaillant le cœur de mon anneau de Claddagh[1], je fais mes adieux à Axel, mon mari. « C'est nos dix ans de mariage, aujourd'hui. J'étais si heureuse de rentrer à la maison pour fêter l'événement avec toi. On ne célébrera pas le onzième. On ne concevra pas ce deuxième enfant que tu désirais tant. Tu le feras avec une autre. Tu es jeune, refais ta vie, chéri. »

Puis mes pensées s'envolent vers Zach, notre fils de sept ans. Je me vois le déposer devant son école ce matin. Il avait hâte de goûter au gâteau que j'ai promis de rapporter ce soir.

---

1 Bijou traditionnel irlandais composé de deux mains, symbolisant l'amitié, un cœur représentant l'amour et une couronne, symbole de la loyauté. Il est offert pour des fiançailles ou porté comme alliance.

« Il est aux fraises, Zach, mon gâteau de mariés avec *daddy*. Il est dans le coffre de l'Audi. Je t'aime, mon bébé. »

Je ne le verrai pas devenir un homme. Je n'irai pas à son mariage. Je ne connaîtrai jamais la joie de tenir la chair de ma chair dans mes bras.

« Et toi, Ninja ? Mon chat qui ne me quitte pas d'une semelle lorsque je suis à la maison. Tu vas devoir gérer seul tes conflits avec Axel. Il va falloir que tu composes avec lui. Tu ronronneras moins souvent. »

Et mes parents ? Comment vont-ils encaisser la terrible nouvelle ?

« Non, Kay ! N'abandonne pas ! »

Je dois absolument laisser une preuve de mon passage dans ce van…

Ça sent l'essence, là-dedans… Qu'est-ce qu'il va faire de mon corps ?… Il va y mettre le feu pour faire disparaître ses traces…

Oh, putain, il va me foutre le feu !

À cet instant, le fourgon ralentit.

Ça y est ! Je sais quoi faire. Vite ! Vite !

Il s'arrête.

Dans un souffle, je m'adresse à Axel :

– Je suis passée ici ! Cherche, mon amour !

Le bruit du moteur cesse pour laisser place au grincement d'une portière de voiture qui s'ouvre.

Oh mon Dieu, il arrive.

Non ! Non, je ne veux pas mourir !

*No way*[2] *!*

Je rassemble mon courage et toutes les forces qu'il me reste en inspirant profondément comme si je m'apprêtais à sauter d'un plongeoir. Je m'accroupis, prête à bondir pour lui échapper. Au moment où je m'empare d'une de mes chaussures d'une main tremblante, talon dirigé vers les portes,

---

2 Pas question !

elles s'ouvrent brusquement sur la brute munie d'une batte de baseball. Il la pointe vers moi, me contraignant à me replier au fond de la caisse. Il monte et referme les portières derrière lui.

– Tu t'es détachée, sale garce !

Les yeux embués de larmes, je ne peux que brandir le talon aiguille de mon escarpin en hurlant toute ma rage.

Chapitre 1

# L'ATTENTE

***Palaiseau, le même jour,***
***dix-neuf heures trente.***

– Mamaaan ! braille mon fils, en se précipitant dans le couloir.

Dès qu'il m'aperçoit, il stoppe net et écarquille les yeux. Étonné d'être le premier à rentrer à la maison, je l'interroge :

– Maman n'est pas encore là ?

Il secoue négativement la tête et vient coller sa tignasse brune tout ébouriffée entre mes jambes.

– Je vais me changer et j'arrive, OK ? Tu as des devoirs ?

– Je les ai faits avec Audrey !

– Elle est où Audrey ?

– Dans le salon.

L'étrange attitude de notre chat perturbe, elle aussi, mon arrivée. Alors que d'ordinaire il me fuit comme la peste, voilà que ce soir il slalome entre mes pattes, m'empêchant d'avancer.

Serais-je victime d'une conspiration orchestrée par mon fils et ma bestiole ? Enfin, celle de ma femme, plutôt.

Je m'accroupis pour le caresser, persuadé qu'il va détaler sous un meuble. À ma grande stupéfaction, il se laisse faire. Étrange, c'est à Kay qu'il fait la fête normalement, pas à moi.

Zach, qui assiste à la scène, est médusé, lui aussi.

– D'habitude, il a peur de toi, marmonne-t-il.

– Il s'est peut-être enfin habitué à l'uniforme de gendarme.

– Il t'aime pas, me rappelle-t-il en s'agenouillant près de moi.

– Je sais qu'il ne jure que par maman et toi. Il me considère comme la bête noire de la maison, alors que c'est lui.

– C'est lui quoi ? m'interroge Zach en entourant mon cou de ses bras.

– La bête noire de la maison.

– Ha, ha, ha ! Non, c'est toi le chat noir ! Tes copains du PSIG[3] t'ont donné le truc qu'on colle sur le blouson de gendarme… Comment ça s'appelle ?

– L'écusson.

Zach a raison. Dans chaque unité de gendarmerie, il y a toujours un militaire qui se démarque des autres. Un camarade qu'on aime détester, parce qu'avec lui il n'y a jamais de routine. Quand il est de garde, on connaît le début de nos patrouilles, mais jamais la fin.

Les situations originales et rocambolesques en patrouille, moi je les attire. Ce sont les raisons qui ont amené mes collègues à me décerner l'écusson *« Chat noir »* à l'occasion de la journée de la fameuse bête noire, qui a lieu le 17 août de chaque année.

Ainsi, depuis 2002, le chat noir du PSIG de Palaiseau, c'est moi à double titre, puisque ma femme m'a obligé à adopter un chat noir.

Je passe la main dans les cheveux de mon fils et ajoute :

– Deux chats noirs dans la même maison, ça ne fait pas bon ménage.

Il prend Ninja contre lui en s'esclaffant :

– Arrête, *daddy* ! Je sais bien que t'as peur qu'il te griffe !

– Il en serait bien capable ! ris-je à mon tour en me relevant.

Tout en me dirigeant vers notre chambre, je frotte énergiquement le bas de ma combinaison d'intervention bleu marine pour me débarrasser des poils.

---

3 Peloton de surveillance et d'intervention de la gendarmerie.

Quelques minutes après, j'en ressors en jean. Je vais me poster dans l'embrasure de la porte du salon et m'adresse à la nounou :

– Bonsoir, Audrey. Kay ne t'a pas prévenue qu'elle serait en retard ?

– Bonsoir, Axel. Non rien. Pas de nouvelles, mais ce n'est pas grave, je n'aurais pas laissé Zach tout seul.

– Merci d'avoir attendu mon retour, alors. Tu peux y aller, je prends le relais. Kay ne va certainement pas tarder.

– D'accord, Axel. On se voit après-demain, mon cœur, poursuit-elle en déposant un baiser sur la joue de Zach, alors qu'elle rassemble ses affaires.

– Bonne soirée. Sois prudente sur le chemin du retour.

– Oui. Bonne nuit les hommes ! rit-elle avant de refermer la porte d'entrée derrière elle.

– On va dans la cuisine pour préparer le dîner. Tu mets le couvert ?

– *Yes, I can, daddy !*

– On parle anglais quand on est tous les trois à la maison et maman n'est pas encore revenue.

– Mais d'habitude, elle est d'jà là ! proteste-t-il en disposant trois assiettes sur la table.

Je reconnais qu'il a raison et constate que, tout comme moi, le retard de sa mère le contrarie. Le coup d'œil que je jette à ma montre me confirme qu'elle devrait être ici depuis plus d'une heure, maintenant. J'oscille entre agacement et inquiétude car ça ne ressemble pas à Kay de garder le silence.

– Elle a peut-être dû rester au tribunal pour interroger un prisonnier. C'est déjà arrivé.

– Elle n'est pas de garde, ce soir !

Je sais que ce n'est pas elle le magistrat d'astreinte. Elle s'est fait remplacer pour être avec moi le soir de nos dix ans de mariage.

Tout en réfléchissant à une explication plausible que je ne trouve pas, je passe la main sur ma nuque tendue. Par dépit, j'ouvre la porte du frigo et enfonce la tête à l'intérieur à la recherche d'un plat préparé. J'en profite pour me rafraîchir les idées.

– Peut-être qu'elle en a marre de nous et qu'elle a décidé de nous abandonner, finis-je par marmonner, une barquette à la main.

Je n'ai jamais avancé un argument aussi peu crédible.

– Mais non, elle est amoureuse de toi ! Et ça fait dix ans aujourd'hui que vous êtes mariés ! Elle me l'a dit ! Elle m'a dit aussi qu'elle rapporterait un gâteau aux fraises, m'oppose Zach en se pourléchant les babines.

Sa thèse me fait sourire. Je revois ma femme, ce matin, se retourner pour m'embrasser, alors qu'elle avait un pied hors du lit.

– À ce soir, mon amour. Bon anniversaire de mariage. Je serai rentrée avant toi. Sois prudent, m'a-t-elle susurré alors que j'étais encore sous la couette.

Je l'ai emprisonnée dans mes bras pour la ramener contre moi. J'aime humer ce doux parfum fleuri que ses cheveux exhalent.

– Bon anniversaire, Madame le Substitut du procureur. N'oubliez pas que vous êtes convoquée ici même, à vingt-deux heures précises. Vous devrez répondre de ce crime dont je vous soupçonne d'être l'auteure.

– Et de quoi me suspectez-vous, mon Adjudant ?

– De me rendre raide dingue de vous depuis plus de onze ans.

– Vous avez des preuves ?

– Tout à fait. J'en ai une. Importante et irréfutable. Mais si je te la montre, tu vas être en retard au tribunal. Très, très en retard…

Elle a tenté de se soustraire à mon étreinte. En vain. Je l'ai obligée à me supplier avant d'accepter de la libérer. Elle a couru hors de notre chambre en riant.

Un peu plus tard, elle est réapparue dans l'encadrement de la porte pour me demander :

– Dis, Axel, lorsque je viendrai à ta convocation ce soir, on pourrait tenter d'agrandir notre famille, si tes arguments sont satisfaisants.

– Mon dossier tient la route, Madame le Substitut, ai-je argué, ravi qu'elle accède enfin à mon désir de deuxième enfant.

Puis je me suis assis dans le lit avant de réclamer des précisions :

– Mais, tu es sûre ? Tu sais bien qu'avec mon boulot je ne pourrai pas...

– En t'épousant, j'ai accepté les contraintes liées à ton métier. J'ai bien réfléchi. Je prendrai ce futur bébé en charge. Tu n'as pas hésité à t'occuper de Zach le temps que je fasse l'école de la magistrature, alors qu'il venait de naître.

Non, elle ne peut pas avoir oublié.

Je secoue la tête pour revenir à l'instant présent. Tout en mettant le hachis parmentier au four, je regarde la pendule. Vingt heures trente. Qu'est-ce qu'elle fabrique ? Je n'aime pas la déranger lorsqu'elle est au Palais. Je doute qu'elle y soit encore, mais sait-on jamais. Elle n'a peut-être pas vu l'heure, accaparée par un dossier...

Une fesse en appui contre la table, je rédige un texto, « Tu es encore au Palais, ma puce ? », tout en ordonnant à notre fils qui, le nez collé à la fenêtre, me tourne le dos :

– Tu mets ton pyjama, Zach, et on passera à table.

– Et mon bain ?

– Il est trop tard, Zach. On zappe le bain pour ce soir.

– Alors regarde si elle a répondu à ton texto et après je vais mettre mon pyjama, grogne-t-il en caressant Ninja assis sur la fenêtre, la queue se balançant en cadence dans le vide, comme si l'absence de Kay l'agaçait, lui aussi.

– Je viens seulement de l'envoyer. Je te préviens dès qu'elle me répond.

Zach disparaît dans sa chambre et j'appelle immédiatement au bureau de Kay. Personne. Son portable. Répondeur. J'essaie le numéro du magistrat d'astreinte. C'est David Baroni, son confrère, qui décroche. Je lui fais rapidement part de la situation.

– C'est moi qui suis d'astreinte, Axel, m'annonce-t-il. Kay est partie vers dix-huit heures trente. Tu l'as déjà appelée sur son portable, j'imagine ?

– Oui.

– Elle est peut-être tombée en panne de voiture.

– Elle m'aurait contacté depuis longtemps. Et puis elle aurait répondu à mes appels.

– Elle a dû oublier son téléphone dans son bureau. Je vais de ce pas faire un tour au Palais de justice pour vérifier. Si elle rentre entre-temps, préviens-moi.

– Entendu, David. Merci.

Aussitôt après avoir raccroché, je joins Christophe Marlier, le collègue (et ami) qui m'a relevé pour le service de nuit. Je lui explique ce qu'il se passe en précisant :

– Elle est certainement passée par la N 118.

– Je sais qu'elle passe toujours par là, Axel. Je prends en charge. On se transporte jusqu'au tribunal et on va refaire son trajet. Je t'appelle aussitôt que j'ai des nouvelles. Si tu en as avant moi…

– Oui, je te le dis. Merci.

Je pose mon mobile sur la table. Quand je dirige mon regard vers la fenêtre, Ninja, qui n'a pas bougé d'un poil, se tourne vers moi et m'adresse un long miaulement, comme s'il tentait de communiquer avec moi.

Je me souviens du jour où Kay l'a ramené à la maison, sous son manteau.

Elle l'avait trouvé en pleine forêt, aux abords de sa première scène de crime… Sa première grosse affaire. Elle avait essayé de me faire gober que la bestiole était susceptible de posséder des éléments probants à la résolution de son enquête et que le procureur avait consigné l'animal à notre domicile jusqu'à nouvel ordre.

Un hideux chaton souffrant de malnutrition et au poil tout mouillé dont Zach était immédiatement tombé fou d'amour. Dans un geste de protection, il l'avait pris dans ses bras, tandis que je protestais énergiquement :

– On ne va pas garder ce truc ! Je suis sûr qu'il est bourré de tiques. en plus !

– Je l'emmènerai chez le vétérinaire demain, a aussitôt répliqué Kay, en se collant à moi.

– Je te préviens que si c'est un chat, tu as intérêt à le faire castrer.

– Je t'ai fait castrer, toi, quand je me suis mariée avec toi ?

– Pas besoin, tu es une castratrice de naissance, ai-je susurré, en mordillant le lobe de son oreille.

Quand elle s'est écartée de moi pour me gratifier d'un regard assassin, je me suis empressé d'ajouter dans un clin d'œil :

– Mais tu sais que j'adore ça !

J'ai déposé un baiser sur ses lèvres et j'ai repris un ton au-dessus :

– Et puis, il est noir et il louche, ce chat !

– Non, il louche pas, m'a opposé Zach du haut de ses trois ans. Comment il s'appelle ? Il peut faire dodo avec moi ?

– Hors de question qu'il te refile ses maladies. On avisera quand il sera vacciné.

– Tu veux bien qu'on le garde, alors ? s'est réjouie Kay.

L'intrus, témoin d'un crime, a passé la nuit dans un carton à notre domicile. Dans le bureau de Kay, pour être précis. Le lendemain, le vétérinaire nous a appris qu'il s'agissait effectivement d'un mâle atteint d'un léger strabisme.

C'est dans ces conditions que, pour la femme de ma vie, je me suis résigné à accueillir définitivement sous notre toit, dans l'enceinte du PSIG de Palaiseau, un témoin dans une affaire d'homicide, sans famille ni papiers.

Kay a proposé de l'appeler Ninja, puis elle l'a affublé d'un collier en cuir rouge au bout duquel se balançait, et se balance toujours, un pendentif doré représentant une étoile à cinq branches, pentagramme des sorcières de Salem.

Depuis ce jour, Ninja et moi nous regardons en chiens de faïence. Mais pas ce soir… Comme si nous partagions un sale pressentiment.

Je m'approche de la fenêtre de la cuisine et l'ouvre pour mieux épier l'arrivée tant attendue de l'Audi grise de ma femme. Tandis que mon regard brouillé se perd dans le froid de la nuit éclairée par les lampadaires de rue et les phares des voitures qui passent devant les grilles fermées du PSIG, le chat vient se frotter contre mon flanc. Je soulève un bras et tapote affectueusement le sien.

– Oui, je sais, Ninja. Elle a presque une heure et demie de retard.

Chapitre 2

# L'ANGOISSE QUI MONTE

***Palaiseau, lundi 21 novembre 2005, vingt heures trente.***

Je pose le plat de hachis parmentier au centre de la table de la cuisine et remplis nos assiettes. Assis face à mon fils, je me force à manger et, pour ne pas l'inquiéter, je tente de masquer l'angoisse qui commence à m'envahir.

Quand j'accompagne Zach dans sa chambre et le borde, je ne peux que lui promettre que sa maman viendra lui souhaiter une bonne nuit à son retour.

Pendant que nous nous faisons un câlin, Ninja s'installe confortablement, mais aussitôt que je me lève pour me diriger vers la porte, il saute du lit et me suit. Ce qu'il ne fait jamais.

– Ninja, viens, le rappelle Zach en tapotant la couette.

Bien qu'il tourne la tête vers lui, il ne semble pas disposé à lui obéir et s'assied à mes pieds.

Je pointe le doigt vers le lit, intimant au chat l'ordre de faire demi-tour. En vain.

– Je vais débarrasser la table. Je te le ramène tout à l'heure, dis-je à Zach.

– OK. Peut-être qu'il a faim. Donne-lui des croquettes.

– D'accord.

Je m'éclipse et referme la porte derrière Ninja qui me colle étrangement aux basques. Je ne me sens pas bien, oppressé par une sorte d'appréhension. En longeant le couloir, je m'arrête devant le meuble bas sur lequel est posée la cloche que la famille de ma femme nous a offerte à l'occasion de notre mariage religieux en Irlande. Ma belle-mère, Irlandaise, m'a confié qu'il fallait la faire sonner en cas de problème au sein du couple. Je ne crois pas en cette légende, pourtant, ce soir, je la saisis et la fais tinter plusieurs fois.

Sitôt dans la cuisine, je dépose une poignée de croquettes dans une écuelle et de l'eau fraîche dans une autre. La bête se contente de me suivre du regard. Je me fais couler un café et m'en sers une tasse que j'emporte dans le salon.

Pour la première fois depuis qu'il vit chez nous, Ninja saute sur mes genoux dès que je m'assieds dans mon fauteuil. Je lève un sourcil, mais j'arrête de me poser des questions sur son étrange comportement et lui gratouille prudemment le sommet de la tête.

Les minutes s'égrènent et toujours pas de nouvelles. Avec Ninja qui me suit comme un toutou, je vais et viens entre mon fauteuil et la fenêtre de la cuisine, espérant enfin apercevoir la voiture de ma femme que je ne cesse d'appeler sur son portable, jusqu'à ce que je tombe directement sur la messagerie.

Son mobile est sans doute déchargé, désormais.

Il est presque minuit. Mais qu'est-ce qu'ils foutent, bordel ! Je rappelle la patrouille.

– Putain, Christophe ! Ça fait plus de trois heures que vous êtes partis ! Vous êtes où ? Vous l'avez retrouvée ?

Devant son silence et ressentant son embarras, je m'énerve :

– Où est ma femme ? Réponds, nom de Dieu !

– On est devant sa voiture, bredouille-t-il.

– Elle a eu un accident ? Elle va bien ?

– On n'en sait rien.

– Vous n'en savez rien ? Qu'est-ce que ça veut dire ?

À cette seconde, les fils de mon cerveau s'entrechoquent et font des étincelles engendrant un court-circuit. Ma température corporelle monte en flèche. Je passe le revers de ma main libre sur mon front, puis je tire sur le col de mon tee-shirt pour me donner de l'air. J'ai la sensation que la réponse de mon camarade va m'achever.

– Eh ben, ça veut dire qu'on a… T'es assis ?

– Ouais. Dépêche, putain !

– On a retrouvé son véhicule abandonné sur la bande d'arrêt d'urgence de la N 118, au kilomètre soixante-dix. Les warnings sont en marche, la clef est sur le contact et la portière côté conducteur est ouverte. Son sac à main est à l'intérieur. Rien n'a été volé, apparemment.

À ces mots, je me lève d'un bond, virant le chat de mes genoux par la même occasion.

– Elle est tombée en panne ? Elle a crevé ?

– Aucun ennui mécanique et les quatre pneus sont parfaitement gonflés.

À cet instant, le peu de sang-froid qui me contenait m'abandonne et j'explose :

– Je lui ai dit des milliers de fois de ne pas prendre cette route de merde ! Mais non, elle est têtue comme une mule ! Tout ça pour gagner deux minutes ! J'arrive, Tophe !

– Attends. J'ai prévenu ma femme, elle va descendre chez toi pour emmener Zach chez nous. C'est qui le magistrat de permanence ? C'est Kay ?

– C'est David Baroni. Je l'ai contacté juste avant de t'appeler toi… Je t'ai appelé à quelle heure ?

– … Vingt heures vingt-sept. Et qu'est-ce qu'il t'a dit ?

– Qu'il se rendait immédiatement au tribunal pour vérifier si le portable de Kay était resté dans son bureau.

– Son téléphone est dans son sac à main. Comme j'ai appelé du renfort, David est certainement déjà dans la boucle, puisqu'il est de permanence. Garde ton calme, mon pote, et sois prudent sur la route. On va la retrouver.

Le temps que je raccroche et que j'enfile mon blouson de moto, la femme de Christophe frappe à ma porte. Elle a déjà dévalé l'escalier qui sépare nos deux logements. J'ouvre.

– Je vais le porter. Merci, Estelle.

Elle s'écarte pour me laisser passer devant et m'emboîte le pas jusque dans la chambre de Zach. Il dort profondément. Je le prends dans mes bras et monte au premier étage. Elle me devance pour m'ouvrir la porte de son domicile. Je la suis, dépose mon enfant sur le lit, dans la chambre d'amis, puis je sors de chez elle au pas de course.

– Ne fais pas l'imbécile, me recommande-t-elle alors que je suis dans la cage d'escalier.

Je hoche négativement la tête et marmonne :

– Merci pour tout.

Je file au sous-sol, enfile mon casque, enfourche ma Suzuki et fonce.

Chapitre 3

# DISPARUE

***Route nationale 118, kilomètre 70,***
***mardi 22 novembre 2005, une heure du matin.***

Lorsque j'arrive sur place, la brigade de recherches est déjà là et la scène est fixée. J'arrache mon casque et hurle d'un seul tenant et dans le désordre :

– Mais qu'est-ce que vous attendez ? Il faut lancer les recherches ! On est à l'orée d'une forêt, devant des champs qui s'étendent à perte de vue, là-bas ! Elle est peut-être blessée ! Et dans le coffre ? Vous avez regardé dans le coffre ?

– Elle n'est pas dedans, rétorque un collègue en posant une main compatissante sur mon épaule. Dans le coffre, il y a un gâteau avec l'inscription « *Dix ans* ». C'est l'anniversaire de votre fils ?

– Nos dix ans de mariage.

Elle avait l'intention de fêter l'occasion dignement. Elle est passée à la boulangerie en sortant du tribunal, alors. Et après ?

– Aujourd'hui ? me questionne Christophe en faisant un pas vers moi.

– Oui.

Le teint de blond de mon ami n'a jamais autant tranché avec le mien. Il n'a jamais été aussi pâle et ses yeux habituellement bleu clair sont translucides. Je fournis un effort surhumain pour ne pas m'écrouler.

– Mon Adjudant, venez par ici, m'invite le capitaine Girard, commandant la BR, en s'éloignant.

Sans mot dire, je le suis. Au bout de quelques mètres, il s'arrête et se retourne pour me faire face.

– Les premières constatations nous font pencher pour la thèse de l'enlèvement, m'annonce-t-il. Nous avons relevé les traces d'un second véhicule, un peu plus loin. Pour le moment, le scénario le plus plausible est le suivant : votre femme était sur le chemin du retour à votre domicile. Lorsqu'elle est arrivée ici, une voiture était stationnée sur la bande d'arrêt d'urgence. Regardez, là, les empreintes de pneumatiques dans l'herbe, le long de la glissière de sécurité.

Je suis son doigt du regard, tandis qu'il poursuit :

– Le conducteur a dû simuler un problème. Votre épouse a dû s'arrêter et c'est sûrement à ce moment-là qu'elle a dû être maîtrisée et enlevée par le ou les individus qui l'attendaient. Son téléphone portable était déchargé, les techniciens de la scientifique l'ont emporté. On ignore encore si ce rapt est en lien avec ses fonctions, les vôtres, ou s'il s'agit simplement d'un mauvais coup du sort, mais nous sommes confiants et pensons qu'elle est toujours en vie.

Du haut de mon mètre quatre-vingt-sept, je surplombe le directeur d'enquête d'une quinzaine de centimètres. Je suis contraint de baisser mes yeux gris-bleu pour les planter dans le brun des siens. Je bous d'impatience et je meurs d'envie de le secouer. Je n'ai qu'une idée en tête : qu'ils entament les recherches. Alors qu'il est plus gradé que moi et que je lui dois le respect, je sors de mes gonds et c'est sur un ton directif que je cingle :

– On perd du temps, là ! Retrouvez ma femme ! Vous avez appelé le proc' ? C'est le substitut Baroni qui est d'astreinte, je l'ai appelé vers vingt heures trente pour savoir s'il avait vu Kay, car je n'arrivais pas à la joindre.

– Qu'est-ce qu'il a dit ?

– Qu'il l'avait vue quitter le parquet vers dix-huit heures trente. Il a dû ressentir ma panique car il a ajouté qu'il se rendait immédiatement au tribunal pour voir si elle n'avait pas oublié son téléphone sur son bureau.

– Il vous a rappelé ?

– Non. Mais il n'a rien trouvé, puisque le mobile de ma femme se trouvait ici, dans son sac à main.

– C'est ce qu'il vient de me dire, aussi. Il devrait arriver d'une minute à l'autre. Il semble ébranlé par la disparition de sa consœur.

La compassion du directeur d'enquête à l'égard du magistrat me stupéfie. Je roule des yeux et le coupe :

– Pardon ? Baroni est ébranlé par la disparition de sa consœur ? Il n'est même pas là ! Et moi ? Je ne le suis pas, moi, ébranlé par la disparition de la consœur de Baroni ?

– Calmez-vous, Dancourt, ne me faites pas dire ce que je n'ai pas dit. Vous êtes le premier secoué et nous sommes tous avec vous, mais nous ne pouvons pas aller plus vite que la musique. Nous n'avons aucun témoin pour le moment. Il faut attendre les résultats des analyses scientifiques.

Il passe la main sur son front et soupire, avant d'ajouter :

– Dès le lever du jour, le parquet nous enverra du renfort pour fouiller les champs et la forêt. Si ça peut vous rassurer, les TIC[4] n'ont relevé aucun impact de balle ni aucune trace de sang. Nous n'avons pas trouvé de douilles non plus. Rentrez chez vous et reposez-vous un peu.

Je hausse les épaules et demande sans le lâcher du regard :

– Vous avez aussi demandé au parquet l'autorisation de me placer sur écoute ?

– Dancourt ! se lamente-t-il.

– Vous ne pouvez pas me le dire, je sais. Le premier suspect, c'est moi. Et Baroni ? Il arrive quand ? dis-je en jetant un coup d'œil sur ma montre. Il est une heure vingt ! Il a été kidnappé, lui aussi ? C'est des disparitions inquiétantes de magistrats en série ?

---

4 Techniciens en identification criminelle.

Je ne m’attends pas à ce que Girard me réponde. Tout se brouille autour de moi et dans ma tête… Je ne supporte plus de les entendre… Je ferme les paupières dans l’espoir que tout s’arrête et que Kay vienne se blottir dans mes bras.

Je tourne sur moi-même, puis soudain, n’en pouvant plus, je remonte sur ma moto.

Je ne vois pas pourquoi j’attendrais que le soleil se lève pour que le proc’, qui n’est autre que le chef de ma femme, se décide à déployer des moyens matériels et humains pour organiser une battue !

Je démarre comme un fou en laissant une traînée de fumée derrière moi.

Après avoir arpenté, en vain, tous les recoins des alentours et des arrondissements de Paris dans l’espoir de trouver Kay ou la moindre indication susceptible de me mettre sur sa trace, je rentre chez moi. À quatre heures, je stationne ma moto devant mon unité. Je me rends au PSIG dans le bâtiment en face de l’immeuble dans lequel les gendarmes sont logés par nécessité de service. Mon chef, le lieutenant Ferry, est dans le couloir. Je ne pense même pas à le saluer et grogne :

– On a des nouvelles ?

– Le parquet a renforcé le dispositif de recherche de près de deux cents hommes. Trois pelotons d’un escadron de gendarmerie mobile du Nord ainsi qu’une compagnie d’un régiment d’infanterie vont arriver.

– Ah, quand même ! Baroni a mis le temps pour réagir ! dis-je en le suivant jusqu’à son bureau.

Du menton, il me désigne un siège et reprend :

– Le substitut est arrivé sur les lieux juste après votre départ, vers une heure trente. Un hélicoptère va décoller. Quant à nous, le PSIG, on se transporte là-bas avec Diesel. Notre maître-chien demande que vous nous confiiez un vêtement qu’a récemment porté votre épouse.

Enfin, je suis soutenu. Mon unité a décidé d’utiliser le flair de Diesel, notre chien pisteur, un malinois femelle.

– Très bien, je vous rapporte ça. Quoi d'autre ?

– En parallèle, le parquet prépare un communiqué de presse. La BR examine la liste des affaires criminelles traitées par votre épouse. Elle sera comparée à celle des levées d'écrou. De votre côté, avez-vous appris quelque chose ?

– Rien, mon Lieutenant. Je vais participer aux recherches quand j'aurai trouvé quelqu'un pour garder mon fils.

– Laisse-le à la maison, me propose Christophe en passant le nez dans l'entrebâillement de la porte. Estelle s'occupera de lui le temps qu'il faudra.

Je me lève et essuie mes mains moites sur mon jean.

– OK, c'est gentil. Je laisserai un jeu de clefs de chez moi à ta femme au cas où Zach vous réclame des affaires. Merci... Bon, ben, j'y vais.

Alors que j'ai la main sur la poignée de la porte d'entrée, mon chef ressort de son bureau.

– Dancourt ! braille-t-il. Le capitaine Girard veut vous voir ! Il vous attend à la BR !

– Reçu, mon Lieutenant.

Je monte chez les Marlier donner les clefs de chez moi à Estelle et vais embrasser Zach sur la pointe des pieds.

– Je conduirai Zach à l'école et j'irai le rechercher ce soir, j'irai nourrir Ninja, aussi.

– Merci Estelle, mais tu es sûre que ça va aller, toi ?

– Axel, arrête de t'inquiéter. Je ne suis plus malade, m'assure-t-elle en entrant dans la cuisine.

Je me laisse tomber sur une chaise et la contre :

– Oui, je sais, mais c'est encore frais et je ne voudrais pas...

– Je suis en rémission depuis plus d'un an !

– Bien, mais ne tire pas sur la corde. Je vais passer chez moi avant de rejoindre les autres sur le terrain. Je remplirai les gamelles du chat et je changerai sa litière.

– Tu sais faire ça, toi ?

– Il a bien fallu le nourrir, hier soir.

– Kay m'a toujours dit que Ninja et toi ne pouviez pas vous voir en peinture et que tu refusais de t'en occuper.

– C'est cette bestiole qui ne peut pas m'encadrer. Enfin, jusqu'à hier.

– Ah bon ? Ne me dis pas qu'il t'a fait un câlin, s'étonne Estelle en s'asseyant face à moi.

– Ben, aussi étrange que ça puisse paraître, si, dis-je en pinçant mon menton. C'est peut-être Kay qui l'a monté contre moi.

– N'importe quoi ! ricane-t-elle. Tu le lui demanderas.

– Si on la retrouve.

– Bien sûr que tu vas la retrouver, voyons ! tente-t-elle de me tranquilliser.

Je détourne le regard pour qu'elle ne remarque pas qu'il est embué par les larmes.

– Tiens, voici les clefs de chez nous, dis-je en les posant sur la table. Fais comme chez toi. Bon, je te laisse.

Dans un geste d'apaisement, elle pose sa main sur la mienne et me rassure :

– Tu sais que Zach est en sécurité ici.

Je descends l'escalier jusqu'au rez-de-chaussée, ouvre la porte de chez moi, cherche le chat mais ne le trouve pas. Avant de repartir, je vais dans notre chambre, défais la taie d'oreiller de Kay, l'emporte du bout des doigts, puis m'arrête dans la salle de bains. Avec une serviette, je m'empare de la brosse à cheveux de ma femme. Je passe dans la cuisine, prends deux sacs de congélation et glisse la brosse dans un et la taie dans l'autre. Au moment où je mets la main sur la poignée de la porte d'entrée, je remarque un foulard qui n'a rien à faire là, par terre. Je le ramasse. Il est couvert de poils de chat. Je retourne dans la cuisine pour le poser sur une chaise, tout en grognant :

– Tu n'as rien trouvé de mieux à faire que de te rouler dans le foulard de ta maîtresse ? Tu vas voir quand elle va rentrer !

Avant de quitter l'enceinte de l'unité, je me rends au bureau et tombe nez à nez avec Quentin, notre maître-chien. À genoux au milieu du couloir, il équipe Diesel de son uniforme : un harnais jaune et bleu sérigraphié *Gendarmerie* sur les côtés avec le logo flamme sur le poitrail. La queue de la chienne frétille d'impatience. Elle sait qu'elle part en intervention. Je m'accroupis et la flatte.

– C'est gentil de m'aider, Diesel.

J'ai envie de l'embrasser sur le museau, mais je n'en ai pas le droit, pour ne pas perturber son sens olfactif. Je tends un de mes sacs de congélation à Quentin.

– Tiens, j'ai pris la taie d'oreiller de Kay.

– Merci, Axel.

Chapitre 4

# LA BATTUE

***Brigade de recherches de la gendarmerie de Palaiseau, mardi 22 novembre 2005, un peu après six heures.***

Je béquille ma moto devant les locaux de la BR où je suis attendu par le capitaine Girard. Avant de le retrouver, je sors mon téléphone portable de la poche intérieure de mon blouson et prends le temps de rédiger un texto à Estelle :

> Désolé de t'embêter, mais je n'ai pas trouvé le chat. Il est sûrement planqué dans un coin. Tu pourrais aller faire un tour chez moi dans la matinée pour t'assurer qu'il est là ? Merci.

Quand je pousse la porte de la brigade, c'est le branle-bas de combat. Les gendarmes s'apprêtent à partir. En me croisant, certains me saluent d'un signe de tête, d'autres me donnent une accolade dans le dos.

– Vous vous transportez sur les lieux où la voiture de ma femme a été retrouvée ?

Le dernier se retourne et m'adresse un rictus en guise de réponse.

– Ah, Dancourt !

Au son de la voix du capitaine Girard, je me retourne et me dirige vers lui.

– Entrez, m'invite-t-il, depuis le seuil de son bureau.

Je m'assieds dans le fauteuil qu'il me désigne et le suis du regard, alors qu'il prend place devant son ordinateur.

– Vous avez demandé à me voir, mon Capitaine ?

– Oui. Nous n'avons pas de temps à perdre, j'irai donc droit au but. Nous avons relevé un bon nombre d'empreintes digitales et de traces ADN sur les portières et à l'intérieur de la voiture de Madame le Substitut Dancourt. Nous prendrons les vôtres pour écarter votre profil. Les renforts sont arrivés. Les opérations de fouille vont commencer. Nous n'avons aucune piste pour le moment. Il nous faudrait…

Je ne le laisse pas finir sa phrase et sors de la poche intérieure de mon blouson le sac de congélation dans lequel j'ai mis la brosse à cheveux de Kay. Je le pose sur son bureau et demande :

– Ça ?

– Oui, ça. Merci.

– Pour les miennes, c'est quand vous voulez.

Je n'ai pas de temps à perdre, moi non plus. Je n'attends pas qu'il m'interroge sur mon emploi du temps d'hier, je le lui débite à toute vitesse et ajoute :

– La suite, vous la connaissez. Il n'y a aucun problème dans notre couple. Je n'ai jamais eu de maîtresse. J'aime ma femme et elle m'aime. Je suis à votre disposition pour vous donner tout ce dont vous avez besoin pour l'enquête : ordinateurs, téléphones… Mais si j'étais à votre place, je pencherais pour la piste d'un criminel qu'elle a fait écrouer. Vous me signifiez mon placement en garde à vue ?

Il reste figé devant mon attitude.

– Ce n'est pas mon intention… Du moins, pas pour le moment. Je présume que vous souhaitez participer à la battue ?

– Vous voudriez faire la même chose si vous étiez à ma place.

– Allez-y, Dancourt, m'autorise-t-il dans un bref hochement de tête.

Dès que je suis dehors, je prends une grande bouffée d'air, délesté du poids de la garde à vue qui me pendait au nez, car c'est ce à quoi je m'attendais en arrivant. J'enfourche ma bécane, et je fends le brouillard d'automne pour rejoindre mes collègues sur les lieux.

Une fois sur place, je suis impressionné et soulagé du soutien que les services de justice et de police apportent à ma femme. Plus de deux cent cinquante agents des forces de l'ordre et de l'armée de Terre sont présents. Alors que j'enlève mon casque, Christophe Marlier s'avance vers moi en soufflant entre ses mains pour les réchauffer.

– Presque tout l'effectif du PSIG est sur le terrain, Axel. Tu peux compter sur nous.

À la fois ému et angoissé, je sens que mes mots restent bloqués au fond de ma gorge nouée. Je le remercie donc d'un signe entendu de la tête et nous rejoignons les autres.

Alors que, d'une poignée de main de-ci de-là, je salue mes collègues, je suis repéré par la presse qui vient s'agglutiner autour de moi.

– Vous êtes le mari du substitut Dancourt ? Vous êtes gendarme ? Que pouvez-vous nous dire au sujet de la disparition de votre femme ? Pensez-vous qu'elle est toujours en vie ?

Mon cœur a un raté et mes tripes se tordent… Je ne cesse de prier pour qu'elle le soit… en vie ! Je tends le bras pour me protéger, sans rien répondre. Christophe vient à mon secours.

– Éloignez-vous et laissez-nous faire notre travail. Il pose une main sur mon épaule et reprend à mon intention : Les équipes sont formées. Tu rejoins la nôtre ?

– Non. Je préfère la chercher seul.

– Comme tu veux, appelle-moi sur mon mobile si besoin.

– OK.

J'enfile une paire de gants en latex et me mets en route. Je n'ai aucune destination précise. Je veux juste que ce cauchemar s'arrête. Je veux serrer ma femme dans mes bras et reprendre le cours de ma vie… de notre vie.

Tandis que l'herbe gelée craque sous mes pieds, la brume automnale enveloppe le lever du soleil. Le froid perce mes vêtements et me glace le sang. Je remonte la fermeture Éclair de mon blouson jusqu'en haut, tout en me disant que si Kay est blessée quelque part, ici, depuis hier soir, je redoute que les températures négatives de la nuit n'aient eu raison d'elle.

Je m'arrange pour devancer les battues. Le cœur serré, j'éprouve des difficultés à respirer. J'inspire et expire profondément tout en progressant. Pas après pas, je regarde attentivement autour de moi et fouille le moindre petit buisson. De temps en temps, je l'appelle. Je garde le rythme pendant près d'une heure, jusqu'à ce que j'arrive sur un chemin de halage, le long d'un ruisseau. Cet endroit glauque, tout proche de la nationale, est connu par les forces de l'ordre.

Je me souviens qu'il y a trois ans nous avons fait un flag ici. Nous avons déféré devant le parquet l'auteur d'une agression à l'arme blanche. C'est Kay qui avait représenté le ministère public dans cette affaire.

Je continue d'avancer, les sens en éveil. Je me trouve à peu près à deux kilomètres de l'endroit où a été abandonné son véhicule. Je crie pour la énième fois :

– Kay !

Il me semble avoir entendu quelque chose. Comme des pleurs ou des gémissements. Je stoppe net et tends l'oreille. Plus rien. J'appelle de nouveau :

– Kay ! C'est moi ! Tu es où ?

Entouré par une nappe de brouillard qui m'empêche d'y voir à plus de deux mètres devant moi, je reste immobile et ferme les yeux pour me concentrer sur le son que je viens d'entendre, occultant le bruit que font les unités de gendarmerie qui approchent.

La même plainte lancinante répond à mon appel. Mon pouls s'accélère. Je rouvre les yeux, galvanisé par l'espoir, puis je presse le pas, transporté par l'urgence de lui porter secours, de l'embrasser… de la serrer contre moi. Je peine à conserver mon équilibre. Tout en marchant, je l'appelle une nouvelle fois :

– Kay !

Au fil de mes pas, une odeur bizarre s'insinue doucement dans mes narines... Comme celle d'une côte de porc qu'on aurait oubliée sur le grill. Je porte le revers de la main sur mon front pour essayer de voir au loin. Au fond de cette voie sans issue, il me semble distinguer une forme au milieu d'un tas de cendres qui se consume encore. L'odeur de brûlé qui sature soudain l'air me fait penser à un barbecue sauvage qu'une bande de jeunes aurait allumé pendant la nuit.

Je marque l'arrêt quand mon regard est attiré par un objet qui brille à mes pieds. Je me baisse et l'examine sans le toucher. C'est une boucle d'oreille en or. Kay portait cette paire hier matin.

C'est bien elle qui appelle à l'aide !

– Kay !

Quelques mètres plus loin, je m'accroupis devant un escarpin rouge à talon aiguille. Je revois ces chaussures à ses pieds quand elle est partie.

– Kay !

J'entends clairement les gémissements, maintenant.

– Kay ! Tiens bon, j'arrive !

Plus j'avance en direction des pleurs, plus ils sont longs et insistants. Mon cœur cogne de plus en plus fort dans ma poitrine et mon sang bouillonne dans mes veines.

– Kay ! Je suis là, ma puce !

C'est alors qu'une bestiole, avec des oreilles en pointe, se détache de la scène qui m'intrigue pour se diriger vers moi. Qu'est-ce que c'est ? Un renard ?... Non, c'est un chat... noir... Un médaillon se dandine au bout du collier rouge qu'il porte à son cou.

C'est mon chat, ça ! Il s'est barré de la maison, l'abruti !

Je stoppe net. Ninja vient se frotter à mes jambes en braillant comme un bébé. Je m'accroupis et lui caresse le dos, tandis que les larmes ont raison de moi. C'est lui qui m'appelait et non Kay.

– Comment tu as fait pour te retrouver ici ? Tu cherches ta maîtresse ?

Alors que je veux me relever, le chat dans les bras, il m'échappe des mains et repart vers l'endroit d'où il vient.

Voyant que je reste fixe, Ninja s'assied dans l'herbe, se retourne et m'appelle, comme s'il voulait me dire quelque chose… Comme s'il me demandait de l'accompagner. Dès que je fais un pas en avant, il reprend son chemin, s'assurant régulièrement que je suis toujours derrière lui.

Plus je m'approche du site, plus l'angoisse monte. Mon front suinte, mes mains se glacent. Alors que je ne suis plus qu'à une vingtaine de mètres, j'identifie ce qui m'apparaît de plus en plus nettement. Ce n'est pas un bout de bois qui gît au milieu des braises, mais un corps calciné. J'ignore comment je parviens à conserver mon instinct de flic, mais j'applique les consignes : je rattrape mon chat que je soulève pour l'empêcher de souiller la scène. Il se débat, et au moment où je veux le serrer contre moi, il m'assène un coup de griffe dans la figure en feulant.

Néanmoins, et bien qu'il se tortille dans tous les sens, je réussis à le glisser à l'intérieur de mon blouson. Tremblant de tout mon corps, je fais encore quelques pas pour m'arrêter définitivement à dix mètres.

À cette seconde, ma vie bascule. Je tombe à genoux, pétrifié, anéanti… J'ai la sensation de chuter au fond d'un gouffre.

Je sais que c'est le corps de Kay qui gît là et non celui d'une bête crevée. Elle est sur le dos, à moitié calcinée et presque nue. Je reconnais le côté gauche de son visage qui a échappé aux flammes.

Chapitre 5

# SANS ISSUE

*Chemin de halage, route nationale 118, mardi 22 novembre 2005, dans la matinée.*

J'entends des voix, les aboiements de Diesel et des bruits de pas qui se rapprochent. Je ne me retourne pas. Je reste là, à genoux, prostré, les bras croisés sur mon blouson pour maintenir Ninja.

– Axel, recule, on va s'en occuper, m'invite Christophe en posant la main sur mon épaule.

Les yeux rougis et pleins de haine, la joue gauche lacérée, je me retourne brutalement et me venge sur lui alors que, comme mes autres collègues qui stoppent autour de nous en silence, Christophe n'y est pour rien :

– Je le savais ! Je vous avais dit qu'il fallait la chercher hier ! C'est ma femme, merde ! Regarde-la ! Regarde ce qu'elle a dû subir ! Elle était belle et généreuse ! Regarde ce qu'il reste de ses longs cheveux blonds ! Elle venait d'avoir trente-trois ans, putain ! Je vais traquer l'ordure qui lui a fait ça, même si je dois y passer le restant de mes jours ! Je le jure devant Dieu ! Je vais la rendre, moi, la justice !

– Recule, Axel, me répète mon ami d'une voix douce en me tirant en arrière.

Avec brutalité, je retire mon bras d'entre ses doigts en vociférant :

– Lâche-moi ! Ne viens pas m'emmerder ! C'est mon chat qui l'a retrouvée ! Un chat contre plus de deux cent cinquante agents des forces de l'ordre ! Il n'a pas attendu que le jour se lève, lui ! Vous devriez avoir honte !

Je sais que je ne suis pas légitime à leur jeter l'opprobre, mais c'est plus fort que moi. D'autant que, à quelques mètres à ma gauche, Quentin, notre maître-chien, la taie d'oreiller de Kay dans une main, bloque la laisse de la chienne du PSIG avec l'autre.

– Bien, Diesel, la flatte-t-il en lorgnant vers moi. Au pied. Pas bouger.

À bout de souffle, je pose la paume sur ma gorge en feu. Puis je me relève tout en câlinant du bout du doigt ma bête noire qui, prisonnière dans mon blouson, écarquille ses yeux jaunes. Elle tente de s'échapper en agrippant le col de mon chandail. Je devrais avoir mal, mais je ne ressens rien, écorché vif à l'intérieur comme à l'extérieur. Sans lâcher le regard abasourdi de Christophe, je poursuis :

– C'est moi qui vais me constituer partie civile et c'est encore moi qui mettrai ce ou ces fils de pute sous les verrous ! Alors enfoncez-vous bien ça dans le crâne : **je** reste là ! **Je** m'assure que tout soit fait avec précision, dans les règles de l'art, et **je** vais tout vérifier, jusqu'au plus petit des scellés ! Je soutiendrai Kay jusque dans la mort et tu sais pourquoi, Marlier ? Parce que je l'aime, et je suis persuadé que si les rôles avaient été inversés, elle aurait fait la même chose pour moi !

Maintenant que j'ai vidé mon sac, je m'assieds à même le sol. Les enquêteurs gèlent la scène en délimitant son périmètre à l'aide de la rubalise jaune *« Gendarmerie nationale – Zone interdite »*, puis ils procèdent aux premières constatations. Pendant que je les observe, je gratouille nerveusement le dessous du menton de Ninja qui ne cesse de miauler et de planter ses griffes dans mes pectoraux. Pour l'en empêcher, je colle mon nez entre ses deux oreilles. Ses poils dégagent une odeur pestilentielle faite d'un mélange de brûlé et d'essence.

Néanmoins, je garde le visage enfoui dans son pelage et je geins :

– Ça fait longtemps que tu es près d'elle ? Tu t'es couché sur elle en m'attendant ? C'est ça ?

C'est à ce moment-là que le gratin entre en scène. Ce n'est pas Baroni, qui s'est déplacé, mais le procureur en personne.

Derrière le cordeau de sécurité, toute la presse se bouscule, micros tendus, tandis qu'un fourgon bleu gendarmerie, avec la sérigraphie « *Laboratoire mobile d'investigation criminelle* » sur le côté, stationne à quelques mètres de là. Quatre collègues de l'IRCGN[5] en sortent. Ils revêtent leur combinaison intégrale blanche, placent un masque sur leur visage, avant de rabattre leur capuche. Puis ils enfilent des surchaussures, et enfin des gants. L'un d'eux s'empare d'un appareil photo et d'une valisette puis vient s'accroupir près de moi. Je prends la parole le premier :

– Le proc' a activé l'IRCGN ?

– Ça t'étonne ?

– Un peu.

– Ta femme est l'un de ses substituts, c'est normal.

– C'est vous qui prendrez son corps en charge, si je comprends bien.

– Exactement, on l'embarque avec nous… après.

Dans un état second, je lance un regard vers ma femme et bredouille :

– Tant mieux.

– Dis-moi, Axel, c'est toi qui es arrivé le premier ?

– Non, c'est Ninja.

– C'est qui, ça ?

– Mon chat, dis-je en caressant le haut de son crâne qui dépasse de mon blouson. Moi, je n'ai fait que le suivre.

– Excuse-moi, Axel, mais je ne suis pas sûr de comprendre.

– Il s'est sans doute échappé de la maison hier soir.

---

5 Institut de recherche criminelle de la Gendarmerie nationale.

– À vol d'oiseau, il y a bien six kilomètres entre ton domicile et ici… Tu veux dire qu'il a fait tout ce chemin tout seul en suivant les traces de ta femme ? Comme le chien cynophile… là-bas ? m'interroge-t-il en désignant Diesel du doigt.

– Les faits sont là. Ce matin, avant de rejoindre la battue, je suis passé à la maison pour remplir sa gamelle mais je ne l'ai pas trouvé. Et là, il m'attendait. Sur place.

Le dodelinement de tête du technicien m'agace. J'enfile la main dans mon blouson et la passe entre les pattes de Ninja pour retirer mon téléphone portable de la poche intérieure. Au moment où je soulève le clapet, je me rends compte que ma messagerie vocale est saturée et que j'ai reçu une palanquée de textos.

Je verrai ça plus tard. Pour le moment, c'est la réponse au message que j'ai envoyé à Estelle qui m'intéresse :

> Je suis chez toi avec Zach. On l'a cherché partout, mais rien. On a retrouvé la fenêtre de la cuisine entrouverte, il a dû se barrer par là. On va aller faire un tour dehors. Et de ton côté, tu as des nouvelles de Kay ?

*Oui, j'ai des nouvelles de Kay…*

Je me souviens d'avoir ouvert cette fenêtre hier soir, alors que Ninja et moi épiions la rue, dans l'attente d'apercevoir l'Audi rentrer au bercail. Je ne me vois pas la refermer. Et comme nous habitons au rez-de-chaussée… C'est ma faute. Je remets mon mobile à sa place et poursuis à l'intention de Luc :

– S'il s'avère que mon chat a effectivement retrouvé le corps de ma femme, vous relèverez ses traces et ses poils sur la scène, puisque moi, je ne suis pas allé plus loin qu'ici. D'ailleurs, il sent la suie et l'essence. Tu veux vérifier ?

– Non, ça ira, marmonne-t-il. Donc, tu confirmes ne pas t'être approché de ton épouse ?

– Non. Je me suis arrêté là, je te dis.

– Bonne réaction. Tu as remarqué quelque chose d'autre avant d'arriver ici ?

– D'abord, une de ses boucles d'oreille à environ cinquante mètres derrière nous, puis une de ses chaussures, juste après.

– Tu veux bien me montrer où ? Je vais poser des plots de repérage, prendre des photos et faire des prélèvements, avant de mettre les objets sous scellés.

– Elle a été rouée de coups, hein ?

– On va faire notre travail pour déterminer avec précision les causes et les circonstances de son décès.

Je me lève, sors un mouchoir en papier usagé et froissé de la poche de mon jean. J'essuie mes yeux embués de larmes et me mouche, avant d'insister :

– Réponds à ma question, Luc. Elle a été massacrée, n'est-ce pas ?

– À première vue… Mais elle s'est défendue.

J'inspire et expire plusieurs fois avant de pouvoir guider le technicien vers les objets que j'ai retrouvés. En chemin, il remarque des traces de pas, dont celles qui ont été laissées par des chaussures à talons aiguilles.

– Il a certainement garé sa voiture là-bas, près de la scène, m'indique-t-il. Elle a dû vouloir s'enfuir par ici… Il l'a rattrapée… Elle a perdu son escarpin en tentant de lui échapper et sa boucle d'oreille en luttant. Hormis les traces de talons aiguilles qui s'arrêtent là, il y a des empreintes de chaussures appartenant à un homme. Les tiennes paraissent plus grandes et vont dans l'autre sens… Tu chausses du combien ?

– Quarante-quatre, dis-je en ôtant ma basket pour lui montrer la semelle.

– Attends, je fais un cliché… On remarque que le ravisseur a fait demi-tour à cet endroit, mais pas la victi… Heu… ta femme… Il l'a certainement portée pour repartir là-bas, où le corps a été retrouvé. Regarde, ici, sur les brindilles d'herbe gelée, il y a des projections de sang. Heureusement, tu es le seul à avoir emprunté ce sentier, termine-t-il en ouvrant un kit de prélèvement sanguin.

Je réagis comme un robot et le suis sans réfléchir. Il fait son job et nous rebroussons chemin. Je reprends ma place pour les regarder avec attention faire leurs investigations. Luc glisse les mains de Kay – ou ce qu'il en reste – dans des sacs en plastique de scellés judiciaires pour conserver les éventuelles traces ADN de l'agresseur, sur ses doigts et sous ses ongles… Une empreinte de pneu de voiture sur le sol est prise en photo…

Quand le médecin légiste est autorisé à intervenir, je prends sur moi et écarte l'émotion qui me submerge pour me concentrer sur ses premières constatations médico-légales :

– Des coups d'une rare violence… Le corps, inerte, baigne dans une mare de sang, l'homicide a donc eu lieu à l'endroit où il a été découvert… Plaies crâniennes multiples… Lésions crânio-encéphaliques avec écoulements de substances cérébrales… Fracture ouverte de la mâchoire. Apparition des premières lividités cadavériques… La dépouille est en partie calcinée… Température du corps : vingt et un degrés. Heure estimée du décès : ce jour, entre minuit et trois heures… Cause probable du décès : suffocation par étranglement manuel.

Le légiste s'approche du procureur et chuchote :

– Cette jeune femme est l'un des magistrats de votre parquet, Monsieur ?

– Oui. C'est épouvantable. Son mari est gendarme au PSIG de Palaiseau. Je ne l'ai pas encore vu.

Je me relève et me manifeste :

– Son mari est ici.

Ils viennent vers moi, me serrent la main et me présentent leurs condoléances. Le procureur prend la parole :

– Vous pouvez être assuré que tous les moyens seront mis en œuvre pour retrouver le responsable de cet acte monstrueux, monsieur Dancourt. Je suivrai personnellement cette affaire, par estime pour votre épouse.

Les mots de mon interlocuteur résonnent dans ma tête et me donnent le tournis. Je ne l'écoute plus. Mes yeux sont rivés sur Kay. Luc et un de ses collègues la déposent délicatement sur un brancard. Luc me fait un signe du menton. Je comprends ce à quoi je suis autorisé, avant qu'il ne remonte la fermeture Éclair de la housse mortuaire.

Au moment où je m'approche, Ninja, qui avait fini par accepter sa détention, bien au chaud, entre mon pull et la doublure de mon blouson, pousse un long miaulement qui me déchire le cœur. Je plaque mon bras gauche contre moi pour l'empêcher de sauter sur la civière, tandis que, sans mot dire, mon collègue me présente un gant à l'intérieur duquel je glisse ma main droite.

De l'index, je caresse le visage mutilé de ma femme, puis je me penche pour chuchoter à son oreille :

– Je retrouverai ceux qui t'ont fait ça, ma puce. Je te le jure.

Une bouffée de haine me submerge. À peine capable de respirer, je parviens tout juste à faire un pas en arrière, tandis que le brancard est embarqué à bord du fourgon de l'IRCGN.

Chapitre 6

# DANS UN ÉTAT SECOND

***Palaiseau, mardi 22 novembre 2005, un peu avant midi.***

Christophe s'approche de moi en marmonnant :

– Viens, Axel. Ne restons pas ici. Je te raccompagne.

Je hoche la tête. Ma vision est trouble et mes pensées vacillent entre passé et présent. Je ne suis conscient que d'une chose : plus jamais je ne pourrai serrer Kay dans mes bras.

Je suis… veuf… Zach est orphelin.

Aux côtés de mon collègue, je marche tête baissée. Je marche ? J'essaie de mettre un pied devant l'autre, plutôt. Lorsque nous sortons de l'opacité du chemin de halage, un faible rai de lumière vient effleurer ma joue. Je sens également des mains amicales se poser sur mon bras et des voix murmurer des *« Courage, Axel »* ou bien des *« Si tu as besoin, on est là »*, ou, pire encore, des *« Mes condoléances »*.

Qu'est-ce que ça veut dire « Mes condoléances » ?

Quand ils me tombent dessus, les regards de mes collègues et de tous ces inconnus sont si lourds de tristesse et de compassion que mes épaules s'affaissent. J'ai l'impression que mes baskets s'enfoncent de plus en plus profondément dans le sol et que je recule plus que je n'avance.

Christophe s'en rend compte et il me tire légèrement par le bras.

– Viens, il ne faut pas rester là. Je t'accompagne jusqu'à ta moto.

J'acquiesce et parviens tout juste à lever les jambes pour m'extirper de cette terre hostile, avant qu'elle ne m'engloutisse. C'est peut-être ce que je cherche à faire : disparaître.

Tel un pantin, je me laisse guider à travers champs, les yeux inondés de larmes. Je me sens hors du temps, de l'espace… de mon corps… Je ne pense pas… Je ne peux plus penser.

– Tu es certain d'être en état de piloter cet engin ? m'interroge Christophe quand nous arrivons à hauteur de ma bécane.

Je n'en suis pas sûr, non. Toutefois, j'enfile mon casque quand même.

– Axel, rentre au bercail dans un de nos véhicules. Je ramènerai ta moto.

Je devrais l'écouter, mais si j'ai envie de crever, c'est mon droit, non ?

Incapable de la moindre parole, je secoue la tête de gauche à droite et mets le contact. Je donne un coup de talon pour remonter la béquille et, par réflexe, j'attends… J'attends de sentir deux bras m'enlacer et un corps se coller au mien pour pouvoir démarrer. Rien. Je mets la main en arrière et cherche à la poser sur la cuisse de celle qui me manque déjà cruellement. En vain. Christophe ne remarque pas mon air abruti et les larmes qui m'étouffent sous mon casque. Je lis sur ses lèvres :

– Pense à ton fils.

Je m'interdis de réfléchir à la manière dont je vais annoncer la terrible nouvelle à Zach. Pour le moment, je ne m'en sens pas capable, et surtout, je n'en ai pas la force. Je ne pense qu'à fuir cet endroit maudit au plus vite.

Je ne me souviens pas de la route du retour, mais sitôt chez nous, j'ouvre mon blouson pour libérer Ninja qui se carapate dans notre chambre. Quant à moi, je me rends dans le salon, tout en me débarrassant de ma veste et de mon pull que je balance sur le bras du canapé, puis je me laisse tomber dans mon fauteuil en implorant :

Kay, reviens, je t'en supplie ! Ne nous abandonne pas !

Rencogné au fond de mon siège fétiche, je me frotte les yeux et m'efforce de les garder ouverts. Mes rétines sont à vif et mes paupières sont gonflées.

« *Repose-toi cinq minutes* », me dis-je.

Aussitôt que je me laisse aller, les images défilent dans ma tête. Tantôt Kay me regarde avec ses yeux verts qui pétillent, et tantôt c'est son corps atrocement mutilé qui apparaît devant moi. Que je ferme les yeux ou que je les garde ouverts, je ne suis plus maître de mes pensées. J'ai l'impression d'avoir le cœur en charpie. Qui est ce Dieu qui me reprend celle qu'il a mise sur mon chemin il y a onze ans ? De quel droit se permet-il de priver notre fils de sa maman ? Comment vais-je annoncer et expliquer à Zach le drame qui nous frappe ? Je ne suis pas certain d'être assez fort pour le supporter moi-même.

Je place un coussin sous ma nuque. Je revois des instants de bonheur et c'est agréable... Je me surprends à sourire... Elle rit, m'embrasse, saute sur mon dos. Puis, peu à peu, mes pensées s'obscurcissent. Les premières constatations médico-légales portent à croire que Kay a résisté à cet ou ces individus qui l'ont enlevée, brutalisée et enfermée dans le coffre d'une voiture... Ou bien à l'arrière d'un fourgon. Je l'entends crier... Elle les supplie de lui laisser la vie sauve... Elle se débat... Elle m'appelle à son secours.

Elle m'a appelé et je l'ai laissée mourir !

– Kay !

Je rouvre les yeux, secoué par un haut-le-cœur qui me laisse tout juste le temps d'ouvrir la porte des toilettes.

Alors qu'à genoux, la tête dans la cuvette, je régurgite mes boyaux, un corps vient se frotter à ma cuisse et un miaulement brise la cadence de mes spasmes.

– Attends une mi... nute, Ninja, dis-je en le repoussant.

J'ai du mal à me relever et à me traîner jusqu'à la salle de bains, Ninja sur mes talons.

Quand j'ouvre la porte, je me retrouve face à mon reflet dans le miroir. Je tressaille non seulement à la vue de mes yeux bouffis et injectés de sang, mais aussi à celle de la balafre sur ma joue : trois longues stries qui partent du coin du nez et s'arrêtent en bas du menton.

Je me tourne vers le chat qui, en équilibre sur le rebord de la baignoire, me scrute de ses yeux ronds et jaunes :

– Tu ne m'as pas raté.

Je lève un bras pour humer mon aisselle… Je pue la mort.

Les larmes qui coulent en cascade sur mon visage, pendant que je me déshabille, irritent ma joue griffée. J'abandonne mes fringues en tas sur le carrelage, enjambe la baignoire, tire le rideau et laisse l'eau brûlante ruisseler sur mon corps endolori. Je reste immobile sous le jet.

Soudain, un vacarme me sort de ma torpeur. Dans un geste brusque, j'écarte le rideau et fais face au chat allongé sur une nuisette en satin mauve imprimé… qu'il a tirée du panier à linge sale après l'avoir renversé.

Submergé par l'émotion, j'enroule une serviette autour de ma taille, m'accroupis et, de l'index, je grattouille le menton de Ninja en bredouillant :

– Elle te manque, à toi aussi ?

Puis je m'allonge à quelques centimètres de lui. Comme il ne réagit pas, je me rapproche. Il vient se caler contre mon torse et… pour la première fois avec moi, il ronronne. Je l'entoure de mon bras et me laisse bercer par ce doux bourdonnement. Mes muscles se détendent et ma tension baisse en intensité.

– Axel ! Axel ! Putain ! Tu es où ?

Au son de la voix affolée de Christophe, je me redresse d'un coup. Qu'est-ce que je fous là, couché sur le carrelage de la salle de bains ?… À poil. J'ai froid et j'ai le dos en compote.

– Je suis là ! dis-je en tirant la serviette sur mes cuisses pour couvrir ma nudité.

Mon ami apparaît dans l'embrasure de la porte, en tenue d'intervention. Rouge comme une tomate, il souffle en me fusillant du regard :

– Ça t'arrive de répondre au téléphone ? Tout le monde s'inquiète pour toi, je te signale, me reproche-t-il un ton plus bas, soulagé de me voir.

– Pourquoi tout le monde s'inquiète pour moi ? C'est qui tout le monde ? Ma femme ?

– Euh… non, pas ta femme, Axel, ta mère. Elle essaie désespérément de te joindre, elle a appelé au bureau. Le lieutenant Ferry lui a promis que tu la rappellerais… Il n'a rien dit…

Devant mon regard rempli d'incompréhension, il se tait, s'accroupit près de moi, passe la main sur le sommet de ma tête, puis reprend :

– Axel, tu te sens bien ? Qu'est-ce que tu fais par terre ? Tu as glissé en sortant de la douche ?

– Hein ? Qu'est-ce que tu dis ? Non.

Je suis complètement à l'ouest. J'ai l'impression de ne pas être en phase avec lui ou bien d'avoir été téléporté dans un monde parallèle.

– J'ai pris une douche et j'ai…

– Tu t'es pris les pieds dans le panier à linge ?

– Non, c'est Ninja qui a foutu le boxon… Il est où, d'ailleurs ?

– Il m'a craché dessus quand je suis arrivé et s'est barré dans ta chambre. Tiens, tu as laissé tes clefs à l'extérieur de la porte d'entrée.

Je prends le trousseau qu'il me tend.

– J'ai un trou… Kay est rentrée ?

Christophe saisit mon bras et m'aide à me relever. Je replace mon drap de bain autour de ma taille.

– Viens dans la cuisine. Je vais te faire un café et on va parler. Tu sais quel jour on est ?

Je lui emboîte le pas.

– Heu… lundi. C'est mon anniversaire de mariage, aujourd'hui.

– C'était hier, lundi. Tu as une idée de l'heure qu'il est ?

– Heu… C'est le soir, les volets sont fermés. Zach est où ?

– Zach est à l'école. Tes volets sont fermés parce que tu ne les as pas ouverts… Tu me fais peur… Assieds-toi, termine-t-il en désignant une chaise du menton.

– Pourquoi je n'ai pas ouvert les volets, si c'est le jour ? Pourquoi je te fais peur ? C'est quoi le problème ?

Pendant que le café coule, mon collègue se laisse tomber sur la chaise face à moi. Il a une gueule de déterré, il ose à peine me regarder et il n'est pas rasé. On dirait qu'il est sur le point de m'annoncer la fin du monde. Je plante mes yeux dans les siens et insiste :

– Ben, quoi ? Qu'est-ce qu'il y a ? Tu vas accoucher, oui ou merde ?

– On est mardi et il est presque treize heures.

– D'accord, et ? Le lieutenant m'a rappelé en renfort, je n'ai pas décroché, c'est pourquoi tu viens me chercher ?

– Mais, Axel… Je… Tu… Kay…, marmonne-t-il, embarrassé.

C'est à la seconde où mon regard converge vers la fenêtre de la cuisine, la seule dont le volet n'a pas été fermé hier soir, que les morceaux se recollent dans ma tête. Je me revois l'ouvrir en grand et me pencher pour guetter l'arrivée de l'Audi de ma femme… Je me revois tapoter le flanc de Ninja, assis sur le rebord, à mes côtés. C'est par cette fenêtre, que j'ai oubliée de verrouiller, qu'il s'est enfui… Je l'ai retrouvé ce matin… là-bas.

Lentement, mes yeux larmoyants reviennent au contact de ceux de mon collègue et… j'éclate en sanglots.

Chapitre 7

# EN QUÊTE DE RÉCONFORT

*Palaiseau, mardi 22 novembre 2005,*
*en début d'après-midi.*

Christophe prend la verseuse de la cafetière, puis il vient se placer derrière la chaise sur laquelle je suis avachi. Il met sa main libre sur mon épaule, et de l'autre, il remplit les deux tasses qu'il a posées sur la table.

– Il va falloir être courageux, mon pote. On est là, tu sais.

J'esquisse une grimace et passe l'index sous mon œil larmoyant en reniflant :

– Tu peux me… passer l'essuie-tout ?… Sur le plan de travail… là-bas.

Il va replacer la verseuse à sa place, saisit le *Sopalin* qu'il me tend. J'en déroule un bout pour éponger mon visage raviné par la douleur et le chagrin, tandis qu'il se rassied en face de moi.

C'est en silence que, pendant de longues minutes, nous sirotons notre breuvage. Le mien me reste en travers de la gorge à tel point que je suis obligé de pencher la tête en arrière pour pouvoir l'avaler.

– Tu as ce qu'il faut pour manger ? me questionne-t-il en se levant pour déposer sa tasse dans l'évier.

– J'ai déjà du mal à boire un café.

– Viens déjeuner à la maison, j'allais monter.

– C'est gentil, mais non. Je préfère rester ici avec Ninja.

– Je comprends, Axel, mais il faut te nourrir si tu veux tenir. Je t'apporterai un plateau-repas. Pendant ce temps, habille-toi et appelle tes parents.

Je hoche la tête, passe le revers de la main sur mon front et, vissé à ma chaise, je le regarde passer le seuil de la cuisine. Dès que la porte d'entrée se referme derrière lui, Ninja me rejoint. Il saute sur la table et pousse ma main avec son museau, quémandant une caresse.

C'est avec Kay et Zach qu'il fait ça. Jamais avec moi.

Comme je reste sourd à sa demande, il vient s'asseoir face à mon visage et le prend entre ses pattes.

Alors que je suis déjà prêt à encaisser ses coups de griffe, je ne ressens que la douceur de ses coussinets moelleux. Puis il approche la gueule et la frotte tendrement contre ma joue en miaulant. Je suis touché par ce geste d'amour et de réconfort.

Qu'est-ce qu'il veut me faire comprendre ? *« Allez, va t'habiller et appelle tes parents »*, ou bien, *« Moi aussi, je suis malheureux »* ou, plus simplement, *« Donne-moi à manger »*.

Par défaut, j'opte pour la troisième solution. Je me lève et sors une barquette de Sheba du placard. Je la retourne sur une assiette que je pose au sol, à côté de la gamelle d'eau.

– Et toi, prends-toi donc un petit remontant, Axel, tu en as bien besoin, me dis-je à voix basse en choisissant une bouteille entamée de whisky irlandais, rapportée d'un de nos séjours là-bas.

Mon verre à la main, je titube dans le couloir, alors que je n'ai pas encore bu une gorgée. Je ne suis pas encore arrivé dans notre chambre que Ninja dandine son arrière-train tout en frottant la tête sur mon mollet, m'obligeant à faire attention à ne pas lui marcher dessus.

Je pose mon verre sur la table de nuit, vais ouvrir la penderie et jette des vêtements propres sur le lit. Quand je me retourne, Ninja, allongé sur l'oreiller de Kay, remue frénétiquement la queue.

D'après Kay, il semblerait que, contrairement au chien, quand un chat remue la queue, c'est mauvais signe... Ça voudrait dire qu'il est passablement agacé, voire profondément contrarié.

Je sirote mon whisky tout en m'habillant... Je me demande si les animaux sont affectés par la disparition de leurs maîtres, surtout lorsque ce sont eux qui ont découvert leur corps sans vie.

Je renifle, m'assieds sur le lit puis m'allonge une minute... à ma place, pour terminer mon verre. Les effluves du parfum de Kay que les draps exhalent titillent mes narines. Je me relève avant de chialer de nouveau et me motive à mi-voix :

– Courage, Dancourt. Tiens la promesse que tu as faite à ta femme.

Quand je veux me relever, j'ai l'impression que le plafond tourne. Je pose les pieds sur le parquet et, la tête entre les mains, j'attends que le vertige passe.

En longeant le couloir, je prends un sac-poubelle dans le placard. Puis je vais dans la salle de bains et jette dedans les fringues et les baskets que je portais hier. Je suis certain que je vais être placé en garde à vue d'ici peu et que les enquêteurs vont me les réclamer pour les faire analyser. Si je les mettais dans le lave-linge, je renforcerais leurs soupçons. Mieux vaut montrer patte blanche.

À cet instant, on toque à la porte. Au moment où je me retourne, je marche sur la queue du chat qui pousse un cri strident.

– C'est ouvert, Christophe ! dis-je en me dirigeant vers l'entrée.

Effectivement, c'est lui, un plateau entre les mains.

– Ah, t'es habillé, constate-t-il, un rictus au coin des lèvres. Viens manger, c'est steak, frites et salade verte. Tiens, je t'ai mis un bout de baguette fraîche, aussi. Allez, reprends des forces.

– Merci beaucoup à Estelle et à toi.

J'ai une boule dans l'estomac qui remonte. Comme une boule de poils que régurgite parfois Ninja. C'est désagréable. Je saisis les couverts que mon collègue me tend et me force à manger pour le tranquilliser. Ninja ne patiente pas deux secondes avant de sauter sur mes genoux. Il tend le cou pour humer la viande, puis il miaule en m'implorant du regard.

– T'as ton Sheba, là, dis-je en désignant ses gamelles du menton. Tu y as à peine touché.

Puis j'enchaîne à l'intention de Christophe :

– Il me colle au train depuis qu'on est rentrés, je n'y comprends rien. Tu crois qu'il sait que…

– C'est lui qui a découvert son corps, me coupe-t-il en haussant les épaules.

– Tu penses qu'il a suivi la piste de Kay ? Tu crois qu'il a pu parcourir tout ce chemin en une dizaine d'heures ?

– J'ai regardé sur Internet, c'est possible.

– Il a vu l'assassin ?

– Le légiste a estimé l'heure de…

– La mort entre minuit et trois heures du matin, dis-je en me grattant le menton. Ninja était encore sur la route… Il a senti Kay en danger, j'en suis sûr. Hier soir, son comportement était inhabituel. Il ne m'a pas fui… On est restés un bout de temps devant la fenêtre à attendre Kay, tous les deux.

– C'est peut-être toi qui lui as communiqué ton stress.

– Oui, sûrement. Il sent l'essence aussi… Enfin, un peu moins maintenant… Tu penses que je dois le passer sous la douche ?… Kay a acheté un shampoing spécial. Une fois, au début que Ninja était chez nous, je l'ai maintenu dans la baignoire, pendant que Kay le lavait…

Un sourire mièvre et spontané s'affiche sur mon visage, tandis que je me remémore cet instant de notre vie. En se débattant, le chat avait mis de l'eau partout. Trempés de haut en bas, Kay et moi étions sortis de la salle de bains les bras lacérés. Forts de cette expérience, nous nous sommes jurés de ne jamais recommencer.

Je l'entends encore rire… ma Kay.

– Ta bestiole n'est pas sale, rétorque Christophe. Elle n'a pas été aspergée d'essence.

– Non… Pas comme Kay.

Au ton ronflant de ma constatation, mon ami, gêné, baisse la tête.

– Ton chat se lavera tout seul, grogne-t-il, les dents serrées.

Je plisse les sourcils tout en écrasant le nez entre les oreilles de Ninja. Instinctivement, j'y dépose un bisou en marmonnant :

– C'est vrai, ça, je ne l'ai pas vu se lécher, depuis que…

Embarrassé que je le ramène virtuellement sur le chemin scabreux de la scène de crime, Christophe change de sujet :

– Tu as appelé tes parents ?

– Pas encore.

– Fais-le avant qu'ils ne l'apprennent aux infos. Le proc' a dit qu'il ferait un communiqué.

– OK.

Mon camarade attend que mon assiette soit vide pour partir.

Talonné par Ninja, je le raccompagne jusqu'à la porte d'entrée en bredouillant :

– Je t'ai parlé comme à un chien, ce matin. Excuse-moi.

– Ah bon ? Je ne m'en souviens plus, sourit-il en tapotant mon épaule.

– Si Zach fatigue trop Estelle…

– Estelle va bien, maintenant, et Zach n'a plus trois ans. Ne te préoccupe pas de ton môme pour le moment, il est bien avec nous.

– Merci, Tophe, dis-je, avant de refermer la porte derrière lui.

Alors que je traîne la savate, tournant en rond dans l'appartement, un bourdonnement parvient à mes oreilles. Je reconnais le vibreur de mon téléphone portable. Je récupère l'appareil que j'avais oublié dans la poche intérieure de mon blouson jeté sur le bras du canapé, sur lequel je m'allonge. Ninja saute aussitôt sur mon ventre.

Je grelotte de froid… de chagrin… d'appréhension à l'idée de devoir apprendre à mes proches le drame auquel j'ai du mal à croire moi-même. Avant de soulever le clapet de l'appareil, je tire un plaid pour nous couvrir, Ninja et moi.

Tout en ouvrant d'une main le texto qui vient de s'afficher, je câline Ninja avec l'autre. Il rampe jusqu'à mon cou, contre lequel il pose la tête, et se met à ronronner.

> Coucou, mon chéri. Tout va bien ? Pas de nouvelles depuis hier ! Nos textos d'anniversaire sur vos téléphones restent sans réponse et j'ai essayé de vous appeler je ne sais combien de fois Kay et toi ! Rappelle-moi ! Maman.

Je parcours rapidement les dizaines d'autres SMS. Je constate que, même depuis l'Irlande, on a pensé à nos dix ans de mariage. Fiona, la maman de Kay, et toute la famille Maguire nous ont également envoyé des messages.

La joue appuyée contre la tête de mon chat, je renifle et appelle mes parents en premier. C'est Annie, ma mère, qui décroche. Je suis déjà en larmes et ne peux sortir qu'un seul mot de ma bouche :

– Maman, maman… Oh, maman…

– Axel ? Que se passe-t-il ? C'est Zach ? Kay ?

Je ne sais pas si je vais pouvoir prononcer cette phrase. J'y parviens tant bien que mal :

– Kay est… morte cette nuit, maman. Elle a été tuée.

Elle semble incapable de rétorquer quoi que ce soit. C'est mon père qui rompt le silence en prenant le combiné pour obtenir des explications que je lui donne dans les grandes lignes.

– Zach est chez les Marlier. Il ne sait rien, lui dis-je pour finir.

– On vient t'épauler, Axel. On prend le prochain TGV. On sera là ce soir.

– Merci, papa.

– Tu as prévenu Fiona ?

– Vous êtes les premiers que j'avertis. Je ne peux pas appeler Fiona... C'est au-dessus de mes forces. Comment veux-tu que je... Tu sais bien que le père de Kay est malade du cœur. Je vais l'achever.

Un silence s'installe. À l'autre bout du fil, mon père déglutit puis s'entretient à mots couverts avec ma mère, avant de reprendre à mon intention :

– Annie se charge de contacter Fiona. Mais quand elle t'appelle...

– Oui je décroche, promis papa. Merci, maman... Merci à vous deux.

Je souffle et ferme les yeux pour me reposer un peu. Malheureusement, je suis de nouveau interrompu par le vibreur du téléphone.

C'est le parquet. Je prends l'appel.

– Monsieur Dancourt, c'est...

– Monsieur le Procureur. Du nouveau ?

– Non. Je m'apprête à me rendre à l'IRCGN. Puisque, par la force des choses, vous avez participé aux premières investigations sur le terrain, je vous autorise à assister à l'autopsie de votre épouse si vous le souhaitez.

J'ai mal au ventre.

– Je sais que c'est une terrible épreuve, monsieur Dancourt, insiste-t-il.

– Bien sûr que je veux tout savoir, Monsieur. Hélas, j'ignore si j'en suis capable.

– C'est comme vous le sentez. Je vous donne rendez-vous devant les locaux à seize heures cinquante. Si vous n'y êtes pas, je comprendrai.

– Entendu. Merci, Monsieur.

Je raccroche, me redresse et m'assieds sur le canapé, bousculant Ninja qui s'était endormi contre moi. Les coudes appuyés sur les genoux, je me frotte la tête des deux mains.

– Il faut que j'y aille, dis-je à mi-voix à mon chat qui, assis à mes côtés, me scrute de ses grands yeux jaunes et acquiesce d'un bref miaulement.

Bien que je sois conscient qu'il n'a ni sens ni logique, je réalise que ce dialogue de sourds que j'entretiens avec Ninja m'apaise. Ainsi, je m'extirpe du sofa en répliquant :

– Si tu es d'accord, alors j'y vais. Mais je ne peux pas t'emmener, tu seras sage ?

Je finis de me préparer mais ne me rase pas. Ma barbe de trois jours camoufle un peu les stigmates des griffures du chat et mes joues creusées par le chagrin. J'enfile une veste et attrape les clefs de ma vieille Peugeot dans le vide-poche de l'entrée. Je ne me sens pas la force de prendre ma moto, et puis je pourrai peut-être récupérer mes parents à la gare au retour. Avant de sortir, je m'accroupis, prends la tête de Ninja entre le pouce et l'index, l'embrasse sur le bout du nez.

– À tout à l'heure, mon chat pisteur.

Je suis obligé de le repousser avec le pied pour pouvoir refermer la porte derrière moi. Il miaule de la même façon que ce matin, lorsqu'il m'a guidé jusqu'à Kay. Je passe à mon unité, dans le bâtiment d'en face, pour rendre compte à mon chef, puis je prends le volant.

Chapitre 8

# RÉSISTE

*Cergy-Pontoise, mardi 22 novembre 2005,*
*en soirée.*

Lorsque je stationne ma guimbarde sur le parking de l'Institut de recherche de la Gendarmerie, j'ai dix minutes d'avance sur l'heure de mon rendez-vous avec le proc'. Je profite de ce laps de temps pour rappeler mon père.

– J'ai peur de ne pas tenir le coup, papa.

– Si tu ne te sens pas capable d'affronter cette nouvelle épreuve, rentre chez toi. Le rapport d'autopsie, tu le liras plus tard.

– Rien que le fait de penser à ce qui m'attend derrière les portes devant lesquelles je suis garé, je tremble comme une vieille carcasse, dis-je d'une voix chevrotante. Je ne sais pas ce qui est le mieux.

– Mieux pour qui ? Pour toi ou pour Kay ?

– Pour Kay, c'est mieux que j'y aille.

– Alors ? Qu'est-ce que tu décides ?

– J'y vais. Merci, papa... Maman a pu appeler Fiona ?

– Elles sont au téléphone, en ce moment.

– OK.

– On est avec toi, Axel. Courage, on arrive.

– Merci papa. J'en ai besoin.

– On sera bientôt là. On a un train en fin d'après-midi.

– Merci. Vous arrivez à quelle heure exactement ? je viendrai vous chercher à la gare du Nord.

– Dix-neuf heures quarante-quatre, mais si tu ne peux pas…

À cet instant, quelqu'un toque à la vitre conducteur de ma voiture.

– J'y serai, papa. Je dois raccrocher, le procureur est devant moi.

Je sors de ma voiture, claque la portière et la ferme à clef, puis j'emboîte le pas au magistrat en tirant nerveusement sur le bas de ma veste en daim.

Tout en se dirigeant à l'accueil, il s'adresse à moi :

– Il n'y a aucune obligation, monsieur Dancourt. Vous pourrez sortir à tout moment.

– Merci, Monsieur le Procureur, dis-je en tortillant mes doigts.

Un gendarme nous guide à travers les couloirs du sous-sol de l'IRCGN, jusqu'à la division criminalistique biologie et génétique. Il s'arrête devant une porte blindée et présente son badge devant le lecteur. Nous nous retrouvons dans un second labyrinthe. C'est tellement grand que le sol est fléché de différentes couleurs pour distinguer les quatre divisions de l'IRCGN.

À l'expression qui s'affiche sur mon visage, le procureur, qui lorgne vers moi, réalise que c'est la première fois que je pénètre dans les tréfonds de l'Institut de recherche.

– Les salles d'autopsie se trouvent au fond.

Quelques secondes plus tard, le gendarme qui nous accompagne pointe une porte sur sa droite.

– Salle numéro quatre. C'est ici, Monsieur le Procureur, marmonne-t-il, avant de faire demi-tour.

Le magistrat ouvre la porte. Le capitaine Girard, commandant la BR, et deux OPJ[6] sont déjà sur place. Ils sont en conversation avec trois hommes en blouse blanche. Le docteur Belval, médecin légiste en chef, se présente à moi et m'adresse ses condoléances.

---

6 Officier de police judiciaire.

Je hoche simplement la tête, incapable d'émettre le moindre son. J'étouffe, j'ai chaud et froid en même temps. Je suis comme congelé, figé sur place.

Il est dix-sept heures et sept minutes quand le corps de ma femme est extrait de sa cellule de conservation. Je suis devant le tiroir lorsque l'un des légistes l'ouvre. Je ne suis pas sûr d'être prêt à encaisser ce qui m'attend, mais pour Kay, je vais faire l'impossible pour rester debout.

– Ça va aller, monsieur Dancourt ? m'interroge le docteur Belval.

– Hum, hum.

La housse mortuaire est déposée sur le plateau médico-légal, devant lequel se trouve un écran relié à un ordinateur. Sur la console de préparation sont posés des échantillons formolés. L'expert en médecine légale m'explique la fonction des appareils qui équipent le plateau d'examen :

– C'est un scanner à rayons X, associé à un réseau informatique d'acquisition et de post-traitement des images, et de stockage sécurisé des données. Il va me permettre de réaliser, avant l'autopsie proprement dite, un scanner détaillé de la dépouille du substitut Dancourt. J'entamerai ensuite les recherches des corps étrangers et des lésions avant la dissection. Ce dispositif nous permet de visualiser les opérations au travers de cet écran.

Dans un état second, je n'écoute pas vraiment les explications du légiste. Je n'arrive pas à détacher mon regard de la housse mortuaire. Il s'en rend compte car il fait une pause. Je ressens alors le silence et son regard sur moi. Je lève la tête pour lui permettre de poursuivre :

– Cette technologie de pointe dont nous sommes dotés va m'aider à identifier avec précision et minutie les mécanismes et les causes du décès de votre épouse. Vous avez des questions ?

Je n'ai qu'une hâte : que les prélèvements soient faits, les traces ADN identifiées, que son ou ses bourreaux soient arrêtés, que son calvaire cesse une bonne fois pour toutes et qu'elle repose enfin en paix.

Je baisse la tête et ferme les yeux.

– Aucune. Allez-y.

J'entends le bruit de la fermeture Éclair qu'il fait glisser pour extraire le corps de Kay de la housse. J'ouvre une paupière pour jeter un œil… Oh, Seigneur ! Mon amour ! Je vacille. On me tend une chaise.

– Non, merci. Ça va aller.

Le docteur Belval met son fameux scanner en fonction. Un mécanisme fait lentement avancer le plateau. Un dictaphone à la main, il commente tout en scrutant l'écran :

– Le crâne est broyé… La mâchoire inférieure est fracturée… Une déformation de la cage thoracique est largement visible sur la partie antérieure de l'hémithorax droit… La clavicule et trois… non, quatre côtes sont fragmentées… Le fémur… l'index… le poignet et le radius droits sont également brisés à plusieurs endroits.

Il met son dictaphone sur pause. D'une main, je me cramponne au dossier de la chaise que quelqu'un a avancée à côté de moi.

À mesure de ses constatations médico-légales, j'ai imaginé la multitude de violences infligées à Kay et leur intensité. Je les ai ressenties au plus profond de moi. J'ai également entendu le craquement qu'a fait chacun de ses os lorsqu'il s'est brisé.

Le capitaine Girard, directeur d'enquête, ne dit mot. Néanmoins, je perçois son regard inquisiteur sur moi. Il cherche la faille… Un geste, une mimique, un mot qui pourrait lui laisser supputer que je ne suis pas le mari éploré qu'il a sous les yeux… Il reste impassible, mais je sais qu'il m'a dans le collimateur. Ce n'est pas le cas du procureur, qui pose sa paume sur mon avant-bras.

– Vous pouvez partir, monsieur Dancourt, si vous voulez, m'indique-t-il.

– Merci, Monsieur, ça va aller.

Le doigt en suspens sur le bouton de l'enregistreur, le docteur Belval me demande s'il peut poursuivre. Je tourne le visage vers lui et acquiesce d'un battement de cils.

– Bien, toussote-t-il. Si ça peut vous réconforter, les dernières fractures que j'ai constatées semblent induites par des gestes de défense contre une multitude de coups. Votre épouse a porté son bras à son visage pour se protéger…

Je le remercie d'un hochement de tête, même si rien de ce qu'il dit ne me réconforte. Il reprend son ton professionnel, monocorde et dénué de toute humanité, comme s'il examinait le disque dur d'un ordinateur :

– À l'apparence des ecchymoses et des lésions, les blessures sont d'une extrême brutalité, car elles s'accompagnent de destructions tissulaires importantes au thorax, au visage, au niveau du crâne avec d'importantes pertes de substances cérébrales… J'affirme que la victime a été frappée à l'aide d'un objet en bois contondant et qu'elle a lutté jusqu'au bout. Je pencherais pour une batte de baseball… À confirmer… Fracture de l'os hyoïde… preuve irréfutable d'une strangulation. Pour le moment, j'ignore si c'est cette fracture qui a entraîné la mort… Malgré l'importance et la violence des coups portés à la tête, soit l'agresseur a pensé que la victime respirait encore et l'a achevée par ce procédé… soit il lui a porté une autre série de coups post mortem… Il s'interrompt et interroge le procureur du regard. Celui-ci prend aussitôt la parole :

– Monsieur Dancourt a participé à la battue et a assisté aux premières constatations.

– Très bien. Je continue :

– Après les prélèvements des corps étrangers entre les doigts, sous les…

Il dirige son regard vers le procureur, avant de souffler sa déception :

– Les doigts sont complètement carbonisés… Tous les dix. Si le substitut Dancourt a griffé son agresseur ou si elle a agrippé ses cheveux, les traces ont malheureusement été effacées. Plus de cheveux, plus de cellules épithéliales… C'est ennuyeux… Je vais examiner l'intérieur de la bouche, maintenant.

Je commence à réaliser qu'on a affaire à un professionnel qui a pris soin de nettoyer non seulement la scène de crime, mais aussi sa victime. Il va échapper à la justice pour faute de preuves. La colère monte en moi, tandis que mes doigts serrent de plus en plus fort le dossier de la chaise et que mes jambes flageolent. Je fixe ma main qui tremble avec frénésie sur le dossier, quand le légiste s'étonne :

– Qu'est-ce que c'est que ça ?

Il s'empare d'une sorte de pince à épiler. Comme il me tourne le dos, je ne vois pas ce qu'il retire. Le procureur lui pose la question.

– Des cheveux, annonce-t-il, avant de poursuivre l'enregistrement de ses constatations médico-légales :

– Nous retirons ce qu'il semble être des cheveux… Sur et sous la langue… Contre la paroi de la joue droite… À l'entrée du pharynx… et au niveau de l'épiglotte…

Il stoppe l'enregistrement pour s'adresser à nous :

– Je peux vous certifier qu'ils ne sont pas venus là tout seuls.

– Que voulez-vous dire ? le questionne le procureur.

– Elle a dû se débattre à un moment ou à un autre. Quand son assassin l'a kidnappée ou pendant la lutte. Elle lui a prélevé son ADN avec les dents. Elle lui a arraché des cheveux avec ses dents, si vous préférez.

– Vous en êtes certain ?

– Oui.

– Elle a eu la présence d'esprit de les conserver dans sa bouche ?

– On dirait bien. Il en faut au moins cinq munis de leur follicule pileux.

– Dans le cas contraire, vous ne pourrez rien en tirer ?

– Si, nous ferons une analyse d'ADN mitochondrial transmis par la mère pour obtenir la moitié du code génétique de l'individu. Le résultat sera comparé au FNAEG[7]. Il se peut qu'un membre de la lignée maternelle soit fiché.

– Bien joué quand même, ma Kay ! ai-je le temps de la féliciter, juste avant d'être pris de nausées.

Incapable de maîtriser mon corps qui s'exprime à ma place, me transperçant de douleur pour m'avertir qu'il est sur le point de lâcher, je capitule. La main droite sur ma bouche, je quitte la salle précipitamment et cours aux toilettes.

Lorsque je ressors, le procureur est derrière la porte.

– Continuez sans moi, Monsieur. Je ne pourrai pas en supporter davantage.

– Je comprends. Rentrez chez vous. Sachez que je vais ouvrir une enquête de flagrance pour huit jours. Je la prolongerai d'autant si nécessaire.

– Vous faites bien. La flagrance permet d'agir plus vite, puisque les pouvoirs des enquêteurs sont élargis.

– Exactement. Je vous tiens au courant des résultats de l'autopsie.

– Merci, Monsieur le Procureur. Grâce à Kay, on va pouvoir identifier ce salopard.

– Je l'espère.

De retour à l'air libre du parking où j'avais laissé ma voiture, je respire à grandes goulées avec l'impression de remonter des affres de l'enfer. Je jette un coup d'œil à ma montre : dix-huit heures quarante-cinq. J'ai juste le temps d'aller chercher mes parents à la gare. Tout en marchant vers ma voiture, je consulte mon téléphone portable pour m'assurer qu'ils n'ont pas eu un empêchement de dernière minute et qu'ils sont bien en route.

Je ressens le besoin vital de me blottir dans leurs bras. Pas de message d'eux, mais j'en ai un d'Audrey, la nounou de Zach :

> Axel, j'ai appris le drame que vous vivez ! J'ai appelé madame Marlier. Je suis allée chercher Zach à l'école. Nous

7 Fichier national automatisé des empreintes génétiques.

sommes chez vous. Ne vous inquiétez pas. Je m'occupe de lui jusqu'à votre retour.

Je m'installe au volant et réponds avant de prendre la route :

Excuse-moi, j'aurais dû t'informer. Estelle m'avait promis de s'occuper de lui. Je serai de retour avant vingt et une heures. Merci.

Je me concentre sur la conduite pour tenter de chasser les images insoutenables qui hantent mon esprit, même si c'est illusoire.

Chapitre 9

# MON FILS

*Palaiseau, mardi 22 novembre 2005,*
*le soir.*

Pendant le trajet, ma mère, assise à l'avant, n'a pas cessé de tapoter ma cuisse ou de caresser ma joue de son index, tandis qu'en conduisant je répondais brièvement aux questions de mon père, installé sur la banquette arrière. Ils n'ont pas besoin d'en savoir trop. Ils sont déjà assez effondrés comme ça. Le visage de ma mère est translucide. Chaque fois que je me tourne vers elle, elle tient un mouchoir sous son nez.

Ils n'ont même pas cillé quand je leur ai annoncé que c'était Ninja qui avait retrouvé sa maîtresse.

– Ce n'est pas étonnant, a répliqué maman. Kay est très complice avec son chat.

Tout en conservant un œil sur la route, j'ai lorgné vers elle, étonné qu'elle parle de ma femme au présent. Les larmes me sont montées aux yeux, mais je ne l'ai pas reprise.

Mes parents adoraient Kay et c'était réciproque.

En ouvrant la porte de l'appartement, le cœur contracté, je réalise à quel point j'appréhende la confrontation avec mon fils. Je n'ai pas fait trois pas qu'il apparaît, Ninja sur les talons. Il se précipite sur moi en ronchonnant :

– *Daddy*, t'étais où ?

– Je suis allé chercher papi et mamie à la gare.

– Mais pourquoi ? C'est pas encore les vacances de Noël ! Et elle est où maman ? Estelle ne sait pas si tu l'as retrouvée et Audrey non plus.

Mon père serre son petit-fils dans ses bras et détourne la conversation :

– Tu ne nous dis pas bonjour, Zach ? Tiens, aide-moi. Prends la valise de mamie et roule-la jusque dans la chambre, s'il te plaît.

Zach hésite, je le sens. Mais il est content de voir ses grands-parents. La diversion de mon père nous offre un répit, même si celui-ci sera de courte durée.

Je n'avais même pas remarqué Audrey, adossée à l'encadrement de la porte, un torchon de vaisselle sur l'épaule.

Elle s'avance vers nous, salue mes parents, puis s'approche de moi.

– Bonsoir, Axel. J'ai fait cuire des coquillettes, j'ai acheté des steaks hachés et Zach et moi avons fait une tarte aux pommes. Il a arrangé les quartiers sur la pâte.

Par ses paroles qui ressemblent à une liste de courses, Audrey nous ramène à la réalité quotidienne qui a été engloutie par cette tragédie innommable et sidérante.

– Heureusement que tu es là, Audrey.

Mes paroles sont sincères. Je me sens totalement débordé par la situation, si bien que je suis soulagé de la voir. D'autant que je ne vais pas pouvoir continuer à repousser le moment où je devrai parler à Zach. Mes parents m'encouragent d'un bref regard bienveillant. Je prends une grande inspiration et vais voir mon fils. Je m'arrête sur le seuil de la chambre pour suspendre l'instant et je marque un temps pour l'observer. À plat ventre sur le lit, un bras sur Ninja couché contre lui, il le caresse. Le chat ne bronche pas et semble en grande discussion murmurée avec lui.

Je m'assieds au bord du lit et caresse le dos de mon môme.

– Ça va, mon petit cœur ? De quoi vous parlez avec Ninja ?

– Je lui demandais s'il avait vu maman. Mais il répond pas. Comme toi.

Je m'allonge pour prendre Zach dans mes bras. Ninja se faufile entre nous deux et pose la tête sur mon flanc. Je lui gratte le menton.

– Hé ! T'as fait copain avec Ninja, *daddy* ?

– On peut dire ça, oui.

– Ça, c'est cool.

Le visage rencogné au creux de mon bras, il câline le chat avec moi et poursuit :

– Et maman ? Tu l'as pas retrouvée, alors ?

– C'est Ninja qui a retrouvé maman, mon bébé.

Étonné, il soulève la tête et me cherche du regard.

– Ah bon ? Ben, pourquoi elle est pas là ?

– Parce que… parce que…

Ma gorge se noue, mon cœur s'arrête… C'est trop dur.

– Parce que quoi ? m'interroge-t-il.

Je ne peux que secouer la tête de gauche à droite, impuissant, désarmé et le regard embué de larmes.

Il se redresse et me fixe avec les yeux verts de sa mère. Ça me torpille le cœur.

C'est la première fois de sa vie que mon fils me voit pleurer. Je n'ai pas besoin d'argumenter mon langage corporel avec des mots. Il a compris.

– Non, *daddy* ! Non ! Va chercher maman ! hurle-t-il en martelant mon torse de coups de poing.

Je le laisse déverser sur moi sa colère, son désarroi et toutes les émotions qui l'assaillent. Je me contente de marmonner :

– Je ne peux pas, mon chéri. Elle est un ange, maintenant. Elle nous voit depuis le ciel. Tu sais bien qu'on ne meurt jamais, c'est elle qui nous l'a appris. Elle nous a dit que nos âmes sortaient de nos corps pour s'envoler dans un autre monde, mais qu'elles ne quittaient jamais les gens qu'elles ont connus sur Terre.

Je me dépatouille comme je peux. Comme Kay évoquait souvent la mort à travers ses croyances celtiques, j'argumente avec ce qui me vient à l'esprit, avec ce qui lui ressemble.

– Mais comment on va faire tous les deux tout seuls, *daddy* ? bredouille-t-il entre deux sanglots.

– On va se soutenir.

– Et Ninja aussi ?

– Oui, Ninja aussi.

Nous nous asseyons dans le lit, et nous nous berçons dans les bras.

– Elle a eu quoi ? renifle-t-il.

Le calvaire continue. C'est Kay qui se chargeait de lui expliquer les choses de la vie. C'est Kay qui trouvait les mots. Hélas, je ne peux pas me défiler, encore moins lui mentir.

Je dépose un baiser sur son front et annonce du bout des lèvres :

– Quelqu'un l'a frappée à la tête avec un gros morceau de bois.

– Un bout de bois ? Pourquoi ?

– …

– Mais c'est qui celui qui a tué ma maman ?

– Je ne sais pas, mais je vais le chercher et je te jure que je le trouverai…

Je serre longuement mon fils contre moi et le laisse pleurer. Il n'a plus de questions, moi pas de réponses. Les pleurs meublent le silence, laissant de côté tout du drame qu'il n'a pas encore réalisé.

Je ne sais pas comment mettre un terme à cette étreinte sans briser ce moment d'intimité. Alors, quand les sanglots de Zach semblent s'amenuiser, je m'écarte doucement de lui et propose :

– On va manger avec papi et mamie ? Audrey a préparé des coquillettes et tu as fait une tarte aux pommes.

Il se lève, prend Ninja dans ses bras et sort de la chambre en reniflant. Tandis que je lui emboîte le pas, il se retourne.

– Ninja et moi, on pourra dormir avec toi ?

– Bien sûr, mon cœur.

Il met l'index dans sa bouche et stoppe. Je m'arrête à mon tour et le laisse réfléchir. Puis il accroche mon regard et lâche :

– Je t'aiderai à trouver le bonhomme qui a tué maman.

Je présume qu'un de mes parents – ou les deux – s'est débrouillé pour écouter notre conversation en toute discrétion. Lorsque j'arrive à la hauteur de mon père, debout au milieu de la pièce, il me tapote l'épaule en dodelinant de la tête. Zach me confie le chat et glisse sa main dans celle de son grand-père. Ma mère s'installe à table et tire une chaise, invitant son petit-fils à s'asseoir près d'elle, pendant que j'accompagne Audrey dans la cuisine.

– C'est mieux qu'il sache tout de suite quelles sont les circonstances de son décès, admet-elle.

– Je préfère qu'il l'apprenne de ma bouche plutôt qu'à la télé ou dans les journaux.

– Qu'est-ce qu'il s'est passé au juste ?

– Je ne peux pas t'en dire plus… Tu l'as su comment, toi ?

– À la radio. J'ai entendu qu'un substitut du procureur avait été assassiné. Comme Kay n'était pas encore rentrée quand je vous ai quittés hier soir, j'ai eu peur qu'il ne s'agisse d'elle. Ils en ont également parlé au journal de treize heures. C'est ce qui m'a incitée à appeler madame Marlier. Quand j'ai su, j'ai immédiatement voulu venir. Alors j'ai insisté pour qu'elle accepte que je prenne le relais auprès de Zach. J'avais envie d'être auprès de lui… Auprès de vous… pour vous aider. Je n'aurais pas dû ?

– Si, tu as bien fait. Zach devait être content de te voir.

Je me tais un moment. Audrey retourne les steaks dans la poêle.

– Dis-moi, Zach n'en a pas entendu parler à l'école ?

– Le nom de la victime n'a pas été dévoilé aux infos. Et Zach n'a pas arrêté de me demander des nouvelles de sa mère, donc il ne savait rien.

Nous sommes à table depuis un quart d'heure lorsque je remarque que Zach pique du nez dans son assiette. Je le soulève et le porte jusque dans ma chambre. Je le déshabille et, pendant que je le borde, Ninja saute sur le lit et se couche sur lui. Puis, tandis que je m'éloigne à pas feutrés, il me rappelle :

– *Daddy*, ne pars pas.

– Je ne pars pas, Zach. Je suis à côté avec papi et mamie. On finit de manger et je viens me coucher, d'accord ?

Il prend sur lui pour acquiescer. Je lui envoie un baiser du bout des doigts en lui souhaitant bonne nuit, lui redisant « À tout de suite, mon cœur », et je tire la porte. Je suis contraint de m'arrêter une seconde pour ravaler mes larmes. J'entends alors le téléphone fixe sonner. Je regagne le séjour. Ma mère a décroché.

– Bonsoir Fiona… Si… Il est parti mettre Zach au lit… Oui, il l'a mis au courant… Il est effondré, comme nous tous.

Je suis debout à côté de ma mère qui poursuit :

– Il est près de moi. Vous souhaitez lui parler ?… Attendez, je lui demande.

Maman lève les yeux vers moi et enchaîne :

– Fiona sera là demain. Tu peux l'héberger ?

– Elle vient seule ?

– Oui, Jack ne supportera pas le voyage. Elle a été obligée d'appeler le médecin qui l'a mis sous anxiolytiques.

– Je lui préparerai la chambre de Zach puisqu'il dort avec moi.

Elle hoche la tête et reprend à l'intention de ma belle-mère :

– Vous avez entendu, Fiona ?… D'accord… L'un de nous viendra vous chercher à l'aéroport.

Un peu plus tard, alors que nous essayons de nous donner du courage devant une tasse de café, quelqu'un frappe à la porte. Je me lève et vais ouvrir. C'est le chef du PSIG, le lieutenant Ferry.

– Bonsoir, Dancourt. Comment ça va ?

– Bonsoir, mon Lieutenant. Je ferai en sorte que ça aille. Vous voulez entrer ?

– Je préfère que vous sortiez. Fermez la porte derrière vous, me demande-t-il avant de renchérir :

– La BR m'a appelé. Les résultats des empreintes génétiques prélevées sur le corps de votre épouse sont tombés. Un ADN a été extrait des cheveux prélevés dans sa gorge. Cinq avaient leur racine, on a eu du bol. Le profil va être comparé à ceux qui sont référencés au FNAEG. C'est la preuve qu'elle s'est battue pour rester en vie jusqu'à notre arrivée.

– Malheureusement, on n'est jamais arrivés. Vous vous rendez compte qu'il a brûlé tous ses doigts pour effacer…

– Il est fort probable qu'il s'agisse d'un récidiviste. Dès que la trace aura matché avec le FNAEG, on bouclera l'affaire. Ce n'est plus qu'une question d'heures.

– Et si c'était un professionnel ?

– Pardon ? grimace-t-il.

– Si c'était moi, par exemple ?… Laissez tomber, je ne sais plus ce que je dis.

– Je vois ça, soupire-t-il. Ne culpabilisez pas, Dancourt. Je ne veux pas vous voir au PSIG pour le moment. Faites ce que vous avez à faire.

– Reçu. Merci.

Je referme la porte derrière lui et rejoins mes invités.

– C'était ton chef ? m'interroge ma mère.

– Oui. Il est venu voir si nous avions besoin de quelque chose… Il est déjà presque une heure, il n'y a plus de transports en commun. Je vais te raccompagner, Audrey, à moins que tu acceptes de dormir dans la chambre de Zach, pour ce soir.

– Merci, Axel. Oui, je veux bien passer la nuit ici. Vous êtes épuisé, en plus. J'ai un cours de psycho, de quatorze à seize heures, mais je m'occuperai de Zach le reste du temps pour vous soulager un peu. Allez dormir, je vais débarrasser la table, puis j'irai me coucher.

– C'est gentil. Je vais changer les draps.

– Inutile, laissez, ils ne sont pas sales.

Je la remercie d'un signe entendu de la tête, embrasse mes parents et disparais. Je me glisse sous la couette, prends mon enfant dans les bras et laisse rouler les larmes.

Chapitre 10

# LE DOUTE

*Palaiseau, nuit du mardi 22*
*au mercredi 23 novembre 2005.*

Impossible de trouver le sommeil du juste. Dès que mes paupières lourdes de fatigue et de chagrin se ferment, je rêve de Kay. Le songe, qui se transforme vite en cauchemar, me réveille. Je sens les pas de velours de Ninja sur mon corps. Il s'allonge sur moi de tout son long et enfouit sa truffe dans mon cou, comme il avait l'habitude de le faire avec sa maîtresse. Je penche la tête à gauche et l'embrasse entre les deux oreilles en chuchotant :

– Je t'ai réveillé ?

Je passe la main sur le corps de Zach roulé en boule contre mon flanc. Sa respiration paisible m'indique qu'il dort profondément. Je souffle de soulagement, passe un bras sous ma nuque et je pense à Kay…

À Kay vivante… À Kay morte.

Une question m'obsède depuis le début. Son assassinat est-il en lien avec nos boulots ?

Assujettis tous les deux au devoir de réserve et au secret des instructions, nous évoquions rarement nos affaires en cours. Si l'un de nous avait besoin d'un conseil de la part de l'autre, nous n'entrions pas dans les détails… Sauf une fois… Mais elle n'était pas encore magistrate, elle finissait ses études de droit. C'est moi qui faisais bouillir la marmite, alors ça date.

Si j'avais été près d'elle… Si j'étais parti à sa recherche plus tôt… Et l'empreinte génétique extraite des cheveux qu'elle a arrachés à son assassin ? Va-t-elle matcher avec un profil du FNAEG ? C'est notre seule piste, pour le moment.

Ma tête est encombrée par un sac rempli de nœuds de pensées absurdes.

Je me redresse, pose les pieds au sol et me frotte la tête des deux mains, dans l'espoir de remettre de l'ordre dans mes idées. Ninja s'assied sur le bord du lit, à côté de moi, et me fixe de ses yeux jaunes, comme s'il me demandait *« Tu te lèves ou pas ? »*

J'ai soif. Je me mets debout et enfile un tee-shirt, avant de sortir de la chambre en caleçon, le chat entre les jambes. Je tombe en arrêt devant le cadre de notre photo de mariage, accroché au mur du salon. Dans la pénombre, j'admire Kay, son sourire éclatant et ses grands yeux émeraude en amande. Je fais un pas en avant, puis un autre, jusqu'à ce que mon visage soit si près de notre portrait que ma respiration crée de la buée sur le verre. Dans une caresse, je passe timidement mon index pour l'essuyer et je parle à Kay :

– Qui t'a fait ça ?

Alors que mon doigt effleure son visage, je ferme les yeux. J'ai l'impression qu'il frôle ses longs cils et que ses lèvres épousent les miennes. Je l'imagine triturant la chaîne en or ornée d'un pendentif en forme de goutte d'eau que je lui ai offerte pour ses vingt-deux ans… Un an et trois jours avant notre mariage.

J'explore mon dernier souvenir avec ma femme. La dernière fois que je l'ai serrée dans mes bras… avant-hier matin. Je sens encore son pendentif chatouiller mon torse lorsqu'elle s'est penchée sur moi pour me souhaiter un bon anniversaire de mariage.

Ce pendentif, que j'ai fait fabriquer spécialement pour elle, n'a jamais quitté son cou. Je rouvre les paupières et observe le bijou sur la photo… J'ai les yeux qui brûlent.

Soudain, l'image du corps sans vie de Kay, sur la scène de crime, avant que Luc, le technicien de la scientifique, ne ferme la housse mortuaire, s'impose sur le devant de mes pensées. Je vois ma main gantée effleurer son visage mutilé... mais je n'ai rien remarqué à son cou. Pas même un morceau de métal brûlé.

Je murmure :

– Tu le portais, ton pendentif. C'est sûr.

Je laisse mon esprit s'envoler vers le souvenir de la première plus belle journée de ma vie. Je revois Kay s'évertuer à passer mon anneau de Claddagh à mon annulaire. J'avais été contraint de l'y aider.

Je sais que je parle à une photo, néanmoins, je pouffe tout haut :

– Chuuut, Kay ! On va réveiller tout le monde !

– Ça va, Axel ?

Je tressaille, me retourne brusquement et plaque les deux mains sur mes joues, surpris par l'apparition que j'ai sous les yeux.

– C'est... C'est... toi... Kay ?

– C'est Audrey, Axel.

Dans la pénombre, la jeune femme de vingt-trois ans ressemble, à s'y méprendre, à ma femme : couleur et longueur de cheveux identiques, même silhouette élancée, même façon de se tenir debout face à moi, une main sur la hanche et la nuque légèrement penchée en arrière. Elle s'approche et m'adresse un sourire contrit, tout en croisant contre elle le peignoir en satin mauve qu'elle porte.

– Oui... Pardon... Excuse-moi.

– Je ne parviens pas à trouver le sommeil, moi non plus.

Se rendant compte que je la fixe, elle croit bon d'ajouter :

– J'ai trouvé ce peignoir dans la salle de bains, ça vous dérange si je le porte ?

– C'est celui de Kay... Ça fait longtemps que tu es là ?

– Je me suis levée, car j'ai entendu du bruit. Je ne voulais pas vous déranger, alors j'admirais votre photo de mariage, en retrait, derrière vous, avoue-t-elle en haussant une épaule. Je me remémorais un jour où Kay est venue à la fac pour nous dispenser un cours sur la pratique de l'expertise judiciaire en matière psychologique.

Elle passe la langue sur ses lèvres, fait un pas supplémentaire vers moi et poursuit :

– C'était une passionnée. Le courant est tout de suite passé entre nous.

– C'est aussi ce qu'elle m'a dit à ton sujet.

– C'est vrai ? m'interroge-t-elle.

J'acquiesce d'un hochement de tête.

– Quand je lui ai confié mes difficultés financières, elle m'a tout de suite proposé un rendez-vous pour discuter de l'éventualité de me confier la garde de Zach, après mes cours.

– Elle avait déjà pris sa décision.

– Vous croyez ?

– J'en suis certain. C'est comme la fois où elle a ramené à la maison ce chaton sous son manteau.

À cet instant, quelque chose de doux frôle mon mollet. Je me baisse pour caresser Ninja, puis je me relève en ajoutant :

– Quand on parle du loup.

Je marque une pause, et alors que j'ai l'intention de m'éclipser, soudain un peu gêné de la situation, la nounou m'en empêche en posant la paume sur mon avant-bras.

– Je suis si reconnaissante à Kay, me confie-t-elle. Elle m'a souvent conseillée dans mes études. Vous savez, il n'y a pas longtemps, elle m'a parlé du métier d'analyste comportemental en gendarmerie.

Non, je ne savais pas. Néanmoins, j'opine poliment du chef, pendant qu'elle enchaîne :

– Elle m'a aussi épaulée dans l'élaboration de mon mémoire qui m'a permis d'obtenir mon Master 1. Si j'obtiens mon Master 2 l'année prochaine, je lui devrai une fière chandelle.

– C'est surtout grâce à ton travail.

– Non. Sans elle, j'aurais abandonné. Elle va tellement me manquer. J'espère que vous arrêterez l'ordure qui lui a fait ça.

– J'y compte bien et peu importe le temps que ça me prendra.

– Tous les deux, vous êtes mon modèle… mon couple idéal… Je vous admirais, vous étiez tellement unis, m'avoue-t-elle en s'effondrant contre mon torse.

Embarrassé, je ne sais pas quoi faire. Tandis qu'elle renifle, je ne peux pas faire autrement que de remonter le peignoir en satin de Kay qui glisse de son épaule, puis je pose amicalement ma main sur son bras et confirme ses dernières paroles :

– Nous l'étions, oui.

– Je vous seconderai auprès de Zach aussi longtemps que vous aurez besoin de moi, Axel.

Cette situation me rend de plus en plus mal à l'aise.

– Merci. Retourne te coucher maintenant et essaie de dormir un peu, dis-je en tournant les talons, brusquement pressé de retourner me coucher moi-même et ne pensant plus qu'à une seule chose : le pendentif de Kay.

J'irai à l'IRCGN demain à la première heure pour vérifier s'il fait partie des scellés.

Chapitre 11

# LES DEUX CHATS NOIRS

*Palaiseau, mercredi 23 novembre 2005,*
*le matin.*

Je me réveille avec la gueule de bois alors que je n'ai pas bu. J'ai du mal à remettre de l'ordre dans mes idées. Je m'assieds et pose les pieds par terre. Quand je passe la main sur le corps endormi à mes côtés, je réalise que c'est Zach qui est dans mon lit et pas Kay. À cette seconde, les images des dernières vingt-quatre heures de ma vie me frappent telle une droite en pleine figure. Cette nuit, l'insomnie, le chagrin, le salon, la photo, Audrey dans le peignoir de Kay, ce n'était pas un cauchemar. Ah oui, la photo ! Le pendentif que Kay ne quittait jamais, même pour se doucher ! Il faut que j'aille à l'IRCGN pour vérifier les scellés.

J'ai la sensation que la rupture d'anévrisme n'est pas loin, tellement mon mal de crâne est intense. En caleçon, je me lève subrepticement pour ne pas perturber le sommeil de Zach, quand je bute sur un truc… un truc doux qui caresse mes chevilles.

Je me baisse, caresse le dos de Ninja d'une main et ouvre délicatement la porte avec l'autre en chuchotant :

– On fait une belle team de chats noirs, tous les deux. Allez viens, on va monter une cellule d'enquête.

Le chat entre les jambes, je m'arrête dans la salle de bains pour avaler un Doliprane. Puis je file dans la cuisine pour donner à manger à ma bestiole et boire un café corsé. Alors que je m'imagine être le premier debout, quand j'ouvre la porte, je me retrouve nez à nez avec ma mère qui appuie sur le bouton de la cafetière.

– Tu es déjà levée, maman ?

– Impossible de dormir. Je ne parviens pas à croire à ce qui nous… t'arrive, avoue-t-elle en s'approchant de moi pour m'embrasser.

– Tu peux dire « nous », maman, on est une famille, dis-je en déposant un baiser sur sa joue.

Je la prends dans mes bras. À moins que ce ne soit elle qui me prenne dans les siens. Mon corps se détend et je me rends compte que cette étreinte me fait un bien fou. Hélas, je réalise aussi que je ne serrerai plus jamais Kay dans mes bras, alors je geins :

– Je suis perdu, maman. Kay me manque.

– Rien de plus normal, voyons, tu n'es pas un surhomme. Tu traverses une des épreuves les plus dures auxquelles un être humain peut être confronté, murmure-t-elle à mon oreille. Que penses-tu que Kay te dirait si elle était là ?

Je penche la tête en arrière et arrime mes yeux embués aux siens pour reconnaître :

– Tu as raison sur toute la ligne, maman, je vais faire mon job, je m'apitoierai sur moi après… Bouge-toi, Dancourt, et trouve mon assassin. Tu pleurnicheras plus tard. Voilà ce que dirait Kay.

– Je suis soulagée de te l'entendre dire.

Tout en buvant le café qu'elle a préparé, je lui raconte ce qui m'a chiffonné toute la nuit : le pendentif sur la photo dans le salon que je n'ai pas remarqué sur la dépouille de Kay.

J'ai bien du mal à la regarder à cause de Ninja qui me bouche la vue. En effet, les deux pattes sur mes joues, il me lèche le haut du front, juste à la racine des cheveux, avec sa langue râpeuse. J'embrasse le museau de ma bête, la soulève d'une main, la pose à terre et annonce à ma mère :

– Je vais à l'IRCGN vérifier les scellés.

Je vais me préparer, puis je confie les commandes à ma mère. Avant de partir, je la rassure en lui promettant de rentrer avant quinze heures pour conduire Zach à son entraînement de boxe.

Quand je sors de l'immeuble, je donne un coup d'œil à la fenêtre de la cuisine. Ninja, debout sur les pattes arrière, s'agrippe au rideau en miaulant. Je m'arrête et, de l'index, je tapote au carreau en esquissant un semblant de sourire.

– Elle est fermée, la fenêtre, partenaire, dis-je. Les bestioles ne sont pas admises là où je vais. Reste au bureau et réponds au téléphone, je reviens.

Chapitre 12

# PREMIÈRES QUESTIONS

*Cergy-Pontoise, mercredi 23 novembre 2005,*
*neuf heures.*

Je stationne ma Suzuki devant les portes de l'IRCGN. Je range casque et gants dans le top-case et vais me présenter à l'accueil, où je demande à être reçu par le médecin-chef. Après lui avoir passé un coup de fil, un collègue m'accompagne jusqu'à la porte de son bureau. Quand le docteur Belval l'ouvre, je suis surpris de découvrir le capitaine Girard, commandant la BR, assis dans un fauteuil.

– Bonjour, monsieur Dancourt. Vous tombez bien, nous allions justement vous appeler. Asseyez-vous, m'invite Belval.

Mon regard va du capitaine au médecin, plusieurs fois. À leur expression, j'ai la sensation qu'ils n'ont rien de bon à m'annoncer. Le légiste me le confirme :

– Nous n'avons malheureusement pas de bonnes nouvelles. L'ADN extrait des cheveux retirés de la bouche de votre femme n'a pas été identifié par le FNAEG. Son assassin n'a pas d'antécédents judiciaires, puisqu'il n'y a pas été fiché.

– Elle a eu du cran pour arracher des cheveux à son agresseur avec les dents, complète le directeur d'enquête. Et une sacrée présence d'esprit pour les protéger ainsi.

– Merci, mon Capitaine. Quoi d'autre, Docteur ?

– La cause de sa mort est bien l'étouffement par strangulation manuelle et… la crémation est post mortem.

Je serre les dents et enfonce les poings au fond de mes poches. Je ne pensais pas qu'un jour je ressentirais une douleur aussi vive.

– Nous allons mettre en place un barrage filtrant sur les lieux et à l'heure où votre épouse est censée être passée sur cette route, m'annonce Girard pour me calmer. Nous interrogerons les automobilistes afin de savoir s'ils ont été témoins de quelque chose. J'ai demandé un renfort. L'opération débutera ce soir à dix-huit heures en présence du proc'.

Je me tourne vers lui et demande :

– Suis-je autorisé à faire partie des effectifs ?

– Affirmatif. J'en ai d'ailleurs déjà parlé au lieutenant Ferry, votre commandant d'unité.

– Merci. J'aurais également aimé pouvoir jeter un coup d'œil aux scellés contenant les affaires de Kay.

– Vous souhaitez les vérifier ?

– Oui.

Les deux hommes échangent un regard, puis ils me conduisent dans la salle d'autopsie.

Le légiste ouvre une des portes d'un immense placard. À mesure qu'il étale avec minutie chaque scellé sur le plan de travail, il le commente en le désignant du doigt :

– Voilà ce qu'il reste de ses vêtements.

À l'intérieur de l'un d'eux se trouve un bout de dentelle noire à moitié brûlé. Je sens mon estomac qui vrille. Je plaque la main sur ma bouche pour retenir un haut-le-cœur, tandis que le docteur Belval poursuit :

– Voici une chaussure… L'autre… Une de ses boucles d'oreille… L'autre… Celle qu'elle a perdue dans l'herbe est intacte, mais celle qui est restée accrochée à son lobe…

– Est brûlée, dis-je d'une voix étouffée.

– C'est ça, confirme-t-il. Et enfin, son alliance.

Je fronce les sourcils, alors que mon regard s'attarde sur chaque pièce. Le pendentif de Kay est manquant, mais… pas que. Je repasse les scellés en revue pour être certain de ce que je m'apprête à révéler :

– C'est tout ?

– Oui, pourquoi ? Il manque quelque chose ?

– Deux bijoux dont elle ne se séparait jamais et je suis formel. Le premier est une alliance.

– Elle est ici son alliance, m'oppose aussitôt le capitaine Girard en mettant son doigt devant le scellé en question.

– Sauf votre respect, mon Capitaine, je vous informe que, comme moi, Kay en porte deux. L'une en gage de notre union civile en France, que je reconnais dans ce sachet. Il lui manque donc celle qui symbolise notre mariage religieux en Irlande. Regardez, dis-je en sortant ma main gauche de la poche de mon blouson pour leur montrer mes anneaux.

Les deux hommes observent ma bague celtique.

– Votre épouse portait une deuxième alliance similaire à la vôtre ? me questionne le directeur d'enquête.

– Oui. Dans sa version féminine, mais avec ces mêmes symboles : deux mains tenant un cœur surmonté d'une couronne. Il y a une gravure à l'intérieur, la date de notre mariage et le prénom de l'autre. Dans la mienne, on peut lire « 22/07/00-Kay », dis-je en l'ôtant pour la leur montrer. C'est un anneau de Claddagh.

– Je croyais que vous célébriez vos dix ans de mariage, réplique-t-il en fronçant les sourcils.

– Nous nous sommes mariés civilement en France en 1995 et religieusement en Irlande cinq ans plus tard, sous l'insistance de la famille de Kay. On n'a pas pu se marier à l'église avant, à cause de la naissance de Zach et des deux ans et demi d'études de Kay à l'ENM de Bordeaux.

La larme à l'œil, je remets à mon doigt l'anneau qu'il me rend.

– Et le deuxième bijou ? interroge le légiste.

– Une chaîne ornée d'un pendentif en or en forme de goutte d'eau, qu'elle ne quittait jamais et je suis formel là aussi.

Tout en leur tendant une photo de Kay que je viens de sortir de mon portefeuille, je précise :

– Regardez, elle l'arbore à son cou. Si, lors d'une perquisition, les collègues découvrent ces objets, ils seront légitimes de suspecter que leur détenteur soit en lien avec l'affaire. Je viendrai faire une déposition, mon Capitaine.

– Ils sont peut-être encore sur la scène de crime ou aux alentours, m'oppose-t-il.

– Ah bon ? Vous voulez dire qu'elle n'a pas été ratissée, la scène de crime ?

– Si, elle l'a été, mais je vais donner l'ordre d'étendre le périmètre de recherche.

Nous quittons la salle des scellés. Tandis que nous marchons en direction du bureau du médecin, j'ai un déclic :

– Et dans sa voiture ? Elle est où sa voiture ?

– Ici, à la DCIN[8], réplique le médecin légiste. Des techniciens sont en train de l'explorer.

Je crois que le regard que je lui adresse en dit plus que tous les mots, car aussitôt que nous passons de nouveau le seuil de son bureau, il empoigne le combiné de son téléphone en ajoutant :

– J'appelle.

Sans quitter le légiste des yeux, je m'assieds. Je sens le regard pesant du directeur d'enquête, tandis qu'il reprend place dans son fauteuil, à côté du mien.

– Bonjour, Fabien… Bien, merci et toi ?… Eh bien, l'adjudant Dancourt du PSIG se trouve en face de moi et… Oui, c'est son épouse… OK, très bien… Pas de bijou ou autre ?… Il recherche une chaîne en or avec un pendentif… et une bague… Un anneau… Oui, il est formel… Bien, je le lui dis.

Le légiste lève les yeux vers moi.

– Il n'y a aucune trace de contact correspondant à l'ADN de l'assassin de votre femme dans et sur sa voiture, m'indique-t-il.

---

8 Division criminalistique ingénierie et numérique.

S'agissant des bijoux, ils ont désossé le véhicule, ils les auraient trouvés.

Il hausse les épaules, dodeline de la tête avant de répondre à son interlocuteur :

– Très bien, nous t'attendons. Il raccroche et poursuit : Le commandant Renaud vient vous remettre ce qui a été ramassé dans la voiture de votre épouse, puisque les analyses n'ont rien donné.

J'ai à peine le temps de le remercier qu'on frappe à la porte.

– Entre, Fabien ! lance le légiste.

Je me lève, prêt à saluer l'officier. À la seconde où il passe le seuil, mes yeux se fixent sur le manteau noir qui pend sur son avant-bras. C'est celui de Kay. Le choc est si intense que je suis contraint de me rasseoir.

– Désolé, mon Adjudant, bredouille le commandant Renaud. Si j'avais su, je l'aurais mis dans le sac avec le reste.

Il dépose le sac-poubelle à mes pieds, puis le manteau sur mes genoux. Je le prends et enfouis mon nez dedans.

Je me coupe ainsi du monde quelques instants, pour me retrouver seul… avec ma femme… ou ce qu'il me reste d'elle… Un manteau qui exhale son parfum.

– Excusez-moi.

– Il n'y a pas de mal, me rassure le légiste en tapotant mon épaule. Pouvez-vous jeter un coup d'œil dans le sac et nous dire… Enfin, si…

– Oui, oui, bien sûr.

J'ouvre le sac-poubelle en ravalant mes larmes, puis je plonge la main à l'intérieur : des bonbons, des stylos, des Post-it, deux parapluies, une paire de baskets, une paire de chaussures plates, trois… non, quatre paires de lunettes de soleil, des élastiques à cheveux, des tampons. Quand je tire sur l'anse du sac à main de Kay, le commandant Renaud prend la parole :

– Son téléphone est à l'intérieur. Nous vous l'avons restitué. Il a été exploité, nous n'en avons plus besoin. Cependant, si l'un de ses contenus vous interpelle… Une photo, un texto ou un numéro de téléphone qui vous semble étranger ou suspect…

– Je vous le dirai, bien entendu. Vous l'avez tracé ?

– Oui.

– Vous savez à quelle boulangerie elle s'est arrêtée ?

– Oui.

– Vous avez visionné les caméras de surveillance alentour ? Elle a peut-être été suivie.

– C'est en cours.

– Donc, pour le moment, on n'a pas de piste, intervient Girard.

– On en a une, mon Capitaine, objecte le commandant Renaud. J'allais justement vous en faire part.

– Qu'est-ce que c'est ?

– Les empreintes de pneumatiques prélevées sur la première, puis sur la seconde scène de crime sont parfaitement identiques. Les techniciens ont mis en exergue les mêmes traces d'usure. Désormais, nous avons deux certitudes : le véhicule qui a transporté le substitut Dancourt et celui qui a abandonné son corps au fond du chemin de halage ne font qu'un. Aussi avons-nous pu déterminer son modèle : il s'agit d'un utilitaire de trois tonnes cinq, type Renault Master ou Citroën Jumper.

J'ignore la raison pour laquelle je le vois blanc dans ma tête… Peut-être parce que c'est la couleur la plus répandue pour ce type de véhicule. C'est ce que me confirme le commandant Renaud quand je lui pose la question :

– Oui, en effet, surtout s'il s'agit d'un fourgon à usage professionnel. J'ai espéré que l'assassin égratigne la carrosserie contre le tronc d'un arbre en entrant ou en ressortant de ce chemin… En tout cas, c'est quelqu'un qui connaît le coin. On n'atterrit pas là-bas par hasard.

Il m'observe en biais et renchérit à l'intention de Girard :

– Vous êtes d'accord, mon Capitaine ?

– Absolument, mon Commandant, approuve-t-il, avant de poursuivre à mon intention : Il se pourrait même que le ou les auteurs aient prémédité leur acte. C'est la raison pour laquelle j'ai décidé de mettre en place ce barrage filtrant, sur les lieux et à l'heure approximative où votre épouse est passée sur cette route.

J'ai la sensation qu'on lambine, là ! Ils vont se remuer, oui ou merde ?

Exaspéré, je dodeline de la tête en me levant de mon siège, le manteau de Kay bien plié sur mon avant-bras. J'empoigne le sac-poubelle, puis je les regarde tour à tour bien droit dans les yeux en rageant, les dents serrées :

– L'enquête de flagrance que le procureur a ouverte vous confère des pouvoirs de police judiciaire beaucoup plus étendus.

Je m'arrête pour reprendre mon souffle, car j'étouffe. Quand je reprends la parole, mon ton monte tout seul :

– Comme vous êtes dispensés de demander des commissions rogatoires à un juge d'instruction pour chaque acte, foncez ! Faites des perquisitions, des saisies, des auditions de témoins, des gardes à vue et que sais-je ! Ce n'est pas ma partie ! Moi, je suis un homme de terrain ! Un bourrin du PSIG qui participe à des arrestations musclées, qui planque, qui patrouille, qui infiltre en civil ! Je ne sais pas les mener, moi, vos enquêtes !

– Tout doux, monsieur Dancourt, m'invite le commandant Renaud en posant la main sur mon bras.

– Tout ce que je veux c'est que vous marchiez main dans la main et que vous vous bougiez le cul ! Une enquête de flagrance, c'est huit jours, et en voilà déjà deux de bouffés ! Reste six ! L'horloge tourne !

– On a compris, Dancourt, grommelle le capitaine Girard.

– À très bientôt, Messieurs !

À l'instant où je passe le seuil, je me ravise, fais un pas en arrière et me retourne pour demander :

– Et son attaché-case ? Vous avez inspecté son contenu ?

– Son attaché-case ? répètent d'une seule voix le commandant Renaud et le capitaine Girard.

– Oui. Kay le trimballait toujours avec elle.

– On n'a rien vu qui ressemblait à une mallette dans sa voiture lorsqu'on l'a fouillée sur le lieu où elle a été découverte, indique le directeur d'enquête en se frottant le menton.

– Eh bien, voilà encore un truc à chercher ! Si ça se trouve, cette sacoche est le mobile du crime… Merci de m'avoir reçu.

Chapitre 13

# AMI-AMI

*Palaiseau, mercredi 23 novembre 2005,*
*en fin de matinée.*

Je rentre chez moi sur les coups de onze heures, légèrement apaisé par l'annonce de ce premier indice non négligeable : nous connaissons le modèle du véhicule qui se trouvait sur les deux scènes de crime. Une indication transmise aux enquêteurs qui leur permettra de cibler les Renault Master et les Citroën Jumper, lors de l'opération de barrage filtrant. En effet, il y a de fortes probabilités que le kidnappeur de Kay soit un habitué de la N 118.

Comme le capitaine Girard m'a autorisé à participer à l'opération, je ne rentre pas ma Suzuki au garage. Alors que je retire mon casque, un long miaulement parvient à mes oreilles. Mon regard converge instinctivement vers la fenêtre de la cuisine. Ma mère essaie désespérément d'extirper les griffes de Ninja du rideau auquel il est accroché. Quand j'approche pour tapoter au carreau, c'est pire.

– Viens m'aider ! braille maman.

Avant de rentrer, je prends quand même le temps de retirer le manteau de Kay et le sac-poubelle du top-case, puis d'y déposer mon casque et mes gants. Lorsque j'ouvre la porte de l'appartement, je suis accueilli par le chat qui se rue sur moi et par ma mère qui le poursuit, les bras levés. Un peu plus loin, Zach et Audrey, attirés par le tohu-bohu, apparaissent sur le seuil du salon.

– Ferme ! hurle ma mère.

J'ai juste le temps de donner un coup de talon dans la porte, d'arrondir les yeux et d'entrouvrir la bouche, avant que le chat ne grimpe le long de ma jambe en plantant ses griffes dans mon jean, puis sur le devant de mon blouson. Enfin, en équilibre sur mon épaule, il glisse dans le col la tête la première et disparaît entièrement à l'intérieur du vêtement.

Il remonte pour ne laisser dépasser que ses yeux jaunes, puis il miaule pour manifester son contentement.

Interloqué, je cherche ma mère du regard, impatient qu'elle me confirme que ce que je viens de vivre est réel. C'est Zach qui répond en me rejoignant pour entourer ma cuisse de ses bras.

– Trop fort, *daddy* ! Vous devriez faire du cirque, Ninja et toi. C'est toi qui lui as appris ?

Pour ne pas avoir à détailler les circonstances dans lesquelles Ninja s'est retrouvé à l'intérieur de mon blouson pour la première fois, hier matin, je m'accroupis, colle un bisou sur la joue de mon fils et me contente d'un simple *« Non »*.

Dans mon for intérieur, je me persuade que le numéro d'acrobatie de Ninja est la conséquence du fait que l'odeur de Kay est sur moi, puisque j'ai ses affaires entre les mains. Néanmoins, je n'en fais pas mention et observe Zach qui récupère la bête qui se tortille dans tous les sens, tandis qu'il s'éloigne au fond du couloir en clamant :

– Allez, *daddy* ! On recommence pour voir !

Sans mot dire, je rouvre la porte d'entrée, dépose le sac-poubelle et le manteau à l'extérieur et la referme. Puis je fixe mon rejeton agenouillé à cinq, six mètres de moi. Entre ses paumes, le chat, à deux centimètres du sol, pédale dans le vide en miaulant son impatience… ou sa frustration, peut-être.

– Prêt, *daddy* ?

– Prêt !

Je n'en crois pas mes yeux. Il ne court pas, il vole. En moins de cinq secondes, il a réintégré l'intérieur de mon blouson. Un sentiment de fierté titille mon ego et je me surprends à esquisser un sourire que je refrène aussitôt, comme si je n'en n'avais plus le droit.

– Il aurait fallu filmer la scène, intervient Audrey qui nous épie, les mains sur les hanches.

– T'as raison, Audrey, réplique Zach. Tu crois qu'il veut quoi Ninja, *daddy* ?

Il se pince le menton et plisse les sourcils en même temps que moi, puis il enchaîne :

– Aller chercher le tueur de maman avec toi, j'en suis sûr… Comme Diesel.

– Diesel est un chien pisteur de la gendarmerie, Zach, s'interpose ma mère. C'est son travail de retrouver des gens disparus. Elle a un harnais.

– Oui, ben, mamie, Ninja est un chat pisteur de la gendarmerie car il habite avec nous, au PSIG, et il a un harnais, aussi. Un rouge et noir, pas un bleu et jaune.

Effectivement. Kay lui en a acheté un quand on l'a recueilli. Elle avait l'intention d'aller faire son jogging avec lui. À l'annonce de ce projet, j'ai pris Kay dans mes bras et l'ai bercée contre moi en riant comme un fou.

D'ailleurs, Ninja n'avait jamais accepté la laisse.

Ce souvenir me donne une idée. S'il y a une petite chance pour que ma femme nous voie depuis là où elle est, c'est elle qui se moquera de moi quand elle comprendra mes intentions.

Le chat contre moi dans le blouson, je rouvre la porte d'entrée et récupère les affaires de ma femme. Tandis que je prends la direction du salon, je passe discrètement le sac-poubelle à ma mère. Elle m'adresse une œillade et s'éloigne vers les chambres. Je détourne l'attention de Zach en le sollicitant :

– Tu sais où il est ce harnais, Zach ?

– Dans ma chambre, c'est le parachute de mon G.I. Joe.

– Tu veux bien aller le chercher ?

– C'est le manteau de maman ? me questionne-t-il en désignant du menton le vêtement plié sur mon avant-bras.

– Oui.

Il me suit, et alors que je me laisse tomber dans mon fauteuil, le manteau sur les genoux, il renchérit :

– Et dans le sac-poubelle que mamie est partie cacher dans sa chambre ?

Rien ne lui échappe.

– Ce sont les affaires que les gendarmes ont retrouvées dans sa voiture.

– Tu m'en donneras ? me demande-t-il en effleurant le vêtement de sa mère du bout des doigts. Et le gâteau ? Maman l'avait acheté, le gâteau aux fraises qu'elle avait dit qu'elle ramènerait pour votre anniversaire de mariés ?

– Oui, elle l'avait acheté.

– Il était où ?

– Dans le coffre.

– Les gendarmes te l'ont pas redonné ?

– Non, mon cœur, il n'était plus bon et il est à la poubelle, maintenant.

– J'aurais bien voulu en manger un bout, moi, boude-t-il.

Sa réflexion futile, à mon sens, me coupe le souffle. Je me demande s'il a pris conscience de la mort de sa mère. Je le recentre sur le sujet qui nous occupait en amont :

– On en achètera un autre. Tu vas chercher le harnais ?

Il disparaît en courant et revient deux minutes après, la laisse au poignet. Il s'assied sur mes genoux et attend que je descende la fermeture Éclair de mon blouson. Il récupère Ninja et le caresse, patientant le temps que je démêle les lanières et que je trouve le sens de fixation.

– Ne mets pas des poils sur le manteau de ma maman, ordonne Zach au chat qui se roule dessus en ronronnant.

Je profite de cet instant pendant lequel Ninja est serein pour lui passer les sangles. J'arrange le buste et les côtés sans noter le moindre signe de réprobation de sa part.

– Mets-toi debout, Zach, dis-je en l'embrassant sur le front. Quand je me lève, tu prends le manteau de maman et tu me laisses faire avec Ninja.

Il obéit et sourit.

Son sourire a l'effet d'un pansement sur mon cœur en bouillie.

J'attrape le chat ainsi harnaché et le dépose au sol. Il s'assied à mes pieds et m'observe en miaulant.

– On dirait un chien, constate Audrey.

Effectivement, dès que j'avance, il se met sur ses pattes, me fixe et m'imite sans faire un pas de plus que moi. On dirait qu'il les compte. J'ai presque envie de lui tapoter le flanc, comme le fait souvent Quentin, notre maître-chien, avec Diesel.

– Dis-lui *« Au pied »*, me conseille Zach.

– N'exagérons rien. C'est déjà un miracle qu'il accepte le harnais et qu'il me suive, dis-je en faisant le tour de la table de la salle à manger.

– Vous êtes vraiment devenus copains, vous deux ! se réjouit-il en nous accompagnant de son regard vert émerveillé, les mains sur les hanches.

Alors que je suis sur le point de reprendre ma place dans mon fauteuil, il ajoute, les sourcils arqués :

– J'ai une idée ! Devant, il faudrait coller le *nécusson « Chat noir »* que tes copains du PSIG t'ont offert.

Je tourne le buste et plisse le front en me moquant :

– Ça s'appelle un écusson, Zach.

– Eh ben, c'est ce que j'ai dit.

Je n'ai pas le cœur de me lancer dans des explications alambiquées pour défendre la cause du *nécusson*. Je dévie du sujet :

– Tu ne serais pas un peu foufou comme maman, toi ?

– Elle n'est pas foufou maman, elle est magistrate, m'oppose-t-il.

– Oui, mais parfois elle a des idées de foufou.

C'est émouvant cette façon que nous avons de parler d'elle au présent.

– Non, c'est une bonne idée. Ça ferait les deux chats noirs qui cherchent son tueur, hein, mamie ?

– Si vous me le donnez, je peux le coudre sur le harnais, propose ma mère qui sourit à la vue de nos mines qui s'éclairent.

– C'est toi qui l'as, *daddy*.

– Non, c'est toi, tu me l'as volé.

À cet instant, la porte d'entrée s'ouvre. La voix de mon père nous interrompt :

– Vous êtes où ?

J'ai complètement oublié que ma belle-mère arrivait ce matin à l'aéroport de Roissy. Heureusement que mes parents sont là pour gérer le planning à ma place. Je me tourne vers ma mère et la remercie d'un signe de la tête.

Chapitre 14

# OPPRESSION

***Palaiseau, mercredi 23 novembre 2005, midi.***

Quand Fiona, ma belle-mère, apparaît sur le seuil du salon, Zach est assis en équilibre sur le bras du fauteuil dans lequel je suis affalé. Son visage lové dans mon cou et sa main caressant Ninja debout contre mon torse. Lorsque le regard de Fiona croise le mien, les chaînes écrasantes de la culpabilité m'entravent de la tête aux pieds. Ses yeux gonflés, son chignon blond légèrement tombant sur sa nuque et son teint pâle plus blafard que jamais me terrassent. Elle s'est immobilisée pour nous observer, son petit-fils et moi. Quand il l'aperçoit, Zach se précipite dans ses bras. Moi, je baisse les yeux, incapable de soutenir son regard. De la regarder tout court, tant Kay lui ressemblait.

– Bonjour, granny, t'as fait bon voyage ? lui demande Zach.

Ce sont ces sept mots que prononçait Kay, lorsque sa mère venait à la maison. Le ton que Zach a employé est également identique à celui de sa maman.

Ma mère s'approche de Fiona. Elles se prennent dans les bras, sans mot dire. Zach, lui, m'incite à me lever de mon siège, ses yeux convergeant de ma belle-mère à moi, à plusieurs reprises. Constatant que je ne bouge pas un cil, il la prend par la main et la mène jusqu'à moi. Puis il pose un doigt sur sa bouche en murmurant :

– Ne fais pas peur à Ninja, granny. Il a fait copain avec *daddy*. *C*'est lui qui a retrouvé maman, tu sais. C'est pour ça qu'on lui a mis un harnais comme Diesel.

– Qui est Diesel ? bafouille Fiona avec son accent irlandais qui me fait sourire d'habitude. Bonjour, Axel, poursuit-elle en se penchant sur moi.

– Le chien pisteur du PSIG, répond Zach.

Il continue à parler, je vois bien ses lèvres bouger, mais je ne comprends pas un traître mot.

Complètement paralysé je ne parviens pas à soulever mes fesses pour embrasser Fiona, pas plus que je ne peux tendre le cou. Je me suis préparé à recevoir sa colère et son chagrin en pleine figure. Ses coups, même. Je crois qu'un tel traitement me ferait du bien. Au lieu de ça, elle m'embrasse, passe sa main dans mes cheveux, comme le fils qu'elle a toujours vu en moi.

– Comment va mon gendre ? murmure-t-elle.

J'entoure sa taille de mes bras et bégaie :

– Elle vous ressemble tellement... Pardon... Je vous demande pardon, Fiona.

– Je n'ai rien à te pardonner. Il faut tenir le coup, maintenant, OK ?

Sans me laisser le temps de répondre, elle se redresse et se tourne vers Audrey pour la saluer à son tour.

– Axel aura plus que jamais besoin de soutien, souffle-t-elle à l'oreille de la baby-sitter.

– Je suis là, approuve la jeune femme, en posant la paume sur l'avant-bras de Fiona qu'elle a déjà vue.

Mon père, qui avait quitté la pièce pour ne pas perturber les effusions des femmes, réapparaît dans l'embrasure de la porte.

– J'ai mis votre valise dans la chambre de Zach, Fiona, l'informe-t-il, avant d'accrocher mon regard pour poursuivre : tu nous offres l'apéritif, Axel ?

– Tu as raison, Jean-Paul, soutient aussitôt maman en croisant les bras sur sa poitrine pour frotter ses épaules. Ça nous réchauffera.

– Tu veux que j'augmente le chauffage, maman ? dis-je en prenant appui sur le bras de mon fauteuil pour m'en extirper.

– Non, ça ira, merci. J'ai préparé un pot-au-feu, Fiona. Je sais que ce plat ressemble à votre *Irish stew* et que vous aimez ça.

– C'est gentil, mais je ne pense pas pouvoir avaler la moindre bouchée.

– L'appétit vient en mangeant, l'encourage mon père.

Tout en libérant mon chat pisteur de sa laisse, je jette un coup d'œil à ma belle-mère puis me dirige vers l'enfilade pour en sortir les bouteilles d'apéro. En passant près d'elle, je marmonne d'une voix presque inaudible :

– Installez-vous sur le canapé, Fiona. Un whisky dry ?

– Oui, merci, Axel. Jamais je ne te tiendrai responsable de quoi que ce soit. Tu as rendu Kay heureuse, c'est tout ce qui importe.

– Hum, hum, dis-je, le nez dans les portes du meuble bas.

Ma mère dépose un plateau garni de biscuits d'apéritif sur la table basse, tandis que je sers tout le monde. J'apporte les boissons et tends son scotch à Fiona, puis je reprends ma place avec le mien à la main.

Ninja saute sur mes genoux. Une minute après, Zach le pousse pour se faire une petite place avec sa canette de Coca.

Pour ne pas avoir à affronter le regard de Fiona, je frotte ma joue sur le haut de la tête de mon fils tout en sirotant mon verre… Je suis incapable de lui dire ne serait-ce qu'un mot.

Alors que c'est mon rôle, c'est ma mère qui s'enquiert de la santé de mon beau-père auprès de Fiona.

– Il a beaucoup de mal à accuser le coup. Kay était son rayon de soleil, sa princesse, avoue-t-elle.

Elle boit une gorgée de whisky et ajoute :

– Je ne suis pas en train de dire qu'il n'aime pas son fils Matthew, mais Kay est… était la petite dernière… Quant à moi, elle était mon unique enfant.

Jack a été marié une première fois. Le demi-frère de Kay a quarante-six ans, il est marié et père de deux jumelles qui ont à peu près le même âge qu'Audrey.

– Il est resté seul à la maison ? s'inquiète mon père.

– Non, il est chez son fils et sa belle-fille. Ava et Matthew ont l'intention de venir pour assister aux obsèques, mais si Jack ne s'en sent pas la force, Ava restera auprès de lui.

Ma mère rassemble bouteilles, verres et ramequins sur le plateau et nous invite à passer à table, côté séjour. Zach soulève mon bras qui entoure ses épaules et se dirige vers la télévision en lançant :

– Je peux mettre la télé, *daddy* ?

Je sors de mon fauteuil avec tant de difficulté que Ninja est au sol avant moi. Assis, il m'observe. Je rejoins mon fils planté devant la télé.

– Après déjeuner, mon cœur, dis-je en m'agenouillant près de lui.

– Mais je veux regarder les dessins animés, pleurniche-t-il en collant sa joue chaude contre le piquant de la mienne.

J'ai mal au cœur de lui refuser un moment de détente. Ma mère, qui n'est pas sans remarquer ma mine désolée, intervient :

– Je t'apporte une assiette, Zach, si tu promets de tout manger.

– Oui, mamie, esquisse-t-il un sourire. Je peux, *daddy* ?

– Oui, dis-je en l'embrassant.

Il retourne sur le canapé et prend la télécommande, tandis que je rejoins la table.

Nous nous passons le plat de pot-au-feu dans un silence religieux, nous excusant presque du moindre bruit que font nos couverts dans nos assiettes. Au bout de quelques minutes, Audrey, qui, depuis sa place, a un visuel sur la télé, me fixe avec obstination, l'air inquiet. À l'instant où elle réalise qu'elle a capté mon attention, ses yeux convergent vers le salon, puis reviennent vers moi. Elle insiste jusqu'à ce que je me retourne. Quelle n'est pas ma stupéfaction de voir Jean-Pierre Pernaut présenter le sommaire du journal de treize heures, avant d'entrevoir le patron de ma femme à l'écran.

– Putain, c'est les infos ! dis-je en me relevant d'un bond.

Je chope mon môme dans mes bras. J'appuie son visage dans mon cou en sortant de la pièce, tandis qu'il se débat en braillant :

– Lâche-moi, *daddy* ! Je veux écouter le chef de maman !

– Tu es trop petit !

– Mais on me demandera à l'école !

– Tu es sûr ? Il va dire des choses sur sa mort. Ça va être dur…

– Je veux savoir ! hurle-t-il en enserrant ma taille de ses jambes.

Il a raison, il l'apprendra d'une façon ou d'une autre. Je fais demi-tour, puis je m'installe dans mon fauteuil, après avoir poussé Ninja pour qu'il nous fasse de la place.

Zach sur mes genoux et le chat sur les siens, je le préviens :

– S'il y a des choses que tu ne comprends pas, je t'expliquerai.

Il s'appuie contre mon torse et saisit ma main au moment où le procureur apparaît pour prendre la parole :

– Kay Dancourt, substitut au parquet de Paris, a été sauvagement assassinée hier entre minuit et trois heures du matin. Sa voiture avait été retrouvée abandonnée, la veille au soir, sur la route nationale 118 au kilomètre 70, par une patrouille du PSIG de Palaiseau. C'est son mari, gendarme au sein de cette unité, qui a donné l'alerte… L'autopsie a révélé des coups d'une rare violence, portés à l'aide d'une batte de baseball. Des éléments ont été retrouvés sur la scène de crime et sont en cours d'analyse.

Je suis envahi par une vague de frissons. D'un bras, je serre Zach contre moi et caresse nerveusement Ninja de ma main libre, pendant que le magistrat poursuit :

– Devant la gravité des faits et l'urgence de retrouver leur auteur, une enquête de flagrance a été mise en œuvre hier, pour une durée de huit jours. Ainsi, eu égard aux dispositions de l'article 53 du Code de procédure pénale, j'accorde aux enquêteurs les pouvoirs nécessaires pour leur permettre de remplir efficacement leur mission de police judiciaire. Madame le Substitut Dancourt a toujours représenté le ministère public avec droiture et intégrité. En ma qualité de représentant de la société, je veillerai personnellement à ce que toutes les mesures soient prises pour la résolution de son homicide. Je demande à toute personne détenant des informations…

Le procureur ne dévoile que l'essentiel. Il respecte le secret de l'enquête de flagrance en taisant le fait qu'il détient le profil génétique du présumé assassin de sa collaboratrice. Toutefois, il révèle que le type du véhicule qui a enlevé Kay a été identifié grâce aux traces de pneus. Ce sont des témoins qu'il cherche.

– Regardez, c'est une photo de maman ! lance Zach en pointant l'écran du doigt.

Ninja saute du fauteuil pour aller se planter à deux centimètres du téléviseur. Il penche la tête à droite, puis à gauche, en émettant de drôles de sons qui ressemblent à des gazouillis, comme si… comme s'il parlait à Kay.

Zach, lui, ne fait aucun cas du comportement du chat. Les yeux rivés sur l'écran, il renchérit en gratouillant le dessous de mon menton :

– Regarde cette photo, *daddy*. Elle a mis sa robe de magistrat. Encore une, regarde, elle nous sourit.

– Oui, mon cœur, c'est maman. Elle est jolie.

– C'est toi qu'ils ont filmé, là ?

Les photos de ma femme si belle et si vivante qui défilent à l'écran se heurtent aux images de son corps massacré, que j'ai gardées en mémoire. Je n'ose regarder personne par crainte de leur transmettre mes émotions et qu'elles ne s'ajoutent aux leurs. Ni mon père, ni ma mère, et encore moins ma belle-mère. Les muscles de ma gorge qui se contractent sur ma pomme d'Adam m'empêchent de répondre. Zach continue ses commentaires :

– Tu tends le bras pour qu'on voie pas ta figure… T'es en colère ? C'est où ces champs ?

Je me fais violence et rétorque :

– C'est près de l'endroit où je l'ai trouvée.

Debout derrière mon fauteuil, Audrey pose la main sur mon épaule. Bien que son geste de compassion me gêne, je ne me permets pas de le repousser.

Chapitre 15

# SUSPICION

***Palaiseau, mercredi 23 novembre 2005, treize heures trente.***

Une fois les infos terminées, je reste dans mon fauteuil pour parler avec Zach et décortiquer le reportage sur la disparition de sa maman. Blotti contre moi, tantôt il hoche la tête, tantôt il me réclame des précisions en serrant Ninja contre lui. Je m'assure qu'il a compris en le questionnant à mon tour. Debout, devant le fauteuil, Audrey nous écoute sans intervenir. Dès que nous avons terminé, elle m'informe :

– Je rentre chez moi pour prendre un devoir que je dois rendre à la fac, mais je serai de retour avant quinze heures. Tu as envie que je t'accompagne à ton entraînement de boxe, Zach ? ajoute-t-elle en se penchant pour caresser sa joue de l'index.

– Moi, je reste avec *daddy*, rétorque-t-il en se pressant contre moi.

– Je suis obligé de rejoindre mes copains du PSIG au bord de la route où ils ont retrouvé la voiture de maman. Tu te rappelles ?

– Je peux venir ?

– Je n'ai pas le droit de t'emmener.

– Ben, t'y vas bien avec Ninja, alors pourquoi pas avec moi ?

Il me cloue le bec avec le sens de la repartie que lui a légué sa mère.

– Ninja est un chat. La loi n'interdit pas à un animal d'accompagner un gendarme. Quentin prend bien Diesel partout où il va.

– Bon. Et mamie, papi et granny, qu'est-ce qu'ils font ?

– Nous te conduirons à la boxe, intervient ma mère qui dépose deux morceaux de tarte et un café sur la table basse. Ça nous fera plaisir d'admirer tes progrès, ajoute-t-elle dans un clin d'œil à mon intention.

Alors que, depuis le début du journal télévisé, ma belle-mère, effondrée, ne cesse de bredouiller « *Oh, ma chérie... Ma petite fille... Mon bébé...* » tout en se mouchant entre deux gorgées de café, je suis surpris de l'entendre maugréer :

– Tes grands-parents sont là pour s'occuper de toi, mon cœur. Ainsi, mademoiselle Audrey pourra reprendre ses activités.

– Très bien, bredouille cette dernière en réajustant la sangle de son sac à dos à son épaule. Si je ne suis plus d'aucune utilité... En cas de besoin, n'hésitez pas à m'appeler, Axel.

– Nous saurons très bien nous occuper d'eux, siffle Fiona entre ses dents.

Je ne comprends pas le changement d'attitude de ma belle-mère et je ne suis pas le seul, car Zach s'en mêle :

– Arrêtez de vous disputer ! hurle-t-il en sautant de mes genoux, virant le chat des siens par la même occasion, pour se jeter sur sa baby-sitter. Moi, je veux que tu reviennes, Audrey !

Ninja se pose sur son arrière-train et, comme l'arbitre d'un match de tennis, ses yeux oscillent de droite à gauche. Il compte les points. Puis, agacé, il hérisse le poil, prêt à feuler.

Je suis embarrassé, non seulement par le ton empreint d'autorité que ma belle-mère utilise pour remercier la nounou, mais aussi par la réaction de Zach. Il me faut reprendre la main sur cette conversation qui dégénère :

– Je te tiens au courant, Audrey. Merci beaucoup pour ton aide et ton soutien.

J'attends d'entendre la porte d'entrée se refermer pour reprendre :

– Va préparer tes affaires de boxe, Zach.

Les sourcils froncés, il se retourne vers moi et me fusille du regard en cinglant :

– J'espère qu'elle reviendra Audrey, j'ai déjà plus de maman, moi !

– Mais oui, elle reviendra, mon cœur. C'est juste qu'il y a un peu trop de monde à la maison en ce moment et qu'on est tous tristes. Alors, parfois, on dit n'importe quoi. Tu comprends ?

Il acquiesce et rétorque :

– Ben, vivement qu'ils soient tous partis, parce qu'on n'est plus chez nous dans cette baraque.

Mon fils m'arrache un rictus. Il n'a pas tort. Je dépose un bisou sur le bout de son nez et le rassure :

– Je m'occupe de les calmer. Tu prépares tes affaires pendant ce temps ?

– OK, *daddy*.

Aussitôt qu'il est parti, je quitte mon fauteuil, ramasse les assiettes et ma tasse à café sur la table basse et les pose sur le plateau pour l'emporter dans la cuisine. Je m'arrête à la hauteur de Fiona pour l'interroger :

– Je peux savoir quelle sorte de mouche irlandaise vous a piquée pour que vous vous adressiez à Audrey sur ce ton blessant ?

– Serais-tu aveugle, Axel ? Pour ma part, j'ai noté que cette jeune femme brigue déjà la place de ma fille alors que son corps est encore chaud. Elle est d'une insolence à couper le souffle.

Stupéfait par cette révélation, j'arrime mes yeux arrondis aux siens et demande des précisions qu'elle me donne sans ciller :

– Elle te suit du regard et ne rate pas une occasion de te toucher. Lorsque nous étions tous devant la télévision, sa main est venue envelopper ton épaule. Je pleurais, mais j'ai l'œil, tu sais.

– Vous vous faites des idées, Fiona, s'interpose mon père. Voilà plus de trois ans qu'elle s'occupe de Zach et elle est aussi proche de Kay que d'Axel, si ce n'est plus.

– Peu importe. Tout ce que je peux dire, c'est que son comportement est choquant, mais vous avez peut-être raison, je me laisse engloutir par le chagrin.

– Vous pensez que je couche avec la nounou, Fiona ?

– Je n'ai jamais rien dit de tel, s'offusque-t-elle. Je rapporte ce que j'ai vu de mes propres yeux. Je peux jurer devant Dieu qu'elle te tourne autour. La seule chose que j'ignore, c'est depuis quand. Avant la mort de Kay ou après ?

Acculé par ses propos accusateurs, je roule des yeux et manque de lâcher le plateau que je tiens entre mes mains. Elle me l'enlève pour se donner une contenance et enchaîne :

– J'ose espérer que le drame qui a emporté ma fille ne trouve pas son mobile dans une liaison extra-conjugale.

Elle déglutit, inspire profondément et renchérit :

– L'enquête nous dira ce qu'il s'est passé. En attendant, j'aimerais me rendre à la morgue pour voir ma petite chérie. Aurons-nous un moment en fin de journée ?

Les regards de mes parents convergent vers moi. Ils réalisent que nous n'avons pas évoqué le sujet. Dans mon for intérieur, je m'étonne que Fiona ne l'ait pas abordé à son arrivée. Après avoir puisé en moi le courage nécessaire, je lui rapporte, dans les grandes lignes, où le corps de Kay a été emmené, en occultant le fait que j'ai assisté à une partie de l'autopsie. Je tiens à la protéger, mais je cherche aussi à éviter qu'elle ne me pose des questions auxquelles je ne veux pas… ne peux pas répondre.

– Si je comprends bien, je ne verrai ma fille que lorsque la gendarmerie aura recueilli toutes les preuves sur son corps pour arrêter son meurtrier, n'est-ce pas, Axel ?

Elle me regarde hocher la tête et reprend sur un ton plaintif :

– Et à quel moment cela va-t-il se produire ? Je voudrais donner une sépulture décente à ma fille, le plus tôt possible. On ne va pas la laisser indéfiniment à la morgue, tout de même.

– Il faut attendre d'avoir le permis d'inhumer, comme c'est un homicide, c'est... le procureur qui... qui doit le rédiger.

– Tu nous as dit que cet homme de loi sera présent à cette opération de gendarmerie en soirée ?

– Oui, Fiona.

– Te serait-il possible de profiter de l'occasion pour lui réclamer ce document ?

– Entendu, j'essaierai de lui en toucher deux mots.

– Merci, Axel.

J'ai moi aussi une question à lui poser. Mais je suis transi de peur à la pensée qu'elle réponde par l'affirmative. Alors pour éviter son regard, j'admire mes pantoufles Simpson et baragouine :

– Je présume que vous ramènerez Kay avec vous en Irlande.

Alors que je garde la tête baissée, je sens que quelqu'un nous observe. Mes yeux oscillent vers la porte. Mon fils, les mains sur les hanches, se tient dans l'embrasure.

– Moi, je veux que maman reste ici ! riposte-t-il.

Zach se jette sur sa grand-mère irlandaise et secoue le bas de son chemisier.

– Granny, ne me reprends pas ma maman, insiste-t-il.

– Mais non, mon chéri. Elle restera avec vous. Elle sera toujours dans nos cœurs, tu sais.

– Merci, granny, parce que je voudrais aller porter des fleurs sur sa tombe. Ninja et *daddy* aussi.

À quatorze heures quarante-cinq, mes parents et ma belle-mère montent à bord de ma vieille 106 pour accompagner Zach à la boxe. J'écarte le rideau de la fenêtre de la cuisine pour leur adresser un signe de la main. Depuis la vitre arrière, Zach souffle dans sa paume pour m'envoyer un baiser.

Je range les couverts dans le lave-vaisselle et vais me préparer. J'enfile ma tenue bleue estampillée *Gendarmerie* que je dissimule sous une parka noire, condition imposée pour pouvoir utiliser un véhicule banalisé.

Ninja, qui sent que je m'apprête à partir au boulot, se manifeste avec hostilité.

Je crois qu'il déteste l'uniforme. Heureusement qu'il a changé d'avis au sujet du bonhomme qui est dedans.

Je saisis le harnais, m'assieds dans mon fauteuil et tapote ma cuisse. Après un instant d'hésitation, il finit par sauter sur mes genoux et ne proteste pas, tandis que je l'équipe. Un début de sourire éclaire mon visage quand je remarque que mon écusson *« Chat noir »* est fixé sur le poitrail.

Je me demande à quel moment ma mère l'a cousu.

Laisse dans la main droite, je me relève, tapote mon épaule en ordonnant sur une intonation ferme et affectueuse à la fois – le même ton que Quentin utilise avec Diesel :

– Hop, Ninja !

Nul besoin de répéter. Il me saute dessus et, une fois en équilibre sur mon épaule, se glisse à l'intérieur de ma parka, puis remonte pour laisser passer ses petites oreilles et sa tête.

J'ai décidé de l'emmener avec moi le plus souvent possible. Après tout, rien ne m'en empêche. Aucune loi n'interdit de transporter un animal à moto à condition qu'il ne perturbe pas la conduite.

Avant de me coucher sur le guidon, j'observe mon chat pisteur une minute tout en actionnant la poignée de gaz. Il ne semble pas effrayé par le boucan. Il s'en fout, je peux faire ce qui me chante du moment qu'il est avec moi.

J'appuie sur sa tête et ferme la parka jusqu'au-dessus en commandant :

– Pas bouger, Ninja.

Je rabats la visière de mon casque et quitte l'enceinte de l'unité. Dès que je sors de la ville, je mets le turbo.

Ninja reste sage… Sous mon casque, mes larmes se mêlent à mon sourire.

Chapitre 16

# LE BARRAGE FILTRANT

***Route nationale 118, kilomètre 70,***
***mercredi 23 novembre 2005, vers dix-sept heures.***

Une dizaine de minutes plus tard, Ninja et moi arrivons sur les lieux où Christophe et la patrouille du PSIG ont découvert la voiture de Kay. Le barrage filtrant est déjà en place. D'un côté et de l'autre de la quatre-voies, chaque gendarme possède une photo de ma femme et une autre de son Audi. Tour à tour, mes collègues viennent me saluer dans un même rituel :

– Salut, Axel. Mes condoléances. Tu peux compter sur moi. Si tu as besoin…

La nuit commence à tomber. Comme la température, d'ailleurs.

Qu'est-ce qu'elle est glauque cette route.

Avant d'ôter ma parka, je saisis la laisse de Ninja qui saute à terre dès que je commence à descendre la fermeture Éclair. Je me débarrasse de ma veste fourrée que j'abandonne sur le siège de ma Suzuki, afin d'arborer mon uniforme, tout en évitant de croiser les regards ahuris des autres. En effet, si aucune loi ne m'interdit de me trimballer à moto avec un animal, à condition qu'il ne gêne pas la conduite, je n'ai pas le droit d'en emmener un au boulot. Je ne suis pas vraiment en service, mais je porte ma tenue bleu et blanc, donc c'est tout comme. Le capitaine Girard, directeur d'enquête, vient vers moi et me serre la main.

– Bonsoir, mon Adjudant, marmonne-t-il en se pinçant le menton.

Il épie Ninja assis à mes pieds, les yeux levés vers moi, puis il renchérit en relevant la tête :

– Qu'est-ce que c'est que ça ?

– Le chat pisteur du PSIG, mon Capitaine.

Alors que je m'entends parler, je remarque que mon ton est quelque peu sarcastique, mais je m'en fous.

– Pardon ? grogne-t-il en roulant des yeux.

– Vous ignoriez qu'on avait accueilli une nouvelle recrue au PSIG ? Je vous présente Ninja, il seconde Diesel, notre chienne. D'ailleurs, c'est lui qui a retrouvé ma femme avant le malinois. Les gendarmes que vous dirigez ont dû vous le dire, non ?

Il secoue la tête en soupirant :

– Vous êtes sérieux, Dancourt ?

– Je n'ai jamais été aussi sérieux de ma vie, mon Capitaine. Si vous envisagez d'écarter mon chat de vos investigations, je mènerai les miennes sous le manteau. Je créerai ma propre cellule d'enquête et je l'appellerai…

Tout en réfléchissant, je m'accroupis, passe l'index entre les oreilles de mon coéquipier, le soulève en me redressant puis, d'une main, le pose sur mon épaule, tandis qu'avec l'autre je tire sur le col de ma veste polaire de service bleu marine, qui comporte la broderie blanche *Gendarmerie* sur le devant et dans le dos.

– Je l'appellerai « *Chats noirs* ». Pas mal, hein ? Puis j'enchaîne à l'intention de mon partenaire : Hop, Ninja !

Un sourire de satisfaction s'affiche sur mon visage lorsque le chat se faufile à l'intérieur de mon blouson, sous le regard médusé de Girard qui riposte :

– Eh ben… Je n'ai jamais vu ça.

Ninja ne me laisse pas répondre. Il tourne la tête vers l'officier de gendarmerie et l'invective à ma place, le gratifiant d'un de ces feulements dont il a le secret.

Moi, je ne peux décemment pas me permettre de cracher au visage d'un supérieur.

Girard fait un pas en arrière et lève les mains en signe de reddition.

– Très bien, je n'insiste pas, mais arrangez-vous pour que votre binôme à quatre pattes ne traîne pas dans les nôtres. J'ai une enquête à résoudre.

– Ça tombe bien, moi aussi.

– Tout ce que je vous demande, Dancourt, c'est de ne pas intervenir. Vous restez en retrait. Les équipes qui relèveront un témoignage intéressant nous feront signe au procureur et à moi.

– À vos ordres, mon Capitaine.

Le procureur arrive à son tour. Il est accompagné de David Baroni, le substitut qui était de permanence et que j'ai appelé le soir de la disparition de Kay.

– Bonsoir, monsieur Dancourt, me salue le proc'. Tout est en place. Nous allons pouvoir commencer. J'espère sincèrement que nous apprendrons quelque chose.

– Bonsoir, Monsieur le Procureur. Moi également. Merci d'être venu, David, dis-je au substitut en écrasant ses doigts dans ma pogne. J'ai cru que tu avais disparu, toi aussi.

À la vue de ses yeux grands ouverts, je me demande si je lui ai fait mal en lui serrant la main ou s'il est simplement surpris par mes propos.

– Pourquoi tu me dis ça, Axel ?

– Tu n'étais pas encore arrivé quand je suis parti d'ici à la recherche de Kay, dans la nuit de lundi à mardi. J'attends toujours que tu me rappelles, soit dit en passant.

– Aussitôt après ton coup de fil, je suis allé au Palais de justice pour vérifier que Kay n'avait pas oublié son téléphone portable dans son bureau, comme je te l'ai promis. Je n'ai pas jugé utile de te rappeler, puisque le capitaine Girard m'a contacté pour m'annoncer que la patrouille du PSIG avait retrouvé sa voiture avec toutes ses affaires à l'intérieur, y compris son mobile.

– J'entends bien. Mais tu as pris ton temps pour te transporter jusqu'ici, je trouve.

– J'ai fait aussi vite que j'ai pu, cependant je comprends ton impatience. Les services d'enquête et de justice ne sont jamais assez réactifs lorsqu'on est victime. Tu es bien placé pour le savoir.

– Oui, c'est sûrement ça, dis-je en haussant les épaules.

– Et Zach ? Comment va-t-il ? Tu lui as appris la terrible nouvelle ?

– Je ne pense pas qu'il se rende bien compte, pour le moment. Tu me diras, j'ai du mal à réaliser qu'elle ne reviendra pas, moi aussi. Je…

Je suis interrompu par le capitaine Girard qui, aux côtés du procureur, braille :

– C'est parti, les gars !

Je vais à la rencontre de Quentin qui s'avance vers moi, Diesel en laisse, pendant que les deux magistrats s'entretiennent avec le directeur d'enquête.

– Impressionnant ton chat pisteur, Axel. J'ai vu que tu avais cousu l'écusson « *Chat noir* » qu'on t'a offert sur le devant de son harnais. Original.

– Tu vois, je suis vraiment le chat noir du PSIG. Je ne peux pas faire pire. Mon chat et moi on forme une belle équipe, tu ne trouves pas ?

Je n'ai pas le temps d'en dire plus, l'opération débute. Girard empoigne mon bras et m'emmène à l'arrière, près d'un fourgon de la gendarmerie, tandis qu'en binôme mes collègues arrêtent les premiers véhicules.

À dix-neuf heures vingt, un collègue fait un signe de la main en direction du fourgon de gendarmerie, près duquel le procureur, son substitut, le capitaine Girard et moi observons l'opération. Nous approchons à la hâte. Il s'agit du premier témoignage, celui d'une femme.

– Je reconnais le visage de la jeune femme sur la photo, je l'ai vu à la télé. C'est la magistrate qui a été assassinée dans la nuit de lundi à mardi, c'est ça ? Quand je suis passée ici ce soir-là, j'ai vu deux véhicules stationnés le long de la glissière de sécurité. La portière de la voiture était ouverte, côté conducteur. Une femme était assise, les jambes à l'extérieur de l'habitacle. Elle semblait en conversation avec un homme que j'ai pris pour le chauffeur de la camionnette blanche arrêtée quelques mètres avant. Le gars était debout devant elle. J'ai pensé que l'utilitaire était en panne, car les feux de détresse étaient actionnés.

– Quelle heure était-il ?

– La nuit était déjà tombée, il était dix-neuf heures trente environ.

– Où alliez-vous, madame ?

– Chez moi, à Palaiseau. Je travaille rue de Rivoli à Paris, j'emprunte cette route tous les jours de la semaine.

– Pouvez-vous nous donner une description de cet homme ?

– Une quarantaine d'années, assez grand, de type européen. Mais je ne l'ai vu que de dos.

– Il était seul ?

– Je crois, mais je ne me suis pas arrêtée pour aller vérifier dans son fourgon.

Elle fixe les deux gendarmes qui prennent son témoignage, avant d'ajouter :

– J'aurais dû… Elle ne serait pas morte.

– Ou vous seriez morte avec elle, madame, grogne l'un d'eux. Avez-vous reconnu le type du van ? Le numéro de la plaque, peut-être ?

– Il était immatriculé dans le 75. Je n'ai pas vu la marque, mais il ressemblait à un camion de chantier, genre Jumper, vous voyez ?

Je me tourne vers Girard et le procureur et, la main devant la bouche, je grogne :

– Ça vient en confirmation des traces de pneus que l'IRCGN a relevées.

Surprise par mon attitude, la conductrice dirige son regard vers moi, avant de préciser :

– J'ai eu le temps de voir que ses deux portes arrière étaient ouvertes.

Bien que Girard me l'ait interdit, j'interviens dans la conversation :

– Vous n'avez rien remarqué de particulier ou d'anormal ? La jeune femme vous paraissait-elle en danger ? Un détail, même insignifiant. Réfléchissez.

– Comme je vous l'ai dit, elle était assise dans sa berline, l'homme était devant elle, de dos. En plus, comme il était debout face à elle, assise dans sa voiture, je n'ai pas pu voir l'intérieur, ni son visage. Et puis je conduisais. Même si j'ai ensuite regardé dans les rétros, c'est…

Elle se concentre un instant et reprend :

– Je n'ai pas vu son visage, mais je me souviens qu'elle portait des chaussures rouges à talons aiguilles, si ça peut vous aider.

Alors que je hoche la tête pour la remercier, elle ajoute du bout des lèvres :

– Vous ne seriez pas son mari ? Je l'ai aperçu à la télé et comme on sait qu'il est gendarme…

Cette dame est physionomiste.

Le capitaine Girard l'invite à se rendre à la brigade où sa déposition sera enregistrée.

Un nombre incalculable de véhicules est contrôlé des deux côtés de la quatre-voies. Un autre témoin révèle une partie de la plaque d'immatriculation de l'utilitaire « … DM 75 ».

Me tournant vers le substitut, resté en retrait derrière moi, je marmonne :

– On avance, David.

Alors que j'observe les automobilistes que des collègues interrogent derrière nous, il me semble que le visage de l'un d'entre eux ne m'est pas inconnu. Je pose la main sur l'avant-bras du capitaine Girard en chuchotant :

– Je crois que je connais ce type au volant du Jumper blanc. Il ressemble à un mec qu'on a neutralisé à la suite d'une course-poursuite. C'était au début de ma prise de fonctions au PSIG… au PAM[9] 1999… Ça fait un bail… C'est quoi le numéro d'immatriculation ?

Le capitaine Girard, David Baroni et moi décidons d'aller voir. Nous nous arrêtons à la hauteur du gendarme qui contrôle l'individu. Il a ses papiers en main. Je donne un coup d'œil à la plaque *« 5689 BM 75 »*.

DM ou BM ? On peut confondre un B avec un D. Surtout de nuit.

Je me penche par-dessus l'épaule de mon collègue pour vérifier son identité sur son permis de conduire. Je me tourne vers le directeur d'enquête.

– C'est bien lui, mon Capitaine… Un Jumper blanc… Ça pourrait correspondre, dis-je en me remémorant le résultat des analyses des traces de pneus retrouvées sur les deux scènes de crime.

C'est à ce moment-là que le regard du type croise le mien. Son trouble me saute aux yeux. Il m'a reconnu, c'est sûr… En 1999, j'ai tiré dans un des pneus de sa bagnole… Tout se précipite dans ma tête. C'est lui le coupable. Il s'est vengé des cinq ans d'emprisonnement, dont deux ferme, qu'il a écopés à cause de moi. De plus, Kay n'est pas étrangère à l'affaire. Christophe non plus.

Pendant que David suit Girard qui s'engouffre dans une voiture de la gendarmerie pour consulter le casier judiciaire de l'automobiliste sur le JUDEX[10], je cherche mon ami du regard. Je le repère de l'autre côté de la route, occupé à

---

9 Plan annuel de mutation pour les militaires de toutes les armées (Terre, Air, Marine et Gendarmerie).

10 (Système) judiciaire de documentation et d'exploitation.

interroger la conductrice d'une Fiat Punto bleue. Je le fixe dans l'espoir qu'il relève la tête. C'est ce qu'il fait quelques secondes plus tard. D'un geste insistant de la main, je lui fais signe de me rejoindre. Il abandonne son binôme et traverse en vitesse en sautant par-dessus la barrière centrale.

– Qu'est-ce qu'il se passe, Axel ?

Je me contente de lui glisser « *Emmanuel Vaudeville* » à l'oreille.

– Oh, putain… Il est sorti de taule ?

– Il a été incarcéré fin 2000. Il est sorti en 2002.

– C'est vrai. … Il a pris cinq ans, dont trois avec sursis… Ça fait deux ans, moins les remises de peine… Le temps passe vite. Il est encore sous contrôle judiciaire ?

– Sûrement. De toute façon, il a un casier long comme le bras. Tu t'en souviens ?

– Je me rappelle surtout que tu as flingué son pneu. Ce qui ne l'a pas empêché de mettre les bouts.

– Oui, mais ça l'a ralenti. Et on a pu le rechoper.

Christophe était mon chef de groupe à l'époque. On bossait ensemble. Il a cinq ans de plus que moi. Il avait aussi un grade de plus que moi lorsque je suis arrivé au PSIG et c'est lui qui m'a formé. Aujourd'hui, je suis chef de ma propre équipe, raison pour laquelle je ne patrouille plus avec lui.

Parfois, sa présence me manque. Nous formions un binôme de choc.

Je suis sur le point de lui en faire part, quand Girard et Baroni reviennent vers nous.

– Veuillez sortir de votre véhicule, monsieur Vaudeville, commande le directeur d'enquête.

– Mais, pourquoi ? proteste-t-il en ouvrant sa portière. J'ai payé ma dette à la société !

– Nous allons en discuter dans le fourgon, là-bas. Veuillez nous suivre, ordonne le capitaine Girard en lorgnant vers moi.

Pendant que deux de nos collègues l'escortent, le directeur d'enquête s'adresse à moi :

– Je le prends en charge dans le Trafic. Que je ne vous voie pas bouger, ne serait-ce que le petit doigt, mon Adjudant. Restez ici avec votre chat pisteur.

Tandis que, talonné par David Baroni qui ne le quitte pas d'une semelle, il rejoint le procureur qui est resté à proximité du fourgon, la caisse du Jumper est fouillée.

Christophe et moi échangeons un regard inquiet. Ninja, lui, s'échappe de l'intérieur de mon blouson. Il se dégourdit les pattes, puis il fait son petit pissou dans l'herbe. Je profite de ces quelques minutes, pendant lesquelles nous sommes seuls, pour questionner mon ami :

– Tu crois qu'il va balancer pour Kay ?

– Aucune idée, mon pote. Ce qu'il y a de sûr, c'est que si Vaudeville parle du rôle qu'a joué ta femme dans cette affaire, le procureur voudra certainement avoir notre version des faits. De nous deux, tu seras le premier auditionné.

– J'étais loin d'imaginer que je vaudrais ma garde à vue à cet énergumène. Je l'avais presque oublié… Et puis, pourquoi toi ? Tu n'as rien à voir là-dedans.

– J'étais ton chef, Axel, et je savais.

– Tu as toujours un grade de plus que moi. Tu es toujours mon supérieur.

– Ne joue pas sur les mots. On a les mêmes fonctions, maintenant. Ce n'était pas le cas à l'époque.

Il fronce les sourcils et passe le dos de sa main sous son menton, avant d'ajouter :

– J'espère qu'il ne t'a pas fait payer ses deux ans ferme en se vengeant sur Kay.

Aux derniers mots de mon camarade, mon cœur a un raté et une onde de frissons glaciale me parcourt l'échine, longe mes vertèbres pour étreindre mes entrailles. Je piétine de douleur tout en marmonnant :

– Pourquoi il aurait fait ça ?

– Tu n'es pas sans savoir qu'il y a des tordus sur Terre.

– Et qu'est-ce que je dis au procureur ?

– Raconte-lui toute l'histoire, même si Vaudeville n'a pas évoqué le nom de Kay. Si tu veux arrêter l'assassin de ta femme, mieux vaut être *clean*.

– Kay n'a rien fait de mal.

– Pour nous, non. Cependant, je suis prêt à parier que Vaudeville ne partage pas notre avis.

Il toussote, puis il tapote mon épaule en poursuivant :

– Reprends le contrôle de ton chat. Il est en train de massacrer les portières du Jumper.

Effectivement, Ninja s'acharne à griffer le bas du cache de la portière droite de la caisse du fourgon. Je ne le réprimande pas tout de suite. Je l'observe et fais un pas en avant pour donner du mou à sa laisse. Je crois qu'il sent mon regard, car il tourne la tête vers moi et m'adresse un long miaulement… Le même que j'ai entendu mardi matin, alors que je m'approchais du chemin de halage. Pétrifié, je reste immobile.

– Fais quelque chose, m'enjoint Christophe. Il est en train de péter un rivet du cache.

Il chope mon partenaire d'une main et me le rend en renchérissant :

– Occupe-toi de ta bestiole, avant qu'elle ne se prenne pour un scientifique et qu'elle désosse ce tacot.

Je m'exécute et câline Ninja pour le tranquilliser. Son cœur bat à tout rompre contre mon torse, et alors que Christophe donne un coup de rangers dans le bas de la portière pour remettre le cache en place, il dresse le poil, frise les moustaches et le feule.

– Et s'il avait découvert un indice ? dis-je à mi-voix.

– Arrête tes conneries, ronchonne mon ami en mettant sa main dans mon dos pour me pousser à l'écart des collègues qui sont en train de faire l'inventaire du bric-à-brac entassé dans le fourgon. Qu'est-ce que tu veux qu'il y ait dans une portière de voiture ? Tu veux nous faire passer pour des demeurés ? Il est juste fêlé, ton chat pisteur.

À cet instant, le procureur, David et le capitaine Girard ressortent du Trafic de la gendarmerie. Ils encadrent Vaudeville, les mains menottées dans le dos.

– Marlier, qu'on escorte cet homme à la brigade ! ordonne le directeur d'enquête. Je viens de lui signifier son placement en garde à vue.

Puis il avance vers moi et enchaîne à l'intention des gendarmes qui inspectent le fourgon :

– Rien à signaler dans la caisse, messieurs ?

– Non, mon Capitaine, répondent-ils d'une seule voix.

– Tant pis… Dancourt, je vous emmène. Je veux vous entendre aussi. Nous avons certains points à éclaircir ensemble.

– Et ma moto ?

– Ah oui… Bon, retrouvez-moi directement à la brigade.

Il monte dans un véhicule. Avant de claquer la portière, il me fustige d'un regard suspicieux. Je sais qu'il est inutile d'essayer d'en savoir plus pour le moment. Le chat sous le bras je rejoins ma moto, remets ma parka que j'avais abandonnée sur le siège, pose Ninja sur mon épaule et commande :

– Hop !

Il reprend aussitôt sa place à l'intérieur de ma veste.

– Ninja, pas bouger.

Je suis sur le point de donner un coup de talon dans la béquille pour la relever, quand une main se pose sur mon bras. Je tourne lentement la tête.

– Navré, Axel, ton heure de gloire a sonné, bougonne Christophe, la mâchoire serrée.

– Je sais. Je me demande ce que ce trouduc de Vaudeville a bien pu déblatérer.

– Vous n'avez rien à vous reprocher, Kay et toi. Je te le redis : crache le morceau, ça vaut mieux.

– OK. Je suis persuadé que son Jumper a quelque chose à voir dans la disparition de Kay.

– On verra. S'il a un doute, le proc' le fera mettre sous scellés, afin que les scientifiques comparent les pneus avec les traces relevées sur les scènes de crime.

– Oui… Tu veux bien passer chez moi pour prévenir que je ne rentrerai pas de bonne heure ?

– Bien sûr. Tu veux que j'embarque Ninja ?

– Non, il reste avec moi. Merci, Tophe.

Je rabats la visière de mon casque et mets les gaz.

Chapitre 17

# GARDÉ À VUE

***Brigade de recherches de Palaiseau, mercredi 23 novembre 2005, vers vingt et une heures.***

J'arrive à la brigade, moteur hurlant. Je freine brusquement et mets la béquille juste devant la porte.

Ils ne pourront pas dire qu'ils ne m'ont pas entendu arriver.

Je me précipite à l'accueil. Accoudé au comptoir, le capitaine Girard m'attend. Il pointe son pouce en arrière pour me désigner son bureau.

– Jolie arrivée en fanfare, Dancourt, grommelle-t-il en roulant des yeux. Je n'étais pas à cinq minutes près... Monsieur Vaudeville est déjà dans un bureau, avec un enquêteur.

Je passe devant lui sans mot dire et retire ma parka, libérant Ninja par la même occasion. Heureusement que je le tiens en laisse car il se carapate dans le couloir.

– Ninja, au pied, dis-je sur un ton ferme.

– Vous avez de drôles de concepts, mon Adjudant, mais si ça peut vous...

Il n'a pas le temps de finir sa phrase que mon partenaire revient sur ses pas en tortillant son arrière-train pour se frotter à mes jambes, avant de s'asseoir à ma droite. Il lève la tête vers moi et patiente sagement. Fier comme Artaban, je bombe le torse et me tourne vers le directeur d'enquête en sifflant entre mes dents :

– Qu'est-ce que vous dites de ça ?

– Vous vous imaginez qu'un chat obéit au doigt et à l'œil ? Ce n'est pas un chien, sinon la gendarmerie en aurait recruté.

Vexé, j'ouvre les yeux et la bouche en grand.

– Sauf votre respect, mon Capitaine, je vous rappelle que c'est Ninja qui a retrouvé sa maîtresse.

Il se penche pour flatter le flanc du chat en grognant :

– Oui, bon… On ne va quand même pas lui décerner l'ordre national du Mérite.

C'est plus fort que moi, je ne peux pas m'empêcher d'ironiser :

– Non, mais la Def' nat'[11] au moins. Certains de nos chiens pisteurs l'ont reçue.

– On avisera lorsque votre animal aura le nombre d'interventions requis à son actif. Entrez et asseyez-vous, m'invite-t-il pour couper court à la conversation.

Je prends place sur le siège qu'il me désigne du menton, pendant qu'il referme la porte derrière lui. Il passe devant moi et se laisse tomber sur son fauteuil. Il allume son ordinateur et commence :

– Monsieur Vaudeville a déclaré être à son travail au moment de la disparition de votre femme. Nous allons vérifier.

– Bien.

– Pour les besoins de l'enquête, je vous place également en garde à vue à compter de maintenant. Il est vingt et une heures et quatre minutes. Souhaitez-vous l'assistance d'un avocat ?

– Non. Je n'en ai pas besoin.

– Bon… Vous n'êtes pas sans savoir que cet homme possède un sacré palmarès à son casier, puisque vous l'avez évoqué avec moi, il n'y a pas une demi-heure.

– Exact, mon Capitaine. Il fut un temps où il était bien connu du PSIG.

– Vous pouvez développer ?

---

11 Médaille de la Défense nationale.

– Si vous y tenez… Eh ben…

Je plisse les paupières et me gratte la tête, le temps de rassembler mes souvenirs, puis énumère :

– Conduite d'un véhicule en état d'ivresse manifeste. Refus de se soumettre aux vérifications par examens médicaux ou analyses cliniques ou biologiques. Refus d'obtempérer, délits de fuite, et je ne compte pas les outrages à agent dépositaire de l'autorité publique.

– Vous en avez fait les frais ?

– Oui, à plusieurs reprises. De mon arrivée au PSIG en 1999 jusqu'à ce qu'il soit sous les verrous, fin 2000.

– Parlez-moi des faits qui ont conduit à son incarcération.

– Vous savez très bien ce qu'il s'est passé, dis-je en le regardant droit dans les yeux. J'ai été suspendu quatre jours, le temps que les enquêteurs de l'IGGN[12] concluent que j'avais respecté les règles d'usage de mon arme de dotation.

– Je n'étais pas aux commandes de la BR en 1999, Dancourt.

– En cherchant un peu, vous trouverez bien les rapports d'enquête dans vos archives.

– Bien. Vous pouvez me rapporter votre version des faits s'agissant de cette fameuse nuit où vous avez dégainé votre arme pour tirer dans le pneu avant droit du véhicule de monsieur Vaudeville ?

– Je m'en souviens comme si c'était hier. C'était le mercredi 22 décembre 1999. J'étais d'astreinte de nuit, je devais quitter mon service à huit heures. Nous achevions la dernière patrouille quand, à six heures quarante-six, le CORG[13] nous a déclenchés par radio, sur l'appel téléphonique d'une femme se disant victime de violences de la part de son compagnon. Nous nous sommes transportés au domicile du couple, dans la commune de Massy.

12 Inspection générale de la Gendarmerie nationale.

13 Centre d'opérations et de renseignement de la gendarmerie.

– Excusez-moi, mon Adjudant, me coupe Girard. Vous êtes bien précis sur l'heure à laquelle votre équipe a été déclenchée.

– C'est la seule fois où j'ai dû faire utilisation de mon *Glock*… entre autres.

– Il y a autre chose ? Un élément prépondérant dans ce dossier ? s'étonne-t-il en avançant le cou vers moi. Parce qu'à première vue, bien qu'elle ait été l'une des interventions les plus difficiles du PSIG et qu'elle ait été médiatisée, elle me semble commune.

Là, il me fait comprendre qu'il a pris connaissance de l'ensemble des cotes du dossier. Il prêche le faux pour savoir le vrai. Soit il m'adresse un message subliminal bienveillant pour m'informer que Vaudeville a lâché le morceau. Soit il me prend pour un débile tout en m'observant câliner mon chat.

Je transpire, mais paradoxalement, grâce à la présence de Ninja, je conserve mon sang-froid.

– Oui, je vais y venir… Donc…

– Avant que vous poursuiviez, Dancourt, combien étiez-vous à bord du véhicule d'intervention ?

– Un groupe c'est quatre gendarmes, donc une patrouille c'est quatre gendarmes aussi et vous le savez. Qu'est-ce que vous cherchez à me faire dire ?

– Le nom du chef de bord, par exemple.

Nous y voilà. Il veut que j'implique Christophe.

Je me racle la gorge, le fixe puis, sur un ton clair et déterminé, je réponds à sa question :

– C'était Christophe le chef de bord et mon chef de groupe.

Pourtant, à cet instant, je n'en mène pas large. J'ai le sentiment d'avoir dénoncé mon ami.

– Christophe ? répète Girard, comme s'il ignorait de qui il s'agit.

– L'adjudant-chef Marlier. Il était maréchal des logis-chef à l'époque et moi maréchal des logis. C'est lui qui m'a formé aux techniques d'intervention du PSIG.

– Vous vous entendiez bien ?

– Nous sommes voisins et collègues. Sa femme s'occupait de mon fils. À cette époque, Kay était encore à l'école de la magistrature de Bordeaux, j'étais tout seul avec notre bébé. Ils m'ont beaucoup aidé. Ça crée des liens. Alors oui, on peut dire qu'on s'entendait bien.

– Ils n'ont pas d'enfants ?

– Non. Mais qu'est-ce que ma vie privée et notre amitié avec les Marlier ont à voir avec l'arrestation de Vaudeville ?

– Rien. Poursuivez.

– Une fois sur place, à Massy, l'opérateur du centre opérationnel nous a rappelés par radio pour nous avertir que la victime s'était réfugiée chez une voisine avec ses enfants et que son compagnon, apparemment alcoolisé, venait de quitter les lieux à bord de sa voiture et se dirigeait vers le parc de la Tuilerie. C'est alors qu'on a perçu, dans la direction indiquée, le bruit d'un choc produit par un véhicule circulant sur la route, dans le sens menant au parc. On s'est immédiatement engagés à sa poursuite. En s'en approchant, on a identifié Vaudeville, individu bien connu du PSIG, comme étant le conducteur.

Machinalement et pour prendre le temps de souffler, j'embrasse Ninja entre les oreilles et enchaîne :

– On l'a pris en chasse, jusqu'à ce qu'il soit bloqué à un feu rouge. Christophe et moi sommes sortis du véhicule d'intervention pour le contrôler. Quand on est arrivés à sa hauteur, on a compris, au vrombissement du moteur, qu'il n'avait pas l'intention d'obtempérer. Christophe lui a adressé les sommations d'usage de couper le moteur et de descendre, mais ce con a redémarré à l'instant où la voie s'est libérée devant lui. C'est là que j'ai dégainé mon arme de service et que j'ai tiré dans un pneu pour immobiliser la voiture.

– Vous savez que ça ne sert à rien de tirer dans les pneus ?

– Oui, et c'est ce que Christophe m'a reproché par la suite. Quoi qu'il en soit, si mon intervention n'a pas stoppé le fugitif dans l'instant, elle l'a tout de même ralenti, nous permettant de le rattraper un peu plus loin, à deux pas du parc de la Tuilerie. Le véhicule était à l'arrêt, la portière avant gauche ouverte, sans son conducteur à bord. Nous avons compris qu'il s'était certainement enfui en coupant à pied par le parc. Christophe et moi nous sommes lancés à sa poursuite, pendant que les deux autres collègues faisaient le tour de la zone en voiture. On l'a neutralisé près du plan d'eau.

– Qui de vous ou de Marlier a interpellé monsieur Vaudeville ?

– C'est moi qui lui ai sauté dessus et qui l'ai plaqué au sol pour le menotter.

– D'après sa version, il semblerait que vous n'y soyez pas allé avec le dos de la cuillère.

– J'ai appliqué la procédure en pareille situation. Je connais mon boulot.

Je souffle d'exaspération avant d'ajouter d'une voix éraillée :

– La suite, vous la connaissez, puisqu'on l'a emmené ici et que vous l'avez placé en garde à vue pour des faits de refus de se soumettre aux vérifications, de refus d'obtempérer et de violences sur conjoint… D'ailleurs, j'ai des révélations à vous faire à ce sujet, dis-je en passant la main sur ma nuque.

Il faut que je lui parle du rôle qu'a joué Kay dans cette affaire, maintenant, car je suis presque sûr que, tout à l'heure, Vaudeville a raconté au procureur sa version des faits sur cette vieille affaire. Girard était présent dans le fourgon, donc il sait. Il profite que j'ai la bouche sèche et la gorge irritée pour m'attendrir :

– Vous êtes épuisé. Je vais vous chercher de l'eau. Vous voulez un café ?

Il n'attend pas ma réponse. Il ouvre la porte de son bureau et sort en clamant :

– Quelqu'un peut m'apporter deux cafés et quelque chose à grignoter pour l'adjudant Dancourt ?

Il repasse le seuil de la pièce, une bouteille et un verre dans les mains et, au moment où il s'apprête à claquer la porte, il complète :

– L'un d'entre vous pourrait-il monter chez lui pour prendre une poignée de croquettes pour son chat, aussi ?

– J'y vais, mon Capitaine ! lance l'un des enquêteurs.

– On fait une pause, m'indique Girard en posant la bouteille et le verre devant moi.

Il se laisse tomber sur son siège, jette un œil à l'écran de son ordinateur et soupire en tapant sur son clavier :

– Il est vingt-deux heures onze, nous, capitaine Girard, commandant la brigade de recherches de Palaiseau, suspendons la garde à vue de monsieur Axel Dancourt, adjudant de gendarmerie au PSIG de Palaiseau.

Bien que j'en aie besoin, j'espère que cette interruption ne sera pas trop longue car elle n'est pas comptabilisée dans le temps de garde à vue. Quoique, je serai rapidement mis hors de cause… Je n'ai pas tué Kay.

Sans mot dire, Girard m'observe m'hydrater, jusqu'à ce qu'un des enquêteurs passe la porte avec un plateau.

– Voilà deux cafés et des Granola. Je n'ai pas mis de sucre dans le tien, Axel, m'indique l'enquêteur qui les apporte dans un clin d'œil.

Je prends conscience que la situation n'est pas plus évidente à gérer pour eux que pour moi. Déontologiquement, c'est compliqué de leur côté, comme du mien. Nous ne savons pas bien quelle attitude adopter les uns envers les autres.

– Merci, Nico, dis-je dans un sourire contrit.

Alors que Nicolas se retourne et sort de la pièce, un autre collègue le bouscule et s'approche avec un panier. Il en retire deux coupelles, un sac de croquettes et deux sandwichs qu'il pose sur le bureau de Girard.

– Ma femme vous a préparé deux jambon-cornichons, mon Capitaine… Je te laisse gérer ton chat, Axel ?

– C'est très gentil, Leroy. J'ai l'estomac dans les talons, le remercie le directeur d'enquête en mordant à pleines dents dans un sandwich.

Quant à moi, je suis déjà accroupi pour verser des croquettes dans une assiette et un peu de mon eau dans l'autre. Lorsque je me retourne, Ninja, confortablement assis à ma place, imite le capitaine : ils ont les yeux rivés sur moi.

– Viens manger, Ninja, dis-je en tapotant ma cuisse.

Ses oreilles se dressent et ses yeux jaunes s'arrondissent, mais il reste fixe et m'adresse un miaulement en jetant un coup d'œil sur mon sandwich.

– Je crois qu'il est plus intéressé par le jambon que par les croquettes ! glousse Girard. Je lui en donnerais bien un bout, mais en gendarmerie, seuls les maîtres-chiens sont habilités à nourrir leur partenaire. Je présume que c'en est de même pour les maîtres-chats.

Je ne réponds pas à sa boutade sarcastique. Je me relève, soulève Ninja et reprends ma place.

À cet instant, le directeur d'enquête adopte la position du vainqueur. Il incline le dossier de son fauteuil, plie un bras sous sa nuque et pose les pieds sur son bureau. Sans me quitter des yeux, il déguste son sandwich de sa main libre, tandis que je dévore le mien avec le museau retroussé de Ninja collé sur le pain. Je lui donne un bout de jambon qu'il grignote tranquillement, du bout des dents.

– Ça fait plaisir de vous voir sourire, renchérit le capitaine en ouvrant un tiroir de son bureau.

Il en extirpe un paquet de cigarettes. Il en sort une qu'il met entre ses lèvres, puis, de l'index, il pousse le paquet vers moi. Il se lève, ouvre la fenêtre en marmonnant :

– Servez-vous, ce sont des menthol.

– Merci, j'ai arrêté de fumer quand Kay m'a appris qu'elle était enceinte.

– Ah oui ? Elle n'avait pas arrêté, elle ?

– Elle n'a jamais fumé, dis-je en levant un sourcil.

– Pourtant, quand on faisait appel à elle et qu'elle nous rejoignait sur une scène, chaque fois que je lui ai tendu mon paquet, elle n'a jamais refusé.

Chapitre 18

# UN VIEUX DOSSIER

***Brigade de recherches de Palaiseau,***
***mercredi 23 novembre 2005, vers vingt-deux heures.***

Je roule des yeux, avant de me lever pour rejoindre le directeur d'enquête qui ouvre la fenêtre. Il semble intimement convaincu que Kay fumait. Sans réfléchir, je secoue son paquet et prends une cigarette. Briquet en main, Girard tend le bras pour l'allumer. Je hoche la tête pour le remercier, tandis que côte à côte nous nous accoudons à la fenêtre grande ouverte.

J'aspire une bouffée que j'expire lentement. Je m'amuse à suivre les volutes qui s'enroulent autour d'une branche du platane dénudé que nous avons sous les yeux.

– Vous êtes sûr que Kay fumait ?

– En tout cas, elle n'a jamais repoussé mon paquet.

– Depuis longtemps ?

– Depuis que je suis aux commandes de la BR. Un an et demi, à peu près.

– Moi, je ne l'ai jamais vue avec une cigarette à la bouche.

– On croit tout savoir sur nos conjoints et on tombe de haut, parfois… Vous n'avez jamais senti le tabac sur ses vêtements ?

– Elle est en contact avec tellement de gens dans le cadre de son job qu'elle revient tous les soirs à la maison avec une palanquée d'odeurs. Oui, elle sent la cigarette… parfois.

Je réalise que je parle de ma femme comme si, d'une seconde à l'autre, elle allait passer la porte du bureau de Girard pour l'engueuler d'avoir eu le culot de m'auditionner sans lui avoir demandé l'autorisation en amont.

J'esquisse un sourire en coin, écrase mon mégot dans le cendrier posé sur le rebord de la fenêtre, avant de reprendre ma place dans mon fauteuil. Le capitaine referme la fenêtre et se rassied à la sienne.

– Vous ne l'avez pas trouvée stressée ces derniers temps ? me questionne-t-il.

– Non. Je n'ai peut-être pas été assez attentif, dis-je la mâchoire serrée, sur un ton de regret.

– Elle n'a jamais évoqué un de ses dossiers avec vous ? insiste-t-il.

– La garde à vue a repris, mon Capitaine ?

– Ah oui... Il pose les doigts sur le clavier et il m'annonce ce qu'il écrit : Il est vingt-deux heures et trente-cinq minutes. Nous, capitaine Girard, reprenons l'audition de monsieur Dancourt Axel, adjudant de gendarmerie, dans l'affaire concernant l'homicide de son épouse, madame Dancourt Kay, née Maguire.

Il s'arrête, me regarde en coin, puis reprend son petit jeu :

– Question : avez-vous remarqué un changement de comportement chez votre femme ? Réponse : vous m'indiquez qu'elle acceptait les cigarettes que vous lui proposiez lors de vos rencontres sur le terrain, alors que je croyais qu'elle n'avait jamais fumé de sa vie. Peut-être n'ai-je pas été...

Tout en caressant Ninja qui s'est endormi sur mes genoux, je proteste :

– C'était lors de la pause que je vous ai dit ça, mon Capitaine.

– C'est quoi votre but, Dancourt ? Nous aider ou nous faire chier ?

– Je veux retrouver le salopard qui a déglingué Kay.

– Je note ou je repose la question ?

– Notez, notez.

– Je vais demander que le bureau de votre épouse soit passé au peigne fin… Cette histoire de mallette qui se volatilise… Son comportement inhabituel qui, d'après vous, ne cadre pas… Toutefois, je doute que Vaudeville soit impliqué dans cette tragédie.

Il s'éclaircit la voix et renchérit :

– Avec ses antécédents judiciaires, le profil génétique de notre lascar a été enregistré au FNAEG depuis longtemps déjà. Son nom aurait logiquement dû ressortir lorsque l'IRCGN a entré l'ADN extrait des cheveux prélevés dans la gorge de votre femme.

– Vous avez fait vérifier ?

– Oui, mais, pour plus de sûreté, on a fait un nouveau prélèvement de salive. On a emporté l'écouvillon au docteur Belval. J'attends qu'il me rappelle. J'ai également envoyé mes enquêteurs fouiller son domicile et son Jumper a été transporté à l'IRCGN pour…

– Comparer les empreintes de pneus avec celles qui ont été retrouvées sur les scènes de crime ?

– Oui, mais j'ai l'impression que nous sommes sur une fausse piste…

– Il faudrait qu'on sache si son téléphone a borné sur le trajet qu'a emprunté Kay… Vous avez demandé une expertise en téléphonie de son mobile ?

– Évidemment, mais je crains que ça ne donne rien. Je vais rappeler mes hommes et mettre fin à sa…

Réalisant que, dans l'autre pièce, Vaudeville n'a finalement rien divulgué au sujet de l'implication de Kay dans l'affaire de 1999, le sang me monte au cerveau.

– Attendez avant de mettre fin à sa garde à vue ! Et mon téléphone portable à moi ? Vous l'avez tracé ? Et mon profil génétique à moi ? J'exige que ma salive soit prélevée ! Quand ce sera fait et que je serai définitivement écarté de la liste de vos clients, je vous raconterai la fin de mon « *Vaudeville* » ! Figurez-vous qu'il porte bien son nom !

– Je vous écoute. Racontez-moi votre « *Vaudeville* », comme vous dites.

– Je veux d'abord que mon ADN soit prélevé.

Il se lève et quitte la pièce. Quelques minutes plus tard, il revient accompagné d'un collègue, écouvillon dans la main. Celui-ci est en train de me passer le Coton-Tige à l'intérieur de la bouche quand le téléphone du capitaine sonne.

– Bien, j'arrive. Il raccroche et continue tout en tapant sur son clavier : Il est vingt-trois heures et trois minutes. Je suspends l'audition.

– Eh, attendez !

– On a besoin de moi ailleurs, Dancourt.

– Où est-ce que vous allez ? On n'a pas fini !

– J'ai plus urgent, là. Bon, par égard pour vous et vos excellents états de service, je ne vous ferai pas goûter aux désagréments de la cellule. Un gendarme restera ici, avec vous.

Deux minutes après que le capitaine est sorti de la pièce avec le gendarme qui vient de prélever ma salive, un autre entre. Je ressens sa gêne.

– Navré, Axel.

– Tu n'y es pour rien. C'est la procédure.

Complètement déboussolé, je câline nerveusement Ninja que j'ai réveillé avec mon accès de colère. Qu'est-il parti faire, et où ? Le temps me paraît interminable.

Quand Girard réapparaît enfin, il est accompagné de deux de ses subordonnés. Tous les trois affichent un air satisfait.

– Vous pouvez disposer, ordonne le directeur d'enquête à mon geôlier.

Pendant qu'un enquêteur étale des photos sur le bureau, Girard note l'heure de reprise de mon audition sur le procès-verbal resté ouvert sur son ordinateur. Puis il se lève de son fauteuil et vient se placer dans mon dos. Il se penche sur mon épaule et reprend mon interrogatoire :

– Voilà ce qu'on a découvert au domicile de Vaudeville, dans son bureau. On a pris les photos que voici. Qu'en pensez-vous ?

Sur les clichés, je vois les quatre murs d'une pièce, tapissés de larges panneaux blancs magnétiques débordants de photos avec des annotations. Des clichés… de Kay… de nous… de nous avec notre fils. Je suis en train de voir le film de notre vie se dérouler sous mes yeux. J'explose :

– Qu'est-ce que ça veut dire, bordel ?

Le directeur d'enquête ne me répond pas. Lentement, il avance sous mon nez toutes les photos originales qui ont été décrochées sur les lieux et mises sous scellés. Il n'y en a que pour Kay : Kay sur les marches du Palais de justice, Kay à l'aéroport, Kay au restaurant avec ses confrères, encore Kay au restaurant qui se penche vers moi pour m'embrasser, Kay et moi assis dans les gradins du gymnase de Palaiseau où nous assistons à un combat de boxe de Zach, Kay sortant de chez le coiffeur, Kay faisant son jogging dans le parc de Versailles, Kay qui entre dans un taxi, Kay qui me saute au cou alors que je suis devant le Palais de justice avec Zach dans les bras qui tient un bouquet de fleurs pour le donner à sa mère, Kay devant l'école maternelle, Kay qui sort les courses du coffre de sa voiture, devant le PSIG, Kay qui court dans la rue pour rattraper son foulard qui s'envole… Kay, Kay, Kay !

Girard lit à voix haute les annotations portées sous certains clichés :

– Par ta faute, j'ai perdu ma femme et mes enfants refusent de me voir… Tu paieras le mal que tu m'as fait… Tu as détruit ma vie, je détruirai la tienne.

Son haleine de fumeur ne me dérange même pas, quand Girard tourne la tête pour postillonner à mon oreille :

– Bon, ces éléments prouvent que Vaudeville s'intéressait de près à votre épouse.

– Vous avez trouvé autre chose ?

– C'est moi qui pose les questions, contentez-vous d'y répondre.

– Je vais le faire, mais répondez à la mienne d'abord, s'il vous plaît, dis-je, le regard balayant les clichés pour la troisième fois.

– Un foulard qui ressemble à celui qui est sur cette photo, c'est tout. Pas de batte de baseball ou quelque chose de ressemblant n'a été découvert dans son appartement. On a embarqué son ordinateur.

– Et les nôtres, à Kay et à moi ?

– Trois de mes gars se sont rendus à votre domicile et sur vos lieux de travail respectifs. Ils les ont emportés. C'est bien vous qui nous avez sonné les cloches en nous rappelant que l'enquête de flagrance nous donnait plus de latitude ?

Il sourit à la vue de la mine ahurie que j'affiche et ajoute :

– Vous savez donc que nous sommes dispensés de toute demande de commission rogatoire et que la présence des intéressés n'est pas nécessaire sur les lieux des perquisitions… Alors ?

Je pousse un soupir de soulagement et le remercie d'un hochement de tête avant de répondre :

– Je certifie que ces photos ont été prises il y a deux ans et demi, trois ans. Zach était à la maternelle et je me souviens du jour où on est allés, lui et moi, devant le Palais de justice avec un bouquet de fleurs pour l'offrir à Kay. C'était le 18 novembre 2002, le jour de ses trente ans… et de ce tournoi de boxe… C'était en avril 2003… Il a été libéré quand ?

– Le 1er novembre.

– 2002 ?

– Oui, pourquoi ?

Avant d'avouer ce que Kay a accepté de faire pour moi, après l'arrestation de Vaudeville, en 1999, je passe la main sur ma nuque raide, roule les épaules et termine d'un trait la bouteille d'eau que le capitaine m'a apportée tout à l'heure.

– Le 22 décembre 1999, après avoir interpellé Vaudeville, on vous l'a amené ici, à la brigade de recherches, où il a été placé en garde à vue. J'ai également été entendu, puisque j'ai dû expliquer mon tir dans le pneu de sa camionnette. Mes trois collègues m'ont attendu dans le hall. Christophe en a profité pour demander des nouvelles de la femme et des enfants de l'interpellé. Sur le chemin du retour au PSIG, il m'a informé que les enfants avaient été pris en charge par leurs grands-parents maternels et que la femme avait été transportée à l'hôpital. Il a précisé qu'elle avait refusé, une fois de plus, de déposer plainte contre son compagnon.

– Je ne vois toujours pas le lien avec le substitut Dancourt.

– C'était la cinquième fois en quatre mois que notre équipe intervenait pour des violences conjugales à cette adresse. Ça faisait donc la cinquième fois que nous, les gendarmes, conseillions à cette femme de se protéger, elle et ses enfants. Alors, quand je suis rentré chez moi, j'en ai touché deux mots à Kay.

– Elle était magistrate en 1999 ? s'étonne Girard.

– Non, elle a prêté serment en 2000. Il lui restait un semestre d'étude à l'ENM, mais elle effectuait des périodes de stage au parquet de Paris, où elle exerçait en tant qu'assistante de justice et, le 22 décembre 1999, elle était en vacances. L'école de la magistrature ferme toujours ses portes pour la période des fêtes de fin d'année.

– Et qu'est-ce qu'elle vous a conseillé ?

– Elle m'a dit, je la cite : *« Tu veux que j'aille lui rendre visite sur son lit d'hôpital ? »*

– Et bien sûr, vous avez dit oui.

J'acquiesce et me justifie :

– Je sais que Kay est convaincante, elle trouve toujours les mots justes.

– Évidemment, elle est… était magistrate… Enfin, pas tout à fait.

Les sourcils du directeur d'enquête se soulèvent et il plante son regard suspicieux dans le mien en renchérissant :

– Et ça a donné quoi ?

– Eh bien… La victime a accepté l'aide de Kay afin de déposer une plainte directement au parquet, sans passer par la case gendarmerie ou police. Kay est revenue à la maison avec sa pièce d'identité qu'elle a photocopiée et a rédigé elle-même la plainte. Le lendemain, elle est allée faire signer le document à la victime et l'a déposé directement au bureau d'ordre[14].

– Et elle s'est présentée comment ? me questionne-t-il.

– Elle a certainement eu la présence d'esprit de taire qu'elle était l'épouse du gendarme qui avait participé activement à l'arrestation de son conjoint. Elle a dû dire qu'elle était assistante de justice, ce qui était vrai, envoyée à son chevet par le parquet, ce qui était faux.

– Le procureur a été mis au courant ?

– Je ne crois pas. Elle a outrepassé ses fonctions en prenant cette initiative. Il aurait fallu qu'elle informe le substitut qui la supervisait et elle ne l'a pas fait. Elle a uniquement agi à ma demande, mais surtout pour préserver la vie de cette femme battue.

Le capitaine Girard se gratte la tête des deux mains et lâche un soupir qui en dit plus que tous les mots.

– Comment Vaudeville a-t-il eu connaissance de l'intervention de votre femme ? Il l'a surprise à l'hôpital au chevet de la sienne ?

– Je ne pense pas, puisque le procureur a décidé de le juger en comparution immédiate. Il a été placé en détention provisoire en attendant qu'une audience soit fixée. L'interrogatoire s'est passé ici, vérifiez, vous avez un double du dossier.

– Oui, je le ferai… Si c'est le cas, comment…

Je ne tiens plus. Je m'empresse de l'interrompre :

---

14 Service du parquet, placé sous l'autorité du procureur de la République. Il est chargé de l'enregistrement et de la distribution des procédures arrivant au tribunal.

– Il est retourné vivre avec sa compagne en sortant de taule ?

– Non, ils ne se voient plus.

Nous nous regardons en biais tout en réfléchissant. C'est moi qui évoque une thèse le premier :

– À l'époque, elle était encore sous son emprise… Elle est sûrement allée le visiter en prison. Ne serait-ce que pour lui présenter ses gosses.

– Et elle lui a avoué qu'une assistante de justice était venue la voir… pour la convaincre de déposer plainte contre lui pour coups et blessures, achève-t-il pour moi. Mais pour qu'il soit en mesure de retrouver l'assistante de justice en question, il aurait fallu qu'il connaisse son nom.

– Je vois bien Kay tendre sa carte de visite à la victime, après avoir noté son numéro de téléphone personnel au dos, l'invitant à l'appeler n'importe quand… Après…

Girard me fixe tout en pinçant son menton. Soudain, il bondit de son siège et grogne :

– Avec un peu de bol, il se pourrait que cette fameuse carte de visite soit toujours en possession du gardé à vue. Je vais le passer à la moulinette.

Il ouvre la porte de son bureau, puis il se retourne pour marmonner :

– Restez ici, je reviens.

– Vous m'avez placé en garde à vue, mon Capitaine, souris-je en caressant Ninja.

Il revient sur ses pas et, debout devant son ordinateur, il me lit ce qu'il est en train d'ajouter sur son procès-verbal :

– Nous, Capitaine Girard, commandant la brigade de recherches de Palaiseau, mettons fin à la procédure de placement en garde à vue de monsieur Dancourt Axel, adjudant au PSIG de Palaiseau, ce jeudi 24 novembre 2005 à une heure et quarante-quatre minutes.

Il imprime le PV et le pose devant moi.

– Vous relisez et vous signez, mon Adjudant.
– Bien.
Il se lève, se dirige vers la porte et ajoute :
– Vous m'attendez ?
– Je ne bouge pas d'ici, mon Capitaine.

Chapitre 19

# ZONES D'OMBRE

***Brigade de recherches de Palaiseau,***
***jeudi 24 novembre 2005, vers deux heures du matin.***

Je relis le procès-verbal et le signe. Puis je baisse les yeux et observe Ninja roulé en boule sur mes genoux. Il a fini par dormir pour de bon. Je prends le temps de réexaminer les scellés qui sont restés sur le bureau du directeur d'enquête. J'ai la conviction que Vaudeville a participé à l'assassinat de Kay d'une manière ou d'une autre.

C'est la sonnerie du téléphone de Girard qui me tire de mes réflexions. Comme moi, Ninja dresse une oreille. Puis il ouvre une paupière et, rassuré que je sois toujours là, la referme et se rendort.

Ça sonne toujours. C'est peut-être important… Je jette un œil sur l'écran du téléphone. Il affiche le nom du médecin légiste en chef, le docteur Belval. Je prends l'initiative de décrocher :

– C'est l'adjudant Dancourt, Docteur. Le capitaine Girard est allé dans le bureau de l'enquêteur qui interroge Vaudeville.

– Et vous décrochez ? me questionne-t-il sur le ton de la surprise. Le capitaine vous laisse seul dans son bureau ? Vous n'êtes pas censé être en garde à vue ?

– Je n'y suis plus, il l'a levée il y a une dizaine de minutes. Vous voulez que je lui apporte le téléphone ?

– Non, merci. Je rappelle sur son portable.

S'il me raccroche au nez, c'est qu'il a un scoop. Dans mon fauteuil, je ne tiens plus. Je gigote dans tous les sens et je ne quitte plus la porte des yeux, impatient qu'elle s'ouvre sur le directeur d'enquête.

Que les minutes sont longues quand on est dans l'attente ! Je suis à un tel degré de concentration et d'angoisse que je fais un bond dans mon fauteuil quand cette maudite porte s'ouvre enfin.

– Vous ne devinerez jamais, grogne Girard, les yeux arrondis.

Il n'a pas l'air d'avoir appris une bonne nouvelle, il est blanc comme un linge.

– Inutile que je me fasse des nœuds au cerveau, alors. Dites.

– Je ne sais pas par où commencer, annonce-t-il en secouant la tête. Je n'ai jamais été confronté à une histoire de dingue pareille. Vous méritez bien votre titre de *chat noir* du PSIG. Vous nous avez mis dans un beau merdier.

Je fronce les sourcils tout en me demandant s'il mesure la portée de ses paroles. Je le lui fais ressentir sur le ton du sarcasme :

– Je suis navré que ma femme ait été assassinée dans le périmètre de compétence de la gendarmerie de Palaiseau. Si j'avais su, je lui aurais conseillé d'aller mourir en zone police, en plein cœur de Paris.

– Ce n'est pas ce à quoi je fais allusion, je voulais dire…

– Je sais bien. Venez-en aux faits.

– Le docteur Belval vient de m'appeler. L'ADN extrait de la salive de Vaudeville ne correspond pas au profil génétique des cheveux retrouvés à l'intérieur de la bouche de votre femme.

– On s'en doutait, mon Capitaine, puisque Vaudeville est fiché au FNAEG depuis les faits de 1999.

– C'est ça, il a même été dans les premiers, puisque le fichier a été créé l'année précédente.

– Donc vous mettez fin à sa garde à vue ?

– Je n'en sais fichtre rien.

– Vous comptez le déférer devant le parquet, avec comme seuls éléments ces photos de Kay que vos équipes ont saisies dans son logement ? Ça ne tiendra pas la route et vous le savez.

– L'enquêteur qui recueille sa déposition l'a interrogé au sujet de ces fameuses photos. Il a reconnu que, lors d'une de ses visites en prison, sa compagne lui a avoué avoir déposé plainte contre lui pour violences conjugales sur le conseil et l'aide d'une assistante de justice du tribunal de Paris. Elle lui a montré la carte de visite de ladite assistante. Il concède que, pendant toute la durée de sa détention, il a nourri un sentiment de haine envers celle qu'il considérait comme responsable de la destruction de sa cellule familiale. Il s'est mis en tête de lui faire payer son initiative à sa sortie de prison.

Le capitaine Girard se penche vers moi avant de renchérir :

– Inutile de vous dire…

– Qu'il a tout de suite fait la relation avec moi, puisque mon nom apparaît dans la procédure concernant son arrestation, ce fameux soir de décembre 1999.

– Exact. Maréchal des logis Axel Dancourt dans le procès-verbal d'enquête, d'un côté, et madame Kay Dancourt, assistante de justice, sur la carte de visite, de l'autre. Il a planqué à proximité du PSIG pour la retrouver une fois qu'il a été libéré… Un jeu d'enfant.

Je me mords les doigts d'avoir évoqué cette affaire avec Kay. Je me les bouffe dans le sens littéral, car je suis en train de grignoter mon pouce.

Quel con !

– Et il est passé à l'acte, lundi soir ? dis-je la mâchoire serrée.

– Votre fils est plus jeune sur les photos. On n'en a pas saisi de plus récentes. Selon moi, il a arrêté de surveiller votre épouse très rapidement, mais ça ne veut rien dire. Bien qu'il soutienne qu'il a une nouvelle vie et qu'il a abandonné son projet, on ne peut pas l'écarter de la liste de nos clients.

Le capitaine s'accoude à son bureau et, la tête entre les mains, il ronchonne :

– Ce qui me préoccupe le plus, c'est le résultat des analyses des pneus du Jumper de Vaudeville. Il est tombé.

– Et ?

– Les empreintes sont identiques à celles qui ont été prélevées sur les deux scènes de crime et comportent les mêmes traces d'usure, aux mêmes endroits. C'est dans ce fourgon que votre épouse a fait son dernier voyage. Les scientifiques sont formels.

– Vous avez vérifié son alibi pour le soir de la disparition de Kay ?

– Évidemment, il était bien à son travail de vingt heures à huit heures, le lendemain. Il est agent de piste à Roissy. Il est toujours de service de nuit. On est allés sur place pour vérifier. Certains d'entre nous y sont encore à l'heure qu'il est.

– Excusez-moi, mon Capitaine, mais son véhicule ne pouvait pas être sur les scènes de crime et à l'aéroport en même temps.

– Il a pour habitude de se rendre à son travail par les transports en commun, sauf qu'aujourd'hui… je veux dire, hier, quand nous l'avons interrogé sur le barrage filtrant, il était en repos. Il a utilisé sa camionnette pour apporter à un ami le fourbi qu'on a trouvé dans la caisse. On a interrogé l'individu en question qui confirme qu'il l'attendait. Nous en avons même la preuve par un échange de textos, dans l'après-midi.

– Mais alors, comment Kay a pu se retrouver prisonnière dans la caisse de son van, si lui était à son boulot ? Il l'a prêté à quelqu'un ? On le lui a volé ?

– On l'interroge à ce sujet, en ce moment même. Je vais retourner voir si ce qu'il a déclaré est cohérent.

Il se lève de son siège et se dirige vers la porte en renchérissant :

– Au fait, vous savez où il habite ?

– Comment voulez-vous que je le sache ?

– Derrière le PSIG, depuis fin 2002. Étrange, n'est-ce pas ?

Il met la main sur la poignée de la porte, se retourne vers moi et enchaîne :

– Vous pouvez partir, mon Adjudant.

– Vous allez demander au proc' de placer Vaudeville en détention provisoire ?

– Non, il y a trop de zones d'ombre pour le moment. Je vais néanmoins le déférer devant le parquet. Comme il est sous contrôle judiciaire depuis sa levée d'écrou, je conseillerai au substitut d'en faire renforcer les conditions pour le bon déroulement de notre enquête et éviter qu'il ne nous file entre les pattes. Je pense que le magistrat entérinera ma proposition. Comme ça, nous garderons un œil sur Vaudeville, puisqu'il sera contraint de venir plus souvent pointer[15] ici, à la brigade.

– C'est bien David Baroni, le substitut dont vous parlez ?

– Le procureur nous a intimé l'ordre de ne passer que par eux deux dans cette affaire.

Je me lève de mon fauteuil. Je repose Ninja sur l'assise le temps d'enfiler et de fermer ma parka, puis je le reprends et le glisse à l'intérieur. Endormi, il se laisse manipuler et s'affaisse au fond.

– Ce n'est pas plus mal, ça évite les parasites.

– Huit jours, c'est tout ce qu'on a, Dancourt. Seize, tout au plus, vous l'avez dit vous-même.

Un sourire contrit au coin des lèvres, je le rejoins et passe le seuil de la pièce derrière lui. Alors que je bifurque à gauche vers la sortie et lui à droite, il me hèle :

– Je vous appelle pour vous tenir au courant !

15 Se rendre de façon périodique (par exemple chaque semaine ou chaque mois) au commissariat de police ou à la brigade de gendarmerie.

Chapitre 20

# À CŒUR OUVERT

*Palaiseau, jeudi 24 novembre 2005,*
*vers trois heures du matin.*

Imaginant la maisonnée endormie, j'ouvre délicatement la porte de mon domicile. Un bras contre mon ventre pour maintenir Ninja qui ronronne bien au chaud dans ma parka, je me déplace dans le noir et évite de faire du bruit.

– Axel ?

Je tressaille et me fige dans l'embrasure de la porte du salon. Je distingue une forme assise sur le canapé.

– Maman ? Tu n'es pas encore couchée ?

– Tu crois qu'une mère peut dormir alors qu'elle ignore où est son fils, qui est à la recherche du meurtrier de sa femme ? murmure-t-elle en tendant le bras pour allumer le lampadaire à sa gauche. Assieds-toi, je vais te faire réchauffer une tranche de rôti. Je suppose que tu n'as pas mangé ?

– Si, un casse-dalle dans la soirée, mais j'ai faim. Ninja aussi. C'est gentil, maman. Qu'est-ce que tu fabriques dans le noir, au fait ? Ils ont aussi embarqué la télé ?

Je prends place à ses côtés et descends la fermeture Éclair de ma veste fourrée. Des deux mains, j'en extirpe Ninja et le pose sur mes genoux. Il me lance un regard jaune interrogateur tout en bâillant, s'étire de tout son long, se met sur ses pattes qu'il allonge le plus qu'il peut. Puis il saute au sol et sort de la pièce en tortillant l'arrière-train.

Je le suis du regard, supposant qu'il va retrouver Zach.

– Comment ça, ils ont aussi embarqué la télé ?

– Comme tu ne l'as pas allumée, j'ai cru que les gendarmes l'avaient emportée… Je plaisante, maman, dis-je en prenant sa main dans la mienne.

– Tu ne crois pas si bien dire, figure-toi. Ils sont venus à trois, ils ont pris vos ordinateurs à Kay et à toi et ils nous ont fait signer des papiers.

– Je sais, le directeur d'enquête me l'a dit. À part ça, tout va bien ici ?

– Oui, mon chéri, susurre-t-elle en se levant du canapé. Zach dort. Tout le monde dort.

Doucement, elle dégage sa main de la mienne pour aller dans la cuisine. J'enlève mes rangers, me débarrasse de mon blouson floqué *Gendarmerie* et pose les pieds sur la table basse. Puis je m'abandonne sur le dossier du divan et ferme les paupières sur mes yeux rougis et irrités par la fatigue. Je suis tellement las que je n'entends pas ma mère revenir.

– Tu peux ôter tes pieds, Axel ?

J'ouvre un œil et la vois avec un plateau entre les mains. Je m'exécute pour qu'elle puisse le poser sur la table.

– Alors, que s'est-il passé à ce barrage filtrant ? Tu as le droit de m'en parler ?

Tout en mangeant, je lui raconte ma journée. Elle m'écoute sans m'interrompre, se contentant de mettre la main devant sa bouche pour contenir sa surprise ou de hocher la tête, tantôt d'un côté, tantôt de l'autre. Lorsque j'en arrive au moment de ma rencontre avec Vaudeville, elle est interloquée. Elle me laisse pourtant continuer mon récit jusqu'à ce que j'aborde mon placement en garde à vue.

– Ils t'ont mis en garde à vue ? Mais pourquoi ?

– Parce que le premier suspect dans ce genre d'affaire est un proche de la victime et plus particulièrement son conjoint. Les gendarmes qui sont venus ici ne vous ont rien dit ?

– Ils te soupçonnent d'avoir tué Kay parce que tu as une liaison avec la nourrice de ton fils ?

– Maman, tu ne vas pas t'y mettre, toi aussi.

– Je n'ai rien dit devant Fiona pour éviter d'envenimer son altercation avec Audrey, mais je suis de son avis.

– Tu crois que j'ai une liaison avec cette fille ?

– Non. Je sais que tu aimais Kay, mais ce qu'il y a de sûr, c'est qu'elle te tourne autour.

– Vous vous faites des idées. Elle est prévenante et elle est attachée à Zach, ne cherche pas plus loin.

– Qu'est-ce que vous êtes naïfs, vous, les hommes, soupire-t-elle.

– Je ne suis pas naïf, maman. Elle ne m'intéresse pas, c'est tout. Je la trouve juste gentille. Elle a quand même quitté ses cours pour aller chercher Zach à l'école, mardi soir.

– Je croyais que tu avais dit à Jean-Paul qu'Estelle s'occuperait de Zach, le temps qu'il faudrait.

– Oui, c'est ce qui était convenu. Mais Audrey était si bouleversée quand elle a appris la nouvelle qu'elle a voulu s'occuper de Zach. On peut la comprendre, non ? Estelle a accepté de le lui confier. Enfin, je suppose. En plus, Estelle se remet seulement de son cancer. Ça l'a soulagée un peu qu'Audrey prenne le relais.

– Quoi qu'il en soit, je serais tout de même curieuse d'avoir la version d'Estelle.

– Je la lui demanderai, maman.

– Et ce Vaudeville, alors ?

– S'il n'y avait pas cette histoire d'empreintes de pneumatiques relevées sur les scènes de crime qui concordent avec celles de son fourgon, la brigade de recherches aurait été obligée de le relâcher.

– Tu oublies les photos de Kay, Zach et toi, partout chez lui.

– Ça ne prouve rien. D'autant que son ADN ne matche pas avec celui extrait des cheveux que Kay a arraché à son assassin.

– Au ton que tu emploies, on sent que tu es fier de ta femme, m'interrompt-elle.

– Sûrement que je suis fier d'elle. Elle l'a fait avec les dents, puis elle les a conservés dans sa bouche. Sans sa vivacité d'esprit, on n'aurait pas la moindre trace… Que dalle… J'ai envie de l'embra…

Qu'est-ce que je m'apprête à dire, moi ? Je stoppe net et reprends :

– Pour Vaudeville, il a très bien pu commanditer quelqu'un pour se charger de supprimer Kay à sa place.

– Il lui aurait prêté son utilitaire pour le faire ? C'est idiot, tu ne trouves pas ?

– Pas plus que de passer à l'acte lui-même et de prendre le risque d'être identifié avec les traces de pneus qu'il a laissées sur les lieux.

Je bois une gorgée d'eau, avant d'enchaîner :

– L'hypothèse la plus plausible est qu'il avait un complice. Comme il ne prenait son service qu'à vingt heures, il avait le temps d'enlever Kay, puis de passer le relais à l'autre pour…

Je visionne le scénario dans ma tête tout en mangeant, puis je corrige :

– Non. Il a pris les transports en commun pour se rendre à son travail. Donc, soit il a prêté son fourgon, soit on le lui a volé.

– On va se coucher et on en reparle demain ?

– Oui. Merci de m'avoir attendu avec le dîner au coin du feu.

Je quitte le canapé, saisis le plateau que j'emporte à la cuisine, puis je retrouve ma mère dans le couloir. Côte à côte, nous nous dirigeons vers les chambres. Tandis que je suis sur le point de pousser la porte de la mienne restée entrouverte, je me retourne et murmure :

– Bonne nuit, maman. Je toucherai deux mots du cas Vaudeville à Audrey afin qu'elle me donne son avis de professionnelle.

– Je te conseille de t'en tenir au strict minimum avec cette jeune femme. Moins tu l'incluras dans ta vie, mieux ça vaudra.

– Fiona et toi avez l'imagination un peu trop fertile. Audrey est adorable.

– Axel ! grogne-t-elle en levant les yeux au ciel. On ne vous dispense pas des cours de psychologie en gendarmerie ?

– Si, mais aux analystes comportementaux.

– Aux quoi ?

– Aux analystes comportementaux. Les profilers, si tu préfères… Au fait, j'ai oublié de te dire que le gars qu'on a arrêté habite derrière le PSIG. Comme je suis quasiment certain que le procureur n'aura pas d'autre choix que celui de le relâcher, il faudra qu'on soit vigilants.

– Quoi ? rétorque-t-elle, stupéfaite. Les enquêteurs n'ont pas peur qu'il s'en prenne à Zach, à nous ?

– J'y ai pensé. On verra ça demain. Pour le moment, il est toujours en garde à vue.

La sonnerie d'un réveil me fait sursauter. Je sens Zach bouger. Ninja, qu'il a certainement dérangé, s'étire et vient s'asseoir sur mon torse. Au mouvement de sa queue qui brosse énergiquement mon visage j'en déduis qu'il me tourne le dos. Je chope sa balayette dans ma main et ouvre une paupière pour jeter un œil à l'écran du réveil. Il n'est que sept heures, mais il y a école aujourd'hui.

– Bonjour, Zach. Bien dormi ?

– T'as retrouvé le tueur de maman ? me questionne-t-il aussitôt.

– Pas encore, mais je suis sur une piste. C'était bien la boxe, hier ?

– Oh oui ! J'ai même fait peur à papi, et puis granny et mamie ont dit qu'avec un boxeur comme moi, elles se sentaient protégées.

– C'est bien, ça.

Il se retourne et se blottit contre moi, tandis que sa main papouille les oreilles de Ninja qui ronronne. On est bien, comme ça, tous les trois. Je n'ai pas envie de mettre fin à ce câlin. J'ouvre la bouche pour lui proposer de rester à la maison et dormir encore un peu, quand la porte s'entrebâille, laissant entrevoir la silhouette de ma belle-mère.

– Le petit déjeuner est prêt, Zach, chuchote-t-elle. Lève-toi. Ne réveille pas ton père.

– Il est réveillé, granny, ricane-t-il en s'asseyant dans le lit.

– C'est la sonnerie de mon réveil qui t'a sorti de ton sommeil, Axel ? Annie m'a dit que tu étais rentré tard, je suis désolée.

– J'ai toute la vie pour dormir. Pour le moment, j'ai une mission à accomplir.

Le temps que je me redresse, que j'enfile mes pantoufles Simpson, Zach et Ninja ont quitté la pièce.

Je croise le regard interrogateur de ma belle-mère et je devine sa question. J'y réponds avant qu'elle ne la formule :

– Je n'ai pas eu l'occasion d'évoquer la question du certificat d'inhumation avec le procureur, Fiona. Je vais m'en occuper ce matin. Hier, on a interpellé un…

– Je sais, m'arrête-t-elle. Annie m'a raconté. Merci, Axel.

– Merci ? dis-je étonné.

Je la rejoins sur le seuil de la chambre et poursuis :

– Vous n'avez pas à me remercier pour quoi que ce soit, Fiona. J'aurais voulu…

– On aurait tous voulu, Axel.

Dans un geste de réconfort, elle entoure ma taille de son bras et m'emmène dans la cuisine. Je me laisse guider. Sous l'éclairage artificiel du couloir, j'ai l'impression que c'est Kay qui se colle à mon flanc.

Chapitre 21

# SOUS SURVEILLANCE

***Palaiseau, jeudi 24 novembre 2005,***
***un peu avant huit heures trente.***

Bien que j'insiste pour que Zach reste à la maison, il préfère aller à l'école. Je finis par capituler et lui propose de l'y accompagner. J'en profiterai pour discuter avec sa maîtresse.

– On y va à pied, *daddy* ?

– Oui, je ne vais pas sortir la voiture du garage pour faire deux cents mètres.

– On prend Ninja avec la laisse ? Comme ça, je le montrerai à mes copains !

La lueur qui danse dans ses yeux et son enthousiasme me mettent du baume au cœur.

– D'accord. Prends ton cartable pendant que je lui enfile son harnais.

J'ai le sentiment que Ninja devine mes intentions car il m'emboîte le pas, puis il me devance pour m'attendre au pied de mon fauteuil. Il me suit du regard quand je m'empare du harnais que j'ai abandonné cette nuit sur le bras du canapé. Je l'épie du coin de l'œil, presque amusé par l'impatience qu'il manifeste en écarquillant ses grosses billes jaunes, les oreilles pointées vers moi. J'ai à peine le temps de m'affaler qu'il saute sur mes genoux.

– On va jusqu'à l'école de Zach, partenaire, souris-je. Après on reviendra ici et on ira à la brigade de recherches pour savoir où en sont les enquêteurs.

Ma mère, adossée au chambranle de la porte, nous observe Ninja et moi, en fronçant les sourcils.

– Tu n'attends pas que le capitaine te contacte ?

– Je lui demanderai de téléphoner au parquet pour savoir quand le proc' me délivrera le permis… d'inhumer.

Elle hoche la tête et fait demi-tour, lorsque Zach la bouscule, cartable au dos et bonnet enfoncé jusqu'aux yeux.

– Pardon, mamie ! Prêt, *daddy* ?

Il s'empresse de me débarrasser de la laisse en arguant :

– Je m'occupe de lui pendant que tu t'habilles, *daddy*.

– Merci, mon cœur, dis-je en tirant sur le pompon de son bonnet pour lui dégager la vue. Tu vois mieux comme ça, non ?

Tandis qu'il acquiesce d'un rapide mouvement de tête, j'enroule une écharpe autour de mon cou. Je me penche ensuite sur Zach pour arranger la sienne, puis je fais glisser les sangles de son cartable en constatant :

– Il est lourd comme du plomb ton sac. Qu'est-ce que tu as mis dedans ? Des pierres ?

– Mais non ! Mes affaires, c'est tout ! On voit bien que tu ne me conduis jamais à l'école, toi ! riposte-t-il en ouvrant la porte d'entrée, avant d'ajouter : Tu viendras me rechercher à onze heures et demie ?

– Je ne sais pas si je serai rentré.

– Tu vas chez les flics ? m'interroge-t-il en se retournant.

– Je vais chez les gendarmes, Zach.

– Oui, si tu veux. Je rentre chez nous tout seul, alors ? Je suis grand maintenant et c'est pas loin l'école.

Ce n'est pas le moment de le laisser seul dans la rue, même pour quelques centaines de mètres. Sans parler de Vaudeville qui habite derrière chez nous. Mais je ne veux pas inquiéter Zach. J'ouvre la bouche, cherchant un argument passe-partout, quand ma mère nous rejoint et me sauve la mise :

– Granny et moi serons contentes de venir te rechercher. *Daddy* et Ninja t'y reconduiront à treize heures trente, s'ils sont revenus.

– De chez les flics ? insiste-t-il.

– Oui, de chez les flics, confirme ma mère le plus sérieusement du monde, tout en m'adressant une œillade discrète.

Zach franchit la porte, suivi par Ninja qui tourne la tête vers moi pour s'assurer que je suis le mouvement. Je sors à mon tour, cartable à la main. Pendant le trajet, je m'émeus à observer le comportement de Zach avec le chat. Il est fier de l'avoir près de lui. Il agite l'index en lui faisant quelques recommandations qui font sourire les passants que nous croisons en chemin :

– Fais attention, Ninja ! Il ne faut pas traverser la route !

J'ai la sensation que je n'ai pas vu mon fils grandir, trop accaparé par mon métier…

Lorsque nous arrivons devant les grilles de la cour de l'école, je m'accroupis pour l'embrasser, mais il me repousse des deux mains.

– *Daddy*, je suis plus un bébé, et puis… et puis…

Je remarque qu'il louche sur sa gauche. Tout en me relevant, je suis son regard qui s'arrête sur une blondinette. Les mains dans le dos, elle incline la tête à droite et adresse un timide sourire à mon fils qui s'empourpre en m'arrachant son cartable des mains.

Ah, j'ai compris… Elle ressemble à la mienne son amoureuse, sauf que ses yeux ne sont pas vert émeraude, mais azurés.

*Mon fils amoureux… Encore un truc que j'ignorais.*

Je passe la main dans mes cheveux, un peu gêné, quand nous sommes assaillis par une horde de gamins. Ninja, apeuré, crapahute jusqu'à mon épaule, puis il disparaît dans mon blouson sous les yeux éberlués des camarades de Zach.

– C'est ton chat, Zach ? questionne l'un d'eux en levant les yeux vers moi.

Zach cligne des yeux pour confirmer, tandis que son copain ajoute :

– C'est ton père qui lui a appris à faire ça ?

– C'est un chat ou une chatte ? interroge un autre.

– Un chat et il s'appelle Ninja, répond la petite blonde en s'approchant.

Je constate que Zach se confie beaucoup à sa dulcinée, ou alors qu'elle s'intéresse vraiment à lui et qu'elle retient ce qu'il dit en général.

Comme elle tend la main vers moi, je m'accroupis et ouvre mon blouson.

– Bonjour, monsieur Dancourt. Je peux le caresser ?

– Oui, mais fais attention, il crache sur les gens quand il les aime pas, se charge de répondre Zach à ma place. Mais toi, il t'aimera bien. Hein, *daddy* ?

Je me contente d'acquiescer. Ninja ne bronche pas et se laisse caresser par la fillette.

Constatant que notre fauve ne montre pas les dents, d'autres mains se tendent et des voix criardes s'élèvent :

– Et moi, je peux, monsieur Dancourt ?

– Et moi, Zach, je peux ?

Mes tympans sont agressés par le nombre grandissant de *« Et moi ? »* Heureusement, les maîtresses frappent dans leurs mains en clamant :

– Il est l'heure, les enfants ! Mettez-vous en rang !

L'une d'elles vient vers nous.

– Bonjour. Monsieur Dancourt, je présume ? prononce-t-elle du bout des lèvres, avant d'ajouter en tapotant affectueusement l'épaule de mon rejeton : Dis au revoir à ton papa et rejoins les autres, Zach.

– Salut, *daddy*, salut, Ninja, obéit-il en passant l'index entre les oreilles de notre bestiole. *Daddy*, on pourra regarder ce qu'il y a dans le sac-poubelle que tu as rapporté de chez les… de la gendarmerie, tout à l'heure ?

Ah oui, il y a ça aussi.

– On verra si on a le temps, mon…

J'ai envie de dire *« mon cœur »*, néanmoins, je ne termine pas ma phrase par crainte qu'il ne me reproche de l'infantiliser devant son institutrice. Il passe une sangle de son cartable à son épaule et s'insère dans le rang, sans se retourner. Tandis que je le suis du regard, une autre enseignante nous rejoint.

– Bonjour, monsieur Dancourt. Je suis madame Potier, directrice de l'établissement. Madame Marchand et moi vous présentons nos sincères condoléances.

– Je vous remercie. Je suis justement venu pour vous prévenir.

– Tout le monde est au courant avec le tapage médiatique que le décès de la maman de Zach a suscité. D'ailleurs, nous ne pensions pas le voir aujourd'hui.

– Il a voulu venir. Je trouve qu'il est important qu'il conserve un lien social. Le monde continue de tourner.

Je me gratte le menton tout en ajoutant :

– Est-ce que tous vos élèves savent ?

– La plupart. Nous avons l'intention d'évoquer le sujet avec l'accord de Zach. Comment appréhende-t-il cette épreuve ?

– Pour être franc, il est comme moi. On a l'impression d'être en plein milieu d'un mauvais rêve et qu'on va se réveiller.

– C'est compréhensible, rétorque l'institutrice de mon fils. C'est une terrible tragédie que Zach et vous traversez.

Elle déglutit bruyamment avant de poursuivre :

– Surtout dans de telles circonstances. Nous sommes là pour vous apporter notre soutien.

– Merci. Je pense que je garderai mon fils auprès de moi jusqu'aux obsèques. Mais je préfère qu'il s'oxygène l'esprit pour le moment. Nos familles sont à la maison et l'ambiance n'est pas au beau fixe. Néanmoins, je vous demande de garder un œil sur lui aujourd'hui. Je peux compter sur vous ?

– Bien entendu, monsieur Dancourt, nous veillerons sur Zach. Pour la suite, gardez-le près de vous le temps qu'il faudra, m'assure la directrice. Ne vous en faites pas, il n'aura aucun problème pour rattraper ses cours.

Je remercie les deux femmes, et alors que je fais demi-tour, Zach m'adresse un signe de la main. Je prends la patte de Ninja et la secoue en essayant de sourire.

Direction chez les flics, comme il dit.

Chapitre 22

# ÉLÉMENTS CONTRADICTOIRES

***Palaiseau. Brigade de recherches,***
***jeudi 24 novembre 2005, neuf heures trente.***

J'ai décidé de continuer d'arriver à la brigade en fanfare. À deux cents mètres, je rétrograde tout en jouant avec la poignée de gaz de ma moto. Puis je bifurque à droite et pile devant la porte. Je range mon casque et mes gants dans le top-case, tout en donnant un coup d'œil à la façade du bâtiment que j'ai sous les yeux.

Il paraît que les neurones ont besoin de sucre pour tourner efficacement. Comme mes collègues malmènent leurs méninges en ce moment, une pause-café-croissants les aidera à résoudre le mystère qui entoure l'assassinat de Kay, avant le terme de l'enquête de flagrance. De plus, je n'oublie pas qu'ils ont pris soin de Ninja et de moi, lors de ma garde à vue.

J'aperçois l'un d'entre eux qui m'épie à travers les lamelles des rideaux de son bureau. Le capitaine Girard, lui, ne fait pas dans la dentelle. Il ouvre carrément la fenêtre de l'accueil en grand.

– Dancourt ! Un peu de discrétion, bordel !

Je descends la fermeture Éclair de mon blouson, prends Ninja que je pose à terre, tandis que Girard s'arrache les cheveux des deux mains.

– Et il revient avec sa bestiole, en plus ! renchérit-il en tournant légèrement le buste vers l'intérieur de la pièce.

Je lève la tête pour accrocher son regard et siffle :

– Vous avez du nouveau ? Qu'est-ce que vous avez fait de notre gaillard ?

– Vous voulez que je sorte le mégaphone pour vous répondre ? Comme ça, tout Palaiseau sera au courant ! Venez !

Sans répondre, je gravis quatre à quatre l'escalier extérieur. Je pousse la porte et laisse passer mon coéquipier devant moi. Il va directement se planter devant le directeur d'enquête et David Baroni, qui vient certainement d'arriver, lui aussi.

Alors que je m'approche le bras tendu pour leur serrer la main, mon partenaire, lui, retrousse les babines et gonfle la queue.

– Qu'est-ce qu'il lui prend ? s'inquiète le capitaine Girard, surpris.

– Ça doit être moi. Je n'aime pas les chats et ils me le rendent bien, bougonne David en ajustant nerveusement son manteau trois-quarts gris chiné.

Je me baisse pour récupérer Ninja.

– Pourtant, tu es déjà venu à la maison, David. Kay m'a dit qu'il vous est arrivé de commander des pizzas pour bosser sur des affaires, tard le soir.

– Oui, c'est vrai, mais nous nous enfermions dans son bureau et elle demandait à votre fils de s'occuper du chat et de le maintenir loin de moi. Elle savait que j'en avais peur.

– Ah bon ? Mais hier, sur le barrage filtrant ?

– J'ai pris la précaution de garder mes distances. Tu n'as pas remarqué ?

– Non. Il faut dire que…

Le directeur d'enquête, quelque peu agacé par notre discussion sans intérêt, nous coupe :

– Je vois que vous nous avez apporté des croissants, Dancourt, c'est gentil. On vous offre un café ?

Je lui remets les sachets, qu'il pose sur le comptoir.

– Merci, mon Adjudant ! lance le gendarme adjoint volontaire, préposé à l'accueil. C'est pour tout le monde ?

– Bien sûr, dis-je. C'est pour que vous me pardonniez de vous avoir fait la misère durant toute la nuit dernière. J'espère qu'il y en a assez, j'en ai pris quarante.

– Largement, on n'est pas tous en service en même temps. Je vous apporte trois croissants et trois cafés, mon Capitaine, confirme-t-il.

Le directeur d'enquête toussote dans son poing puis nous désigne le couloir d'un geste de la main en grommelant :

– Allons dans mon bureau, Messieurs.

Il ouvre la porte, se décale pour nous laisser entrer et la referme derrière lui.

David est déjà confortablement installé dans un fauteuil, les jambes croisées. Quant à moi, je ne me le permets pas. Je reste debout et respecte le décorum militaire, attendant que le directeur d'enquête m'autorise à m'asseoir. C'est ce qu'il fait d'un mouvement du menton tout en prenant place devant son ordinateur.

Alors que je pose mon postérieur sur le siège que Girard m'a désigné, David écarte le sien en ronchonnant :

– Je mets de la distance entre nous. Ce n'est pas que tu sens mauvais, mais ton fauve…

– Ce n'est qu'un chat, David. Je lui remets la laisse, si ça peut te rassurer.

– Garde-le à l'intérieur de ta veste, si tu veux bien. Je ne souhaite pas prendre de risque inconsidéré.

– Tu exagères, non ?

David esquisse un sourire et tend le bras dans l'intention de poser une main amicale sur mon épaule, puis il se ravise.

Par crainte que Ninja ne dévore sa main, je présume.

Je tripote les oreilles de ma bestiole et embrasse le haut de sa tête en murmurant :

– Il a peur de toi, le substitut du procureur, tu te rends compte ?

David s'empourpre. Pour couper court à la conversation et garder un minimum de dignité, peut-être aussi, il s'éclaircit la voix et s'adresse au directeur d'enquête :

– Bon. Qu'est-ce qu'on fait, Capitaine ? Vous informez l'adjudant Dancourt de ce qu'il s'est passé ce matin à la première heure ou je m'en charge ? Il se tourne vers moi et enchaîne : C'est bien la raison de ta présence ici, Axel ? Tu voudrais savoir ce qu'on a fait de Vaudeville ?

– Je voudrais déjà savoir si vous avez recueilli d'autres témoignages sur le barrage filtrant, puisque j'ai été contraint de partir avant la fin de l'opération.

– Malheureusement, non. Cependant nous avons présenté Vaudeville à cette conductrice qui nous a décrit le chauffeur du Jumper, derrière la glace sans tain du bureau dans lequel il a été auditionné.

– Et ?

– Elle n'est pas certaine que ce soit lui. Il lui a semblé plus fin... moins trapu.

– Décidément, on pédale dans la semoule. Dites-moi que vous n'avez pas fait chou blanc lors de la perquisition de son domicile. Vous avez découvert des indices ? Vous avez extrait des éléments intéressants de son ordinateur et de son téléphone portable ? Le procureur et toi avez demandé au juge des libertés son placement en détention provisoire ?

– Comme vous connaissez bien l'adjudant Dancourt, je vous laisse la main, Monsieur le Substitut, intervient Girard en faisant rouler son fauteuil en arrière pour étendre ses jambes et être plus à l'aise.

David se racle la gorge et fait pivoter son siège pour me faire face.

– Bon, commençons par le plus important, si tu veux bien, Axel, annonce-t-il.

À l'expression auguste qui s'affiche sur le visage du substitut comme s'il s'apprêtait à dérouler un réquisitoire, mon cœur a un raté et j'ai l'impression que, dans mon dos, quelqu'un serre mon cou des deux mains pour que je meure étouffé, avant d'avoir pu entendre quoi que ce soit. Je descends la fermeture

Éclair de mon blouson pour m'aérer. Ninja, qui est resté bien sage jusqu'à présent, redresse la tête et la tourne brusquement vers David. Au fond de mon blouson, le bas de son corps double de volume, particulièrement sa queue. Heureusement, j'ai la présence d'esprit de remonter la fermeture tout en pliant mon bras libre contre moi.

– Maîtrise ton animal, Axel, maugrée David.

En un quart de seconde, le visage du substitut perd toute sa teinte hâlée. On dirait un personnage en noir et blanc. Je ne peux même pas dire qu'il a une peur bleue de Ninja, ce serait lui redonner de la couleur.

Dans d'autres circonstances, j'aurais ri, mais là, je reste impassible. Je suis tellement attentif à ce que David s'apprête à me divulguer que j'en arrive à me demander si je respire. Les deux bras croisés contre moi, je le rassure :

– Je le tiens, David. Vas-y. Alors, c'est quoi le plus important ?

– Nous ne détenons aucun lien de causalité confortant le fait que Vaudeville est impliqué dans l'enlèvement, la séquestration ou l'assassinat de Kay, ou les trois à la fois. Bien que les empreintes des pneus de son Jumper correspondent aux traces que les TIC ont prélevées sur les deux scènes de crime, il ne pouvait pas être sur les lieux. Une équipe du capitaine Girard a vérifié son alibi. Vaudeville s'est rendu à pied jusqu'à la gare de Palaiseau où il est monté dans le RER B vers dix-huit heures trente. Ses collègues et plusieurs autres agents de l'aéroport de Roissy leur ont confirmé qu'il a bien pris son poste lundi à vingt heures et qu'il en est sorti à huit heures, le lendemain.

Alors que j'ouvre la bouche, il lève l'index et m'arrête :

– Oui, Axel, le bornage de la téléphonie mobile a été fait. Ton téléphone à toi confirme que tu as tourné à moto toute la nuit pour retrouver ta femme. Il a accroché chez toi dans la soirée de lundi, puis sur la route nationale 118 jusqu'à une heure et demie, mardi et dans tous les arrondissements de Paris jusqu'à quatre heures du matin. Quant à celui de Vaudeville, il a borné à Palaiseau jusqu'à dix-huit heures lundi, puis il a déclenché plusieurs relais sur la route en direction de Roissy pour s'immobiliser là-bas jusqu'à la fin de son service.

– Et les caméras de surveillance ?

– Les enregistrements de la gare de Palaiseau et de l'aéroport ont été visionnés sur la période qui nous intéresse et je peux attester, pour être allé faire un tour à Roissy, que c'est un boulot titanesque. Nous concevons tous que le comportement de Vaudeville envers Kay est plus que troublant. Je parle notamment de la filature qu'il a mise en place et des photos qu'il a prises de ta famille durant quelques mois, aussitôt après qu'il a été libéré de l'établissement pénitentiaire. Mais ce n'est pas parce qu'il a voué à Kay une véritable haine à un moment donné qu'il est passé à l'acte lundi soir.

– Oui, il n'aurait sans doute pas attendu aussi longtemps, s'il avait voulu… C'est ce que j'ai dit au capitaine Girard, cette nuit… Et les caméras près de la boulangerie où Kay s'est arrêtée ?

– Il n'y en a qu'une en face, à proximité de la banque. C'est surtout ta femme qu'on voit. On ne distingue que l'arrière du fourgon. On a juste la confirmation qu'il s'agit d'un Jumper de couleur claire, mais la plaque d'immatriculation est illisible.

– OK. Et au sujet des pneus, il dit quoi, Vaudeville ?

– Il soutient qu'il se peut que son utilitaire ait été volé sur le parking de son immeuble entre dimanche soir et mardi, puis remis à sa place par la suite, avant qu'il n'en ait besoin.

– Volé sans les clefs ? Et il ne s'est pas aperçu de son absence dans la journée de lundi ?

– Axel, tu veux bien me laisser terminer mes phrases, s'il te plaît ?

– Oui, pardon.

– Il dit être resté chez lui lundi, jusqu'en fin d'après-midi. Le bornage de son téléphone le confirme. L'enquêteur qui l'a auditionné l'a questionné au sujet des clefs. Il argue qu'il a prêté le Jumper pour le week-end à un membre de sa famille qui en avait besoin pour un déménagement.

– Et cette personne a gardé le véhicule le lundi pour assassiner ma Kay ?

– Respire, Axel ! La personne en question devait lui remettre les clefs sous le paillasson, devant la porte d'entrée de son logement, le dimanche soir ou le lundi.

– Elle l'a fait ? Vaudeville a récupéré ses clefs sous son paillasson ?

– Il prétend n'avoir regardé que mardi vers midi, quand il a eu besoin du fourgon pour y charger du matériel qu'il avait prévu d'emporter chez un ami, le lendemain. C'est d'ailleurs chez cette personne qu'il se rendait, lorsque nous l'avons contrôlé sur le barrage filtrant, hier soir.

– Donc, son alibi est plausible.

– Oui, on a vérifié, Axel.

– Le procureur nous a ordonné d'effectuer une enquête de voisinage, intervient Girard. Elle est toujours en cours.

– Et le membre de la famille Vaudeville qui déménage ? Qui c'est ?

Le magistrat et le capitaine échangent un drôle de regard. Je présume que je les agace.

– Nous sommes allés voir cette personne à son domicile. Elle assure que la clef du fourgon a bien été placée à l'endroit indiqué, le dimanche vers vingt-trois heures.

– C'est tout ?

– C'est tout pour le moment, mon Adjudant.

J'ai envie de leur demander de nouveau l'identité de l'individu qui s'est servi du van de Vaudeville pour soi-disant déménager. Cependant, je ne suis pas sans savoir que David et Girard n'ont aucune obligation de me mettre dans la confidence de leurs investigations. Aussi, je mets mon mouchoir dans ma poche, prends ce qu'ils me disent pour argent comptant et me reconcentre sur le seul suspect qui n'en est pas un :

– Pour en revenir à Vaudeville, qu'est-ce que vous en avez fait ?

– Le juge des libertés et de la détention a accepté de renforcer les conditions de son contrôle judiciaire, rétorque David.

– C'est-à-dire ? Je te rappelle qu'il habite derrière le PSIG.

– Oui, on est au courant. Comme je disais, son contrôle judiciaire a été renforcé. Il devra venir pointer ici une fois par semaine au lieu d'une fois par mois, on lui a confisqué son passeport et il ne peut se déplacer au-delà de vingt kilomètres autour de son domicile... Nous avons également mis une filature en place. Ton ami, l'adjudant-chef Marlier, pourra t'en dire plus à ce sujet.

– OK. Et pour les ordinateurs ?

– Les techniciens en informatique de l'IRCGN exploitent tous les appareils : celui de Vaudeville, les vôtres, à Kay et à toi, tant personnels que professionnels, m'assure David.

– Ils n'ont pas repéré des pistes exploitables du côté des dossiers qui ont été confiés à Kay ?

– C'est toujours en cours. Nous avons quelques « clients » auxquels nous nous intéressons.

– Et le rapport de l'autopsie de Kay ?

– Aucune trace de produit d'aucune sorte n'a été décelée, me garantit David. Pas d'alcool, pas de somnifères, pas de stupéfiants.

– Je parlais des traces ADN. Hormis les cheveux, le légiste n'a rien trouvé d'autre ?

– Hélas, non, rétorque le capitaine. Sans eux, on aurait frisé le crime parfait.

– Bien. Quand me rendez-vous Kay ?

– Tu auras le permis d'inhumer demain au plus tard, intervient David. Je m'en occupe. Cependant le parquet émet une restriction...

– Crémation interdite, je sais.

Je me lève et les remercie.

Une goutte de sueur coule le long du front de David. Je parierais que c'est la première fois, depuis le début de sa carrière, qu'il bosse aussi dur.

Chapitre 23

# LA FILATURE

***Palaiseau, jeudi 24 novembre 2005, onze heures quinze.***

Je suis persuadé que le capitaine Girard et David m'ont caché certaines informations pour préserver le secret de leur enquête de flagrance. Je n'y ai pas accès, puisque je ne suis que le mari de la victime. Toutefois, je remercie le premier de m'avoir reçu et le second d'avoir répondu à mes questions. Mon coéquipier bien au chaud dans mon blouson, j'ouvre la porte du bureau du directeur d'enquête et file comme un voleur en lançant :

– Je me sauve, j'ai juste le temps de récupérer Zach à l'école !

Je pousse la porte d'entrée de la brigade et extirpe mon téléphone portable de la poche intérieure de ma veste de moto puis, tout en dévalant l'escalier, j'appelle chez moi. C'est ma mère qui décroche.

– Ne vous dérangez pas pour aller rechercher Zach, maman, je suis sur la route !

– Mais il ne peut pas monter sur ta moto, Axel !

– Merci, maman, je sais ! Je lui confierai Ninja et roulerai au pas le long du trottoir, à côté de lui.

– Comme tu veux. Ça s'est bien passé à la gendarmerie ?

– On en reparle tout à l'heure, OK ? Je démarre, là !

– D'accord.

J'enfile mon deuxième gant et tape sur le haut de mon casque pour achever de l'enfoncer sur ma tête. Puis je chevauche mon bolide, mets le contact et relève la béquille d'un coup de talon. Enfin, de l'index, je pousse la tête de Ninja qui dépasse de mon blouson et, avant de rabaisser la visière, j'ordonne :

– Pas bouger, Ninja.

Quand j'arrive devant l'école, la cloche n'a pas encore sonné. Je coupe le moteur de ma moto, pose un pied sur le trottoir, et surtout, je garde le casque sur ma tête pour conserver un minimum d'anonymat.

Un rapide coup d'œil autour de moi me permet de repérer une Kangoo vert bouteille que je reconnais aussitôt. Il s'agit de l'un de nos véhicules banalisés. Ils sont deux à l'intérieur. Ils ont beau baisser la tête et faire semblant de regarder ailleurs, je les identifie immédiatement. Ce sont des gars du PSIG. La vitre côté conducteur est entrouverte et Christophe occupe le siège passager. Je suis rassuré de constater que mes collègues veillent sur mon fils. Je ne peux pas compromettre leur couverture en allant les saluer, alors je sors mon mobile pour appeler mon ami sur le sien. Je le vois décrocher et tourner la tête de façon à ne pas croiser mon regard.

Je relève la visière de mon casque et chuchote :

– C'est gentil de veiller sur Zach.

– De rien.

– Rien de suspect ?

– RAS.

– Vous allez nous suivre jusqu'au PSIG ?

– C'est le job.

– Merci.

À cet instant, le tintement strident de la cloche retentit. Je remets mon téléphone à sa place, extrais Ninja de son nid douillet et le pose sur le réservoir de la bécane. Il reste assis une poignée de secondes, puis il se met sur ses pattes en miaulant.

Aurait-il repéré Zach avant moi ?

Escorté par sa maîtresse, une main protectrice posée sur son épaule, c'est bien mon fils qui se dirige vers la sortie.

– *Daddy !* C'est toi qui es venu me rechercher ? braille-t-il à s'époumoner, le bonnet de travers et le cartable au bout du bras. T'es sorti de chez les flics ?

Les six derniers mots qu'il hurle à gorge déployée ont pour conséquence de définitivement nous griller. Tous les regards se tournent vers nous, y compris celui de Christophe qui plie l'index devant sa bouche pour retenir un rire.

Les mères des camarades de Zach approchent et finissent par former un cercle autour de nous. Toutes se croient obligées d'adopter un masque de circonstance, certaines se risquent même à me présenter leurs condoléances, la bouche en coin. Je leur adresse un sourire contrit et cherche l'institutrice du regard pour la questionner :

– Ça s'est bien passé ?

– Nous avons laissé couler les larmes, m'annonce-t-elle en désignant les enfants du menton. Zach nous a émus avec son récit, néanmoins je suis inquiète qu'il n'en ait pas versé une seule. Il nous a dit que c'était son chat qui avait retrouvé sa maman.

Elle hoche la tête et renchérit :

– Je vous conseille vivement d'avoir une discussion avec lui et de rétablir la réalité.

– Je ne lui ai rien caché sur les circonstances de la mort de sa mère, j'ai simplement occulté le côté sordide.

– Ne me dites pas que c'est le chat qui a…

– Je sais que c'est difficile à croire, mais c'est pourtant la stricte vérité.

Je ne lui laisse pas le temps de répliquer et ajoute :

– Zach ne reviendra pas cet après-midi ni les jours suivants.

– Comment on fait pour rentrer ? m'interrompt mon fils. J'ai pas le droit de monter sur ta Suzuk', moi !

Je remercie l'enseignante et attends qu'elle s'éloigne pour me pencher vers Zach.

– Mets ton sac à ton dos, mon cœur, souris-je en replaçant correctement son bonnet sur sa tête. Je sais que tu ne peux pas grimper à l'arrière de la Suzuk', donc je vais te confier une mission.

Son visage s'éclaire.

– C'est pour quoi faire, *daddy* ?

– Ramener Ninja à la maison, il ne veut plus rester enfermé dans mon blouson.

– Pourquoi ? Il a mal aux pattes ?

– Je crois. Tu peux le faire marcher jusqu'à chez nous ?

– Oui, t'inquiète, *daddy*, je suis grand. Je ferai attention. On restera sur le trottoir, me rassure-t-il dans une œillade.

Je les laisse prendre un peu d'avance, puis je remets le contact. Avant de rabaisser la visière de mon casque, je donne un coup d'œil en direction de la Kangoo, de l'autre côté de la rue. Christophe sort du véhicule, une baguette de pain sous le bras. Quand on file quelqu'un, on a toujours quelques accessoires passe-partout à portée de main. Il remonte la fermeture de son hoodie noir fourré, rabat la capuche sur sa tête et cache le bas de son visage dans le col. Il fait quelques pas, les mains dans les poches de son jean. Il passe devant ma moto pour coller au train de Zach qui, laisse à la main, avance tout en parlant à Ninja. Sans imaginer que derrière lui… tonton Christophe est prêt à intervenir… canon du *Glock* coincé dans la taille du jean.

Mais si Zach ne se rend compte de rien, Ninja, lui, n'arrête pas de se retourner. Pourvu qu'il ne dévoile pas sa couverture en le feulant.

Au bout d'une dizaine de mètres, Zach, qui s'épuise à tirer sur la laisse du chat, s'arrête et me pointe du doigt.

– Va-t'en, *daddy* ! Tu vois pas qu'il veut venir avec toi ? J'y arriverai jamais si tu restes derrière nous !

Christophe a juste le temps de faire un pas sur le côté en tirant sur sa capuche pour cacher ses yeux. Il dépasse Zach, tandis que je me mets à la hauteur de mon fils pour détourner son attention. Je relève la visière de mon casque et lance :

– D'accord, je t'attends dans la cour du PSIG, mais pas d'entourloupe !

– T'inquiète !

Quand j'accélère, Christophe lève discrètement son pain pour m'indiquer qu'il a sa filature en main. Je contrôle dans mes rétros. Mon ami reste devant Zach pour ne pas risquer que Ninja se retourne de nouveau, pendant que la Kangoo suit.

Je suis en train de ranger mes affaires dans le top-case quand Zach, Ninja et Christophe, visage à découvert, passent le portail de l'unité, côte à côte. Mon rejeton grignote un quignon de pain, me laissant supposer que mon collègue n'a eu d'autre choix que celui de laisser tomber sa couverture.

– *Daddy*, on a trouvé tonton Christophe ! Il a été au pain ! clame-t-il.

Je ne peux pas m'empêcher de le narguer :

– Christophe qui va au pain ? C'est rare, ça. C'est plutôt Estelle qui fait les courses, d'habitude.

– C'est ce que je lui ai dit, mais il a dit qu'elle faisait à manger des spaghettis à la bolognaise.

Il se baisse, prend Ninja dans ses bras et le colle dans les miens en poursuivant :

– Tiens Ninja, je vais faire pipi chez nous et après je vais manger chez eux.

– Ce n'est pas poli de s'inviter chez les gens.

– Mais, c'est tonton…

– Oui, c'est moi qui lui ai proposé de déjeuner avec nous, le coupe mon ami. Va faire pipi, Zach, et monte voir Estelle, je te rejoins dans une minute.

– Tu veux être tout seul pour dire des trucs à *daddy*, c'est ça ?

– Oui, des trucs de boulot.

Aussitôt que Zach est rentré, Christophe s'adresse à moi tout en m'observant câliner Ninja :

– C'est le grand amour entre cette bestiole et toi, maintenant.

– Je ne suis pas dupe, vous me prenez tous pour un con, y compris toi. Tu me regardes avec ton air…

– Mon air de quoi ?

– Tu me regardes comme Girard, sauf que tu ne dodelines pas de la tête en roulant des yeux.

– C'est juste qu'Estelle et moi nous nous faisons du souci pour toi… Et pour Zach.

Il s'amuse avec la fermeture Éclair de son hoodie et enchaîne quatre tons en dessous, si bien que je suis contraint de tendre l'oreille :

– L'IRCGN t'a contacté pour te demander à quel établissement funéraire tu souhaites confier le corps de Kay.

Cette question posée de but en blanc, sans enrobage, a l'effet d'un poignard qu'il plante dans mon cœur. Je serre si fort Ninja contre moi qu'il tente d'échapper à mon étreinte en poussant un long miaulement plaintif. Christophe tend la main pour éviter qu'il ne se carapate.

– T'inquiète, il est en laisse, dis-je en écartant le poignet pour la lui montrer. Non, l'IRCGN ne m'a pas appelé.

– Ce n'est pas une question, Axel, c'est une affirmation. Le légiste a laissé un message vocal sur ta messagerie, mais comme tu n'as pas donné signe de vie, il a appelé le lieutenant Ferry. Il demande que…

– J'ai mis mon téléphone en mode silencieux avant d'entrer dans le bureau de Girard, dis-je en tapotant mon blouson d'une main, tandis que j'ai bien du mal à retenir Ninja qui s'agite contre moi.

Soudain, la porte de la fenêtre de la cuisine de mon logement s'ouvre, laissant apparaître ma mère qui tend les bras.

– Passe-moi Ninja, Axel. Tu seras plus libre pour discuter avec Christophe.

Tandis que je m'exécute, maman poursuit en lorgnant mon camarade :

– Je vous dirais bien de venir au chaud, mais je suppose que votre conversation est confidentielle.

– Pas plus que ça, maman.

Dès qu'elle a refermé la fenêtre, je renchéris :

– Tout à l'heure, à la brigade, David m'a dit que j'aurais le permis d'inhumer demain. Je ne peux rien faire sans ce document.

– Pourtant, le docteur Belval a certifié à Ferry que lui était en possession de ce papier et qu'il attendait tes instructions. David le lui a certainement transmis par mail. C'est la raison pour laquelle j'ai envoyé Zach chez nous, afin que tu puisses parler du rapatriement de Kay avec ta belle-mère. Tu as regardé tes mails ?

– Je n'ai plus d'ordinateur, je te rappelle.

– Ah oui, c'est vrai, ils ont même pris celui du boulot. Tu viendras avec moi jusqu'au bureau, tout à l'heure, on ouvrira ta session depuis mon PC.

Je hoche la tête et presse mes mains sur mes joues comme si j'avais une rage de dents, mais c'est mon cœur qui a la rage, maintenant que tout se concrétise.

– En Irlande, les corps des défunts sont ramenés à la maison. Je pense que Fiona va vouloir que Kay revienne ici. Comment je vais faire, Tophe ?

– Qu'est-ce que tu souhaites, toi ?

Ce que je souhaite vraiment, ou plutôt qui je souhaite voir réapparaître dans ma vie, personne ne peut m'aider à l'obtenir, y compris le Tout-Puissant lui-même... Si tant est qu'il existe. Par défi ou par dépit, je veux garder Kay à mes côtés le plus longtemps possible, ne serait-ce que quelques heures.

– Je préfère avoir Kay près de moi, mais ça sera plus dur, non ? Surtout pour Zach.

– Il faut en parler entre vous. Ça ne me regarde pas, mais si tu penses que ma présence t'aidera, je veux bien entrer cinq minutes.

– Oui, ça m'aidera… Merci beaucoup.

Lorsque Christophe et moi passons le seuil de chez moi, nous sommes accueillis par Ninja qui fait du gymkhana entre mes jambes, se frottant à mes mollets, ce qui n'est pas pour aider Christophe qui me soutient, un bras autour de ma taille.

– Qu'est-ce qu'il a ? s'enquiert ma mère, en passant la tête dans l'embrasure de la porte de la cuisine.

Comme je peine à respirer normalement et que mes jambes croulent sous le poids écrasant de la douleur que j'avais mise de côté pour me concentrer sur l'enquête, c'est Christophe qui répond à ma place :

– Rien de grave, madame Dancourt. C'est un coup de stress, ça va passer. Je le conduis dans le salon. Vous pouvez venir, s'il vous plaît ? Axel a des choses à voir avec vous.

– Tout le monde ? questionne mon père qui apparaît sur le seuil du séjour.

Il avance vers nous pour donner un coup de main à Christophe qui réplique :

– Oui. La maman de Kay est là ?

– Oui, je suis ici, bredouille-t-elle.

Elle sort de la cuisine en s'essuyant les mains sur un torchon et emboîte le pas à ma mère qui se débarrasse de son tablier à bavette.

Aussitôt que Christophe et mon père m'installent dans mon fauteuil, Ninja saute sur mes genoux et j'éclate en sanglots.

Ma mère s'agenouille à mes pieds et essuie mon visage trempé à l'aide du torchon que lui passe Fiona, tout en marmonnant :

– Qu'est-ce qu'il s'est passé, Axel ?

Je suis incapable de prononcer le moindre mot. Mon père invite Christophe à prendre place sur le canapé tout en l'interrogeant :

– Vous avez retrouvé l'assassin de Kay et c'est quelqu'un qu'il connaît, c'est ça ?

Christophe me cherche du regard pour avoir l'autorisation de parler à ma place. Je lui donne mon consentement d'un battement de cils tout en sortant une poignée de mouchoirs de la boîte que Fiona me tend en s'asseyant sur le bras de mon fauteuil.

Quand, une minute plus tard, Christophe se tait, Fiona et moi avons vidé la boîte de mouchoirs. Nous en avons fait un château en papier mâché sur la table basse du salon.

– Vous savez que chez nous, nous…

– Vous veillez vos défunts durant trois jours à la maison, termine ma mère. Nous savons, Fiona, nous avons assisté aux obsèques de votre père.

– Nous n'allons pas abandonner Kay une seconde fois, tout de même, insiste-t-elle en entourant mes épaules de son bras, avant d'enfouir son visage mouillé dans mon cou.

J'inspire profondément et en conviens :

– Je suis d'accord, mais Zach ?

– Je prendrai le temps de le lui expliquer ce soir, lorsqu'il sera de retour de l'école.

– J'ai décidé de ne plus l'y envoyer, c'est trop… Enfin, c'est mieux qu'il reste auprès de nous.

– Tu as bien fait, m'assure maman.

Christophe, qui ignorait ce détail, tourne les yeux vers moi.

– Estelle peut s'occuper de lui, le temps que vous vous organisiez avec les services funéraires. À moins que tu ne préfères confier la mission à Audrey, Axel ?

Surpris, je me redresse dans mon fauteuil et soutiens le regard de mon camarade.

– Pourquoi tu dis ça ?

– Parce que c'est ce qu'elle a affirmé à Estelle, mardi.

– Comment ça ?

Christophe, un peu étonné, se justifie :

– Mardi après-midi, quand Audrey a appelé Estelle, elle lui a dit que tu l'avais contactée en pleurs pour lui apprendre le décès de Kay. Que tu lui avais demandé d'aller récupérer Zach à la sortie de l'école et de le garder à la maison jusqu'à ton retour. Que tu préférais.

– Je n'ai jamais dit ça ! C'est elle qui m'a envoyé un texto que j'ai lu en sortant de l'institut médico-légal de l'IRCGN. J'ai trouvé son message bizarre, mais j'étais trop bouleversé pour y prêter attention. J'ai pensé que Zach avait fatigué ta femme, c'est une vraie tornade, par moments. Estelle sort tout juste d'une grave maladie.

– Estelle va bien, maintenant, et elle est contente que tu lui confies Zach, m'oppose mon ami.

– Tu vois, quand je te dis que le comportement de cette jeune femme n'est pas clair, intervient Fiona.

Elle pose la main sur la mienne puis saisit mon menton avec l'autre pour tourner mon visage vers elle.

– Tu ne m'as pas dit que tu avais assisté à l'autopsie de ma fille.

À cette seconde, je réalise que j'ai gaffé.

– Je ne… voulais pas… ajouter de la souffrance à… la vôtre.

– C'est si insupportable ? Mais qu'est-ce qu'on lui a fait ?

Comme je fais le poisson en bougeant les lèvres sans qu'aucun son ne sorte de ma bouche, Christophe se lève, essuie ses paumes sur son jean et vient à mon secours :

– Les pompes funèbres n'auront pas d'autre choix que celui de vous ramener votre fille dans un cercueil fermé.

Fiona fixe mon ami plusieurs secondes, avant de saisir le sens du message et de demander des précisions :

– C'est à ce point-là ?

Christophe et moi nous contentons d'opiner du chef, les yeux rivés au sol.

– Oh, *my daughter*…, suffoque Fiona en enfonçant ses ongles dans le bras de mon fauteuil.

Chapitre 24

# RETOUR ANNONCÉ

***Palaiseau, jeudi 24 novembre 2005,***
***un peu avant midi.***

Je raccompagne Christophe jusqu'à la porte d'entrée. Il fait deux pas dans le hall et se retourne.

– Viens avec moi au bureau qu'on regarde si tu as reçu un mail du procureur ou du légiste.

– Maintenant ?

– C'est maintenant que tu as besoin de ce papier pour organiser les obsèques de Kay.

Je sors, referme la porte derrière moi et, la tête rentrée dans les épaules, je le suis. Une pluie fine s'abat sur nous, traversant les mailles de mon pull noir à col roulé. Je frissonne. J'ai envie de parler, mais comme je ne sais pas quoi dire, je bougonne une banalité :

– Ça sent la neige.

Christophe ouvre la porte du PSIG. Je l'accompagne jusque dans son bureau, soulagé de ne croiser personne d'autre que le gendarme préposé à l'accueil. J'en ai marre que les gens me regardent avec des yeux de chien battu.

Je suis debout à côté de mon collègue assis devant son PC, quand il m'annonce :

– J'ai un mail de Baroni pour toi. Il dit que comme la scientifique a tes ordis, il m'adresse le permis d'inhumer pour que je l'imprime et te le remette.

Je croise les bras et me frotte nerveusement les épaules en grognant :

– C'est bien. Ben, imprime-le… Il ne fait pas chaud, ici.

Il lève les yeux vers moi et fronce les sourcils en s'inquiétant :

– C'est la première fois depuis qu'on se connaît que je te vois faire ta chochotte.

Il tend la main vers l'imprimante, saisit plusieurs feuilles qu'il glisse dans une pochette en plastique avant de me la remettre en m'expliquant :

– J'en ai imprimé dix. Tu en auras besoin pour les démarches administratives.

– Quoi ?

– Il faut déclarer la mort de Kay un peu partout, Axel. À la Mairie, à la banque, à la Sécurité sociale, à la mutuelle…

– Ah, oui.

– Si tu en veux plus…

– Je te demanderai.

Il éteint son ordinateur, se lève et m'annonce :

– À partir de lundi, je commanderai le PSIG par suppléance. Le lieutenant est en permission.

– D'accord, et ça veut dire quoi ?

– Ça veut dire que tu viens ici quand tu veux.

Il continue de parler, mais je ne l'écoute plus. Je repense à l'échange que nous avons eu à propos d'Audrey, il y a une dizaine de minutes. Je suis en train de prendre conscience que j'ai été manipulé par la nounou le jour de la disparition de Kay. Elle s'est arrangée pour être chez nous et s'occuper de Zach au pire moment de mon existence.

Pour quelle raison ?

Christophe me pousse vers la sortie.

– Viens, on y va… Tu as entendu ce que je viens de te dire ? répète-t-il.

J'acquiesce machinalement. Alors que nous longeons le couloir, je l'interroge :

– Et ce malentendu entre Audrey et Estelle à propos de la garde de Zach, qu'est-ce que tu en penses ?

– Je t'en prie, ne fais pas l'innocent. On sait tous qu'Audrey te court après depuis un bout de temps.

– C'est qui, tous ?

– Estelle, Kay et moi, principalement.

– C'est n'importe quoi !

– Axel, depuis le début elle fait tout ce qu'il faut pour que tu craques. Rien qu'à sa façon de te regarder, on a compris.

– Et tu ne m'as rien dit ?

– J'étais persuadé que tu avais remarqué, et puis Estelle et Kay en ont ri plusieurs fois. Kay disait que tu avais de la merde plein les yeux.

– Elle n'avait qu'à la virer si elle se croyait menacée par elle.

– Au contraire, ça l'amusait. Et elle était flattée que tu fasses comme si de rien n'était. Elle disait que c'était la plus belle preuve d'amour que tu puisses lui donner. Vous n'avez jamais eu de discussion à ce sujet ?

– Jamais. Ce qui m'importe, c'est qu'Audrey remplisse la mission pour laquelle on la paie, c'est-à-dire s'occuper de Zach.

– Tu devrais peut-être prendre quelqu'un d'autre… après.

– Pourquoi je ferais ça ? Zach l'aime bien, ce n'est pas le moment de le perturber plus qu'il ne l'est déjà.

– Je te conseille d'y réfléchir, parce que maintenant, Kay ne lui fera plus obstacle, elle a le champ libre.

– Dans ce cas, je lui mettrai les points sur les i, dès que l'occasion se présentera.

– Je te le déconseille. Elle est capable de retourner la situation à son avantage en prétendant que c'est toi qui lui fais des avances… Il y a des femmes déterminées, tu sais, rétorque-t-il, alors que nous traversons la cour d'un pas pressé.

Il pleut, toutefois, je stoppe net pour siffler entre mes dents :

– Tu penses qu'elle aurait pu s'en prendre physiquement à Kay ?

– Ne plonge pas dans la paranoïa, maintenant. Tu en as parlé à Girard ?

– Non, c'est Estelle, Kay et toi qui êtes persuadés qu'elle a des vues sur moi.

– OK, dans ce cas, j'en toucherai deux mots aux enquêteurs, m'avise-t-il, avant de m'abandonner au rez-de-chaussée de notre résidence.

Il amorce la montée des escaliers et renchérit :

– Je suis à la bourre pour les spaghettis à la bolognaise. Estelle et Zach ont dû manger sans m'attendre. N'hésite pas à m'appeler. En principe, je serai derrière toi puisque je suis de filoche. Estelle garde Zach à la maison, j'ai un nouveau jeu vidéo de stock-cars, je vais le mettre devant. Viens le récupérer quand tu veux.

Il est déjà en haut quand je réponds :

– Prends le temps de manger, je ne pars pas tout de suite !

Mes parents, ma belle-mère et moi profitons de l'absence de Zach pour caler les détails pratiques du retour de Kay. Je dis *« retour de Kay »* car, à entendre Fiona qui parle d'aller acheter des fleurs, de préparer des petits fours pour recevoir les gens qui viendront faire leurs adieux à sa fille, j'ai l'impression que ma femme va passer le seuil de la porte dans les minutes qui suivent et que nous allons crier *« Surprise ! »* quand elle fera son apparition dans le séjour.

Mais les coups de fil que je dois passer me rappellent que ce n'est qu'une impression. La Mairie, d'abord, pour réserver un caveau. Heureusement, je n'ai que mon nom de famille à donner à mon interlocutrice et elle devine le but de mon appel.

C'est irréel de réserver une place au cimetière pour la femme qu'on aime, comme si on lui réservait un billet d'avion à destination d'une île paradisiaque.

Paradoxalement, c'est bien au Paradis qu'elle va.

Chapitre 25

# MEN IN BLACK

*Cergy-Pontoise, jeudi 24 novembre 2005, quatorze heures.*

Après déjeuner, je me coltine les pompes funèbres, le cœur déchiré. La personne que j'ai au téléphone m'indique que deux employés se rendront à l'IRCGN pour seize heures, avec un fourgon mortuaire. De mon côté, je lui assure que ma mère et ma belle-mère lui apporteront un exemplaire du permis d'inhumer dans l'après-midi.

Fiona et ma mère se chargeront du choix du cercueil et du monument funéraire. Je n'ai pas la force de m'occuper de cette tâche. Je termine ma ronde des coups de fil par le médecin légiste, le docteur Belval. Il me confirme qu'il me recevra ainsi que le fourgon funéraire, puis, alors que je ne lui demande rien, il ajoute :

– Les techniciens n'ont relevé aucune trace d'aucune sorte correspondant au profil génétique de votre épouse dans la caisse du Jumper. Pourtant, ils ont fouillé dans les moindres recoins. Néanmoins, le procureur nous a enjoints de le conserver comme pièce à conviction tant que le mystère qui entoure les traces de pneus n'est pas résolu.

Les moindres recoins ?

Ces trois mots provoquent en moi la reviviscence d'un souvenir. Un souvenir tout frais puisqu'il date d'hier, tandis que nous nous trouvions sur le barrage filtrant. J'ouvre la bouche et la referme, hésitant. Si je lui fais part du comportement de Ninja, alors que Christophe et moi discutions derrière le fourgon de Vaudeville, il risque d'avoir la même réaction que le capitaine Girard et me prendre pour un allumé, ou bien me reprocher de vouloir apprendre leur boulot aux techniciens en identification criminelle. Cette dernière hypothèse me conforte dans mon choix de me taire et de me contenter d'un :

– Merci, Docteur, à tout à l'heure.

Je raccroche et vais m'isoler dans ma chambre. Quand je veux refermer la porte derrière moi, un truc noir file entre mes jambes et saute sur le lit. Je m'assieds près de mon partenaire et appelle Christophe :

– Dans cinq minutes, je pars pour l'IRCGN, le médecin légiste nous attend, les pompes funèbres et moi. Vous allez me suivre ?

– Certainement. Pourquoi tu me le demandes ? Tu as remarqué quelque chose ?

– Non, mais j'ai besoin de toi.

– Pour quoi faire ?

– Je voudrais en profiter pour demander à voir le van de Vaudeville.

– Ils n'ont pas relevé de traces de Kay à l'intérieur ?

– Aucune et c'est ce qui m'inquiète. Je suis persuadé que Kay s'est débrouillée pour nous laisser un indice. Tu la connais !

– Les gars de l'IRCGN sont gendarmes tout comme nous et c'est leur cœur de métier la collecte d'indices et les analyses, m'oppose Christophe.

– Je te dis qu'ils ont raté quelque chose. Si Kay a été prisonnière là-dedans, elle y a forcément dissimulé un truc, le temps du trajet jusqu'au chemin de halage.

Je laisse un blanc de quelques secondes s'installer pour lui faire croire que je réfléchis puis, certain qu'il va s'arracher les cheveux, j'ajoute en serrant les dents :

– Tu te souviens, sur le barrage filtrant, quand on était tous les deux derrière le Jumper…

– Hum, hum.

– Tu sais, pendant que les techniciens le vidaient et que Ninja a sauté de mon blouson ?

– Et qu'il s'est mis à gratter le plastique à l'intérieur de la portière ?

– Exact.

– Axel, je sais que tu vis des moments difficiles, mais…

– S'il te plaît, Tophe, je te demande juste de me servir de témoin.

Je l'entends souffler puis se déplacer, avant de me mettre en attente. Je présume qu'il est au PSIG et qu'il va rapporter mon caprice à Ferry.

Au bout d'un certain temps que je trouve interminable, il me reprend :

– Je t'emmène avec un véhicule d'intervention. On se retrouve dans la cour.

– OK. Dis merci au chef.

Je prends mon chat dans mes bras et le câline une minute en lui faisant quelques recommandations :

– Pardon, Ninja, je voudrais bien t'emmener avec moi, mais je n'en ai pas le droit. Je vérifierai l'intérieur de la portière que tu as grattée. Tu as flairé quelque chose, hein ?

J'aime bien quand, du regard, il suit le mouvement de mes lèvres, tout en obliquant les oreilles de droite à gauche, attentif aux sons que j'émets. Je me lève et le dépose sur le lit, puis je me dirige vers la porte à reculons tout en pointant mon index vers lui.

– Sage, Ninja… Pas bouger.

Je mets ma main libre en arrière et la pose sur la poignée de la porte. Dès que je l'entrouvre, Ninja saute du lit et se rue sur moi. J'ai juste le temps de sortir et de l'enfermer à l'intérieur.

J'attrape ma doudoune dans le placard du couloir et m'éclipse, abandonnant mes parents et ma belle-mère à la gestion des affaires afférentes à de semblables circonstances.

Dès que je suis dehors, je remonte le col de mon anorak, saisi par le crachin qui continue de tomber. Depuis que Zach est rentré de l'école, le ciel a échangé sa veste légère en capeline azurée contre un lourd manteau oscillant entre le gris et le noir. Couleur du deuil. Les nuages menaçants sont si bas qu'on pourrait les toucher en levant les bras. Christophe, au volant d'un véhicule d'intervention, m'attend déjà, moteur ronronnant et essuie-glaces en marche.

Je m'engouffre côté passager et claque la portière. Sans mot dire, je scrute mon ami qui enclenche la première en ronchonnant :

– Tu m'en auras fait faire.

Nous restons silencieux un bon moment. Comme je ne sais ni quoi dire ni quoi faire, je ronge mes ongles, un œil sur la route et l'autre sur mon camarade. Je remarque qu'il regarde souvent dans les rétroviseurs… Plus souvent qu'à l'accoutumée.

– On est suivis ? dis-je du bout des lèvres.

– Pas pour le moment.

– Mes parents et ma belle-mère vont aux pompes funèbres pour choisir la pierre tombale, le cercueil et tout ça, ils…

– Une équipe les filoche.

– Girard craint que Vaudeville…

– On l'a dans le collimateur, lui aussi… Sa bagnole était sur les scènes de crime, c'est indiscutable.

– Kay a été enlevée dans ce fourgon, tu es d'accord avec moi ?

– Oui, Axel, Kay a été transportée dans la caisse du Jumper de Vaudeville. Le hic, c'est qu'il n'était pas au volant et qu'il n'y a aucune empreinte ni de preuve matérielle démontrant que Kay s'y trouvait. Peut-être que… que…

– Peut-être que quoi ? J'aimerais bien que vous arrêtiez tous de me ménager ! Je veux que le coupable soit mis sous les verrous avant la fin de l'enquête de flagrance ! Et le bon ! Pas un abruti innocent à qui les services de justice et de police feront porter le chapeau pour se débarrasser de la patate chaude plus vite !

À bout de souffle, je descends la vitre pour inspirer et expirer plusieurs fois, avant de terminer ma diatribe que je ponctue d'un violent coup de poing sur le tableau de bord :

– Dis-moi ce que tu penses, bordel ! Je croyais qu'on était amis !

– C'est que… Je ne sais pas comment tu fais pour supporter tout ça. Tu es courageux et je t'admire.

Sans quitter la route du regard, Christophe me jette un regard en coin, une main sur le volant, l'autre gratouillant nerveusement son nez, hésitant à poursuivre.

Cet aveu, expiré avec le cœur, m'arrache un sourire, et en même temps, il stoppe net les battements du mien, me contraignant à plaquer la main sur mon torse pour le faire redémarrer.

– Merci, mais c'est ta théorie qui m'intéresse.

– Eh ben, Kay n'était peut-être plus consciente lorsqu'elle a été chargée dans la caisse de l'utilitaire… Il se peut aussi que le ravisseur ait roulé son corps dans… Je ne sais pas, moi… Une bâche ou un tapis.

– Le légiste a pourtant certifié qu'elle avait été assassinée au fond de ce chemin de halage.

– J'ai dit inconsciente, pas morte. Il a pu l'assommer.

– Si elle était dans le coaltar quand il l'a kidnappée, à quel moment elle lui a arraché les cheveux, selon toi ?

– Quand il a ouvert les portières sur le chemin de halage. Elle avait peut-être repris connaissance. Et puis, je n'en sais rien, Axel. C'est bien pour ça que le lieutenant m'a autorisé à t'accompagner. Pour que nous en ayons le cœur net. Il te conseille de réclamer une copie du rapport d'autopsie, aussi. On pourrait savoir ce qu'elle a mangé… Si elle a été droguée…

– David m'a dit que le résultat des analyses toxicologiques était négatif.

– Demande quand même une copie au légiste, insiste-t-il. Tant qu'on est en enquête de flagrance, le parquet te dit ce qu'il veut.

Il actionne le clignotant pour tourner à droite, jette un œil dans les rétros, pénètre dans l'enceinte de l'IRCGN et renchérit :

– Que ça reste entre nous, mais, même si ton ADN n'a pas été relevé sur la scène de crime, tu crois sincèrement que Girard t'a écarté de la liste des suspects ? Surtout qu'ils ne se bousculent pas au portillon.

Il coupe le contact et serre le frein à main.

– Les cabines où sont entreposés les véhicules réquisitionnés pour expertise se trouvent dans les garages en face, m'informe-t-il en désignant l'endroit du menton. Tu veux que je t'accompagne jusqu'à l'accueil ou tu préfères que je t'attende ici ?

– Viens avec moi, s'il te plaît.

Nous sortons de la voiture. Je claque la portière et déglutis avant d'enchaîner :

– Dépêchons-nous avant que le véhicule funéraire n'arrive.

Côte à côte, Christophe et moi passons le seuil de l'Institut de recherche criminelle. Dans un même geste, nous faisons descendre les fermetures Éclair de nos blousons. Lui s'arrête à la moitié pour ne pas dévoiler le holster d'épaule qu'il porte en dessous – il est en service commandé, lui – et nous nous accoudons au comptoir de l'accueil.

Il ne nous manque que les lunettes de soleil et nous pourrions jouer un remake de *Men in black*.

Chapitre 26

# LE FLAIR DU CHAT NOIR

***Cergy-Pontoise, jeudi 24 novembre 2005, quatorze heures trente.***

La présence de mon ami m'enveloppe d'une sorte d'armure invisible qui me ragaillardit et me procure le courage qui me fait défaut par moments.

– Bonjour, Messieurs. Le docteur Belval vous attend, mon Adjudant, annonce le gendarme de permanence.

– J'aimerais d'abord voir le commandant Renaud. Vous pouvez l'appeler ?

– Le chef de la DCIN ?

– Oui.

Sans poser plus de questions, il se saisit du téléphone et fait part de ma demande à son interlocuteur, raccroche, se tourne vers moi et m'informe :

– Il arrive.

Christophe et moi le remercions d'un hochement de tête et faisons un pas en arrière pour ne pas le gêner dans son travail.

Je regarde mes baskets… Je regarde souvent par terre quand je suis nerveux.

– Détends-toi, Axel, je suis là.

– Heureusement… Merci… Il va me prendre pour un dingue, comme Girard.

– Girard te prend pour un dingue ?

– Quand il me voit avec Ninja, il dodeline de la tête et soupire, l'air de dire… *« Pauvre gars. »*

– Dans ce cas, laisse-moi parler.

Christophe pose la paume sur mon avant-bras et ajoute en ricanant :

– Comme ça, on sera deux !... Deux dingues, je veux dire.

J'ébauche un sourire mais je n'ai pas le temps de répondre, le commandant Renaud apparaît dans le hall.

– Bonjour, mon Adjudant. J'ai appris qu'on vous rendait le corps de votre femme aujourd'hui. Vous souhaitez que je vous accompagne dans le bureau du docteur Belval ?

Je prends la main qu'il me tend et démens :

– En réalité, je voulais vous voir pour une autre raison. Vous connaissez l'adjudant-chef Marlier, du PSIG ? Il m'a escorté jusqu'ici.

– Il a eu raison. C'est plus prudent que quelqu'un vous conduise.

Il serre la main que lui tend Christophe et enchaîne :

– Vous avez découvert quelque chose de suspect ou d'inhabituel dans les affaires que je vous ai remises ? Vous voulez m'en parler ?

– Je n'ai pas encore eu le temps d'ouvrir le sac-poubelle.

– Ne tardez pas trop, tout de même. Qu'est-ce que je peux faire pour vous, alors ?

– J'aurais voulu que vous m'autorisiez à jeter un œil au fourgon de Vaudeville.

– Pourquoi ? Vous n'avez pas confiance en mes experts ?

– Ce n'est pas ça, mais je suis certain que si ma femme a été emprisonnée dans la caisse du Jumper, elle y a laissé des indices.

– Il n'y a aucune trace d'elle dans le van, pas même un cheveu. Pour moi, l'agresseur l'a assommée et l'a roulée dans une bâche, avant de l'enfermer à l'intérieur.

Devant ma mine déconfite, mon collègue intervient. Il relate ce qu'il s'est passé au bord de la route, lors du barrage filtrant. Il rapporte fidèlement l'attitude de Ninja et termine :

– Le chat avait presque réussi à sortir le rivet du bas du cache de la portière, j'ai dû mettre un coup de talon dedans pour le remettre en place.

– Pardon ? s'ébahit l'officier, visiblement sceptique. Elle est capillotractée votre histoire. Néanmoins, il ne faut écarter aucune piste. Allons vérifier, suivez-moi… Ne serait-ce que pour vous tranquilliser, mon Adjudant.

Tandis que le commandant Renaud nous mène jusqu'à la cabine dans laquelle est entreposé le Jumper, nous croisons Luc, l'un des techniciens qui se sont transportés sur le chemin de halage pour relever les indices sur la scène de crime. Il s'arrête et nous salue. Son chef lui indique la raison de notre présence et l'interroge :

– Vous avez démonté les caches des portières ?

– Pour être franc, non. Nous n'avons pas relevé un cheveu dans la caisse, ni un ongle cassé. Nous avons passé le fourgon au *Luminol* et nous n'avons pas relevé la moindre trace de sang. Comme nous l'avons noté dans le rapport, mon Commandant, madame Dancourt a vraisemblablement été assommée, puis enveloppée dans une bâche ou un tapis avant d'être jetée dans la caisse du véhicule.

Tout en essayant de décomposer ce scénario qui semble faire l'unanimité, je marmonne :

– Puis il serait allé se planquer au fond de ce chemin de halage et il aurait attendu qu'elle reprenne conscience pour…

– Oui, Axel, me confirme Luc. Il l'a massacrée à coups de batte de baseball, il n'y a aucun doute là-dessus. Mais cette mise à mort s'est déroulée hors du véhicule.

Confronté à ma mine dubitative, Luc fronce les sourcils et ajoute :

– Je viens avec vous. Je veux en avoir le cœur net, moi aussi.

Les parois des cabines qui protègent les véhicules sont transparentes. Je repère vite le Jumper.

Avant de pénétrer dans la cabine, Luc s'équipe : combinaison intégrale blanche, surchaussures, masque et gants bleus. À l'instant où il s'apprête à faire coulisser la porte, je me manifeste :

– Vous m'autorisez à entrer avec lui, mon Commandant ?

– Habillez-vous d'abord, accepte-t-il.

J'enlève ma doudoune que je colle entre les mains de Christophe, et en moins de temps qu'il n'en faut pour le dire, je suis capoté de la tête aux pieds.

Luc referme la porte derrière nous, puis, mains sur les hanches et jambes écartées, il se place au milieu des portières arrière ouvertes du fourgon et me demande :

– Laquelle, Axel ?

Je m'accroupis et appuie un doigt sur le bas de celle de droite.

– Celle-là… Tu vois, le rivet est pété.

Il se baisse à son tour et examine le cache. Il se relève, se dirige vers un plan de travail et revient avec un tournevis.

– Pousse-toi, m'enjoint-il en s'agenouillant.

Il enfile l'extrémité du tournevis entre la tôle et le plastique pour les désolidariser, puis il passe l'index dans l'interstice.

– Je sens quelque chose.

Soudain, d'une main, Luc arrache le cache. Hélas, je ne vois rien, car le dessus du morceau de plastique tient encore. Le regard brillant du technicien converge vers moi. Je n'aperçois que ses yeux puisque nos visages sont masqués. Toutefois, je discerne son émotion. Je la ressens, aussi. Je suis transi. Mes jambes pliées tremblent et mes genoux s'entrechoquent. Je déglutis pour pouvoir le questionner :

– Tu sens quoi ?

– Tends la main.

Lorsque je lui présente ma paume gantée dans laquelle il dépose presque religieusement sa trouvaille, il n'ose pas me regarder. C'est comme s'il était envahi par un sentiment de honte… Je donne un coup d'œil… Je comprends son brusque changement d'attitude : c'est une poignée de cheveux longs et blonds qu'il vient de me remettre.

Les cheveux de Kay !

Sans voix, je laisse tomber mes fesses à même le sol, tandis que Luc passe l'index dans le sillon du bas de la portière.

– Il y a autre chose, marmonne-t-il sous son masque. On dirait un boulon…

Luc étudie avec attention l'objet qu'il vient de retirer de la rainure de la portière. Je ne parviens pas à voir ce que c'est.

– Dé… Désolé, Ax… Axel, claque-t-il des dents.

Je remarque une goutte de sueur qui perle au milieu de son front… J'ai l'impression qu'il est sur le point de s'évanouir quand il dirige son poing fermé au-dessus de ma paume restée ouverte. Abasourdi par son étrange comportement, je reste sans voix.

– Ton chat avait raison, Axel, insiste-t-il. Je suis désolé… On a merdé.

Il pleure… Je pleure sans vraiment savoir pourquoi. Ce n'est que quand sa main s'ouvre dans la mienne que je comprends. Je ferme le poing, le porte à mon cœur et éclate en sanglots.

Luc s'assied à côté de moi, enveloppe mes épaules de son bras et, ensemble, nous nous écroulons. Je tourne la tête vers lui et chuchote :

– Et son pendentif ? Il manque son pendentif.

Le tournevis à la main il se met à quatre pattes et rampe jusqu'à la portière. Il passe l'outil tout le long de la rainure plusieurs fois.

– Rien, m'indique-t-il.

Soudain, il se relève pour s'emparer d'une torche sur le plan de travail. Il inspecte la cannelure plus attentivement, avant de confirmer :

– Non, rien… Mais peut-être qu'il est dans l'autre.

Il arrache violemment la protection de la portière gauche et la balance au sol, à la surprise du commandant Renaud qui s'impatiente :

– Qu'est-ce que vous fabriquez ?

Je me retourne et ouvre le poing.

– Oh, merde ! s'exclame Christophe, la main devant la bouche. L'anneau de Claddagh de Kay et une poignée de ses cheveux… Je suis le roi des abrutis !

– Rien dans la portière gauche, Axel, annonce Luc en me tendant le bras pour m'aider à me relever.

Le poing serré contre mon cœur, je reste immobile, le temps qu'il range ses outils et qu'il ouvre la porte de la cabine. Dès que je passe le seuil, Christophe s'approche et m'enlace en bredouillant :

– Bon sang, tu avais raison, Axel, elle nous a laissé des indices.

Je me laisse aller contre lui et murmure à son oreille :

– Je le savais, depuis le début… qu'elle s'était débrouillée pour… semer des petits cailloux… pour nous… pour moi… Ninja le savait, lui aussi, mais… il les retrouve les cailloux, lui.

– C'est vrai, reconnaît mon ami en caressant mon dos pour atténuer les spasmes qui m'assaillent. Je connais Kay, j'aurais dû le deviner.

Soutenu par mon collègue, je reprends mes esprits. Avec ces preuves en main, je n'ai aucun mal à imaginer les derniers instants de ma femme. Prisonnière dans la caisse du fourgon, elle a tout tenté pour s'en sortir. Elle a secoué les portières que son agresseur a dû condamner. Quand elle a réalisé qu'elle était prise au piège, elle a cherché un endroit pour me laisser son anneau irlandais et une poignée de cheveux. Un lieu sûr que seuls les enquêteurs pourraient découvrir. Elle a soulevé le cache à mains nues… Non ce n'est pas possible… De quoi s'est-elle servie pour casser le rivet et soulever le cache ?

– Du talon aiguille d'une de ses chaussures. Elle l'a ensuite utilisé comme levier, répond Luc.

J'admets sa théorie, sans même me rendre compte que j'ai pensé tout haut. Le seul mystère qui demeure, c'est de déterminer à quel moment elle lui a arraché des cheveux, à ce pourri.

– Elle a eu le temps de voir venir la mort si elle n'a pas été assommée et enveloppée dans une bâche. Qu'est-ce qu'il lui a fait subir de vingt heures à une heure… voire trois heures du matin si on s'en rapporte à la limite longue des constatations du légiste ? De cinq à huit heures de calvaire, c'est abominable.

– C'est que c'était l'intérieur de la caisse du Jumper qui était bâché, conclut le commandant Renaud. Allons parler de tout ça dans le bureau du docteur Belval.

Tandis que je roule des épaules pour ôter ma combinaison, le commandant Renaud et Luc me tendent chacun un sac de scellés judiciaires.

– Confiez-nous vos pièces à conviction, mon Adjudant, préconise le chef de la DCIN.

Je glisse délicatement l'anneau de Claddagh de Kay dans l'un et dépose avec précaution la poignée de cheveux dans l'autre. Puis, dans un geste brusque, je leur arrache les sacs des mains en arguant :

– C'est à ma femme !

– Il va pourtant falloir nous les remettre.

– Tout à l'heure. Vous allez appeler le procureur ?

– Évidemment.

Quelques minutes plus tard, Christophe et moi longeons le couloir de l'Institut de recherche criminelle derrière le commandant Renaud.

– Je suis désolé, Axel, ne cesse de culpabiliser mon ami. J'aurais dû faire plus attention aux signaux d'alerte de ton chat et te croire.

– Ça n'a plus d'importance… On a trouvé.

Alors que le commandant Renaud s'apprête à frapper à la porte du bureau du médecin légiste en chef, celle-ci s'ouvre sur lui.

– Je vous ai vus traverser la cour tous ensemble. Je venais à votre rencontre. Vous avez montré le Jumper à monsieur Dancourt, je présume.

Je m'empresse d'agiter sous son nez les deux sacs de scellés que j'ai en main.

– Vous avez trouvé quelque chose ! s'ébahit-il les yeux arrondis.

– On ne va pas discuter de ça sur le pas de la porte, s'impatiente le commandant Renaud. Tu nous laisses entrer ?

Le docteur Belval fait un pas de côté et, dans un geste de la main, il nous invite à nous asseoir. Christophe reste debout derrière le siège sur lequel je prends place. Il se met en position de protection en empoignant le dossier des deux mains. Sa respiration, un peu trop rapide, qui balaie ma nuque, m'indique qu'il est nerveux.

Je dépose les sacs de scellés sur le bureau, tandis que le commandant Renaud extirpe son téléphone portable de la poche de sa blouse bleue pour appeler le procureur.

– J'appelle Girard ! Nous arrivons tout de suite ! assène le magistrat, si fort qu'on le comprend, bien que le haut-parleur ne soit pas activé.

Nous n'avons pas le temps de souffler. La sonnerie du téléphone sans fil du docteur Belval retentit. Il décroche, puis ordonne :

– Faites-les venir, je viens à leur rencontre.

Il met fin à l'appel et m'informe :

– Les employés funéraires viennent d'arriver, monsieur Dancourt. Je vous abandonne le temps de passer les consignes à mon adjoint pour la levée du corps de votre femme. Je reviens.

Je me lève d'un bond, empoigne les scellés en m'opposant :

– Je viens avec vous. Je voudrais parler à Kay. Lui dire que Ninja a retrouvé son anneau de Claddagh.

– Vous ne pourrez pas la voir, ils vont tout de suite la mettre en bière, le corps est trop abîmé pour être présenté à la famille dans le cercueil ouvert.

– Je sais… Ma belle-mère a dû passer des consignes pour que Kay soit transportée à la maison. Mais je tiens absolument à parler à ma femme… et lui montrer les scellés.

D'un signe de la tête, le médecin légiste m'invite à le suivre. Dès que nous passons le seuil du bureau, nous apercevons trois personnes dont une qui fait rouler un brancard sur lequel est posé un cercueil en bois laqué blanc, certainement choisi par ma belle-mère.

– C'est le mari, chuchote le docteur Belval afin que je n'entende pas.

Ils me saluent et suivent le médecin jusqu'à la salle de conservation des corps. Je ferme le cortège. En longeant l'interminable couloir, je suis pris par une sorte d'empressement… Je suis émoustillé comme si je rejoignais Kay à un endroit où elle m'aurait donné rendez-vous, après une période d'absence. J'ai hâte de lui annoncer que j'ai retrouvé son alliance irlandaise grâce au flair de son chat. Dans ma tête, je la vois me sauter au cou…

Alors que je me retourne, après avoir refermé la porte de la salle derrière moi, je retombe sur terre plus vite que je ne suis monté au ciel. Un agent des pompes funèbres s'empare du dessus du cercueil et le pose sur une table.

Je balaie la pièce du regard. Kay ne s'y trouve pas. Elle ne m'attend pas. Elle ne me saute pas au cou. Les yeux larmoyants, je m'approche de la table. Je remarque que ce n'est pas une croix catholique qui orne le couvercle, mais une croix celtique. Son ciselage est fin. Elle est magnifique. De l'index, j'en suis lentement le contour, tandis que le grincement de l'ouverture du tiroir de conservation dans lequel se trouve la dépouille de Kay agresse mes tympans.

Le froissement du plastique de la housse mortuaire m'indique qu'ils sont en train de la déposer à l'intérieur du cercueil.

C'est maintenant qu'il faut que je lui parle, avant qu'ils ne posent le couvercle sur elle. Quand il me voit approcher, le docteur Belval s'écarte en commandant :

– Laissons-les seuls un instant... Vous avez bien cinq minutes pour prendre un café, Messieurs.

D'un battement de cils, je remercie le légiste et j'attends que la porte se ferme pour m'approcher du cercueil.

– Ne te tracasse pas, ma puce. J'ai trouvé ta cachette grâce à Ninja. Tu sais qu'on s'entend bien, lui et moi ? J'aurais tant voulu... voulu que tu nous voies.

Du revers de la main, j'écrase une salve de larmes, renifle et poursuis en secouant le sac de scellés au-dessus de la housse mortuaire :

– Regarde, j'ai ton anneau de Claddagh. Je ne peux pas te le redonner car c'est une pièce à conviction, mais je le garderai précieusement sur moi quand on me le rendra.

De l'index, j'effleure le haut de la housse avec tendresse et termine :

– Tu vas me manquer, ma Kay... Tu me manques déjà... Je ne cesserai jamais de... de t'aimer.

Chapitre 27

# LES CROQUE-MITAINES

***Palaiseau, jeudi 24 novembre 2005, dix-neuf heures.***

Quand Christophe et moi quittons l'IRCGN, le fourgon funéraire est parti. Les employés m'ont indiqué qu'ils viendraient installer le cercueil à la maison aux alentours de dix-neuf heures trente. Nous serons rentrés avant qu'ils arrivent.

Alors que mon ami prend place au volant du véhicule d'intervention, je m'installe à ses côtés, attache ma ceinture de sécurité et pose l'enveloppe en papier kraft qui contient le rapport d'autopsie sur mes genoux.

– Si j'avais été tout seul, je ne crois pas que j'aurais obtenu une copie de ce rapport. Heureusement que tu étais là.

– Le capitaine Girard n'était pas chaud, mais le procureur te l'aurait fait parvenir plus tard.

– Je n'en sais rien. Ce qu'il y a de sûr, c'est que Girard doute encore de moi. Je pense qu'il n'est pas convaincu que je ne suis pour rien dans la mort de Kay. Il ne me dit pas tout de ses investigations.

– C'est son droit, Axel. Si tu n'étais pas de la maison, tu en saurais encore moins.

Un instant après, Christophe profite que nous soyons bloqués à un feu rouge pour tourner le buste vers moi.

– Qu'est-ce que tu veux savoir sur les investigations ?

– D'abord, s'il y a eu d'autres témoignages au barrage filtrant ?

– Tu ne crois pas que je te l'aurais dit, s'il y en avait eu ? Quoi d'autre ?

– Girard m'a dit que Vaudeville soutenait qu'il avait prêté son fourgon à quelqu'un de sa famille le week-end dernier. J'aimerais bien savoir qui c'est. Imagine qu'on connaisse cette personne.

– C'est qui « on » ?

– Kay et moi... Roule, c'est vert.

Il débraie et enclenche la première en grommelant :

– Il y a peu de chances que vous ayez les mêmes fréquentations que lui.

Il retire une main du volant pour passer une vitesse et percute :

– Ah, tu veux dire qu'il est possible que ce soit quelqu'un qu'on a déjà interpellé ? Un autre Vaudeville ? Ça ne me dit rien.

– Ils ne portent pas forcément le même nom.

– Ah, ouais... Ton raisonnement tient le pavé... Tu penses à quoi ? Un complot ? Un assassinat en bande organisée ?

Interprétant mon haussement d'épaules comme un *« Je n'en sais rien, mais pourquoi pas ? »*, il continue :

– C'est plausible.

À cet instant, nous passons les grilles du PSIG. Christophe stationne le véhicule devant le bâtiment administratif et, tout en serrant le frein à main, il ajoute :

– On n'a qu'à lancer Ninja sur sa trace.

– Tu recommences à te foutre de ma cellule d'enquête ?

– Sûrement pas après ce qu'il vient de se passer ! Elle a fait ses preuves, ta cellule d'enquête.

Je fais le tour de la voiture et lui tends l'enveloppe contenant le rapport d'autopsie :

– Tu peux conserver ça chez toi, s'il te plaît ? Je préfère éviter que ça traîne chez moi.

– Comme tu veux, accepte-t-il en glissant le pli sous sa veste pour le protéger. Je peux le lire ?

– Bien sûr. Tu me feras un compte rendu.

– Je jetterai un œil ce soir. Tu préfères que j'écarte les photos ?

– J'ai tout vu en vrai, tu sais. Ce que j'aurais aimé, c'est le décortiquer avec toi.

– Dans ce cas, viens à la maison quand Zach sera endormi. On l'examinera ensemble et ça nous permettra de passer un moment tranquille, tous les deux.

– Vingt-deux heures, ce ne sera pas trop tard ? dis-je en posant la paume sur la poignée de la porte d'entrée de mon domicile. Là, il faut que je m'occupe du retour de Kay.

Je ne sais pas comment le formuler autrement.

– Viens quand tu veux, Axel.

Il entame la montée d'escalier, stoppe et se retourne :

– Bon courage… Si tu as besoin, n'hésite pas.

Quand je passe le seuil de mon logement, je suis surpris par le silence qui y règne. Pas de Zach qui vient à ma rencontre. Pas de Ninja qui me saute dessus. Rien.

– Il y a quelqu'un ?

– On est dans la salle à manger, *daddy*… avec maman… Elle est revenue.

La réponse de mon fils, prononcée sur un ton chouinant, a sur moi l'effet d'un coup de tonnerre dont l'éclair transperce le haut de mon crâne, provoque un court-circuit dans mon cerveau puis se propage dans mon corps tout entier, affectant ma mobilité et mes capacités cognitives. Tremblant de toutes parts, je suis contraint d'appuyer la paume contre le mur. Je m'arrête dans l'embrasure de la porte du séjour, pétrifié.

Les meubles ont été poussés et les volets baissés de moitié. Pour tout éclairage, les flammes dansantes de deux chandeliers sur pied diffusent un peu de chaleur à l'ambiance chargée des tourments des uns et des autres. La pièce est parée de plusieurs bouquets de fleurs blanches, des roses et des lys…

et d'une multitude de photos de Kay, disposées dans des cadres blancs...

Des fleurs blanches et des cadres blancs pour mettre en valeur la couleur du cercueil immaculé, placé sur une table funéraire réfrigérée. Sur le couvercle est étalée une tache noire aux yeux jaunes qui me fixe d'une drôle de façon. Au pied du cercueil, mes parents et ma belle-mère se tiennent immobiles, les mains jointes sur le bas du ventre, dans un geste symbolique de recueillement. Sur le côté droit, Zach, assis sur une chaise, balance frénétiquement les jambes, les doigts agrippés à une poignée du cercueil. Doucement, leurs quatre paires d'yeux rougis convergent vers moi et capturent les miens. Cette scène poignante vient immédiatement s'inscrire au fer rouge dans ma mémoire. Elle fait désormais partie de ma vie et je sais que jamais... oh non, jamais... je ne l'oublierai.

– Approche, mon chéri, marmonne ma mère en me désignant du menton le bénitier posé sur une table gigogne, entre Fiona et elle.

Ma belle-mère fait un pas de côté pour me céder sa place, mais je reste figé. C'est mon fils qui quitte sa chaise et vient à ma rencontre.

– Courage, *daddy*, chuchote-t-il en prenant ma main pour m'accompagner. Moi aussi, je l'ai fait. C'est les croque-mitaines qui m'ont montré.

– Les croque-mitaines ?

– Les bonhommes en noir qui ont ramené maman. C'est mamie qui m'a dit qu'ils s'appelaient comme ça.

– J'ai dit les croque-morts, Zach, se défend ma mère en effleurant ses lèvres de son index.

– Oui, bon, c'est pas mieux à vrai dire, riposte Zach d'un air désabusé.

En d'autres circonstances, nous aurions tous ri, Kay la première. Zach aurait été vexé et sa mère l'aurait pris dans ses bras en plongeant une main affectueuse dans ses cheveux bouclés.

Là, tout a changé. Le rire moqueur de Kay ne remplit pas la pièce. Il ne retentira plus jamais, ni ici ni ailleurs.

Sans lâcher ma main, Zach s'arrête devant *le goupillon* et me transmet les consignes :

– Alors, tu prends le micro qui trempe dans l'eau, et avec, tu fais semblant de dessiner une croix sur le couvercle de la boîte où ils ont enfermé maman… Mais tu fais doucement, Ninja aime pas recevoir de l'eau et il crache si tu fais trop fort.

À l'instant où, tremblant, je m'apprête à m'exécuter, Ninja se dresse et me scrute.

– Attention, *daddy*… Tu vois, je te l'avais dit.

Obéissant autant à la recommandation de mon fils qu'à la menace du chat, je dessine avec précaution le signe de croix avec le goupillon, puis je le repose dans le bénitier pendant que Ninja se recouche sur le cercueil. Je soulève Zach et le porte jusqu'à la chaise sur laquelle il était assis à mon arrivée. Je pose mon postérieur dessus et garde mon môme sur mes genoux.

Je suis perdu dans mes pensées quand la voix suppliante de Zach me fait sursauter :

– Je voudrais la voir, *daddy*. Tu peux ouvrir la boîte ?

Moi aussi, je voudrais arracher ce couvercle qui la retient prisonnière, lui tendre la main pour l'aider à enjamber le cercueil et la serrer dans mes bras.

– Non, je ne peux pas, mon cœur. Le cercueil est scellé. On ne peut plus l'ouvrir.

– C'est parce qu'elle a trop de blessures qu'on peut même pas voir sa figure ?

– Oui. C'est pour ça.

– D'accord, on regardera sa photo, alors… Hein, *daddy* ?

– Oui, et quand elle nous manquera, on regardera des vidéos, dis-je en le serrant contre moi.

Au moment du repas, bien que Zach et moi fassions des pieds et des mains pour que Ninja nous suive dans la cuisine, il reste couché sur le cercueil.

– Laisse-le, Zach. Il veut rester avec maman. Viens, on va manger.

– Mais il faut que Ninja mange aussi ! proteste-t-il.

– Je lui apporterai sa gamelle de croquettes et un peu d'eau, tout à l'heure.

Un peu plus tard, alors que nous finissons de dîner, je profite que Zach soit dans son bain pour demander :

– Vous avez vu avec le prêtre pour la cérémonie ?

– C'est lundi à quatorze heures trente, réplique aussitôt mon père.

– Demain, Fiona et moi préparerons un buffet pour recevoir les personnes qui viendront faire leurs adieux à Kay, ajoute ma mère.

Je la remercie en souriant un peu, alors que Fiona, la bouche entrouverte, tend la main vers la bouteille d'eau. Je m'empresse de la servir en la regardant en biais, me préparant à l'annonce qu'elle est sur le point de faire :

– Matthew, mon beau-fils, m'a appelée pour m'avertir de sa présence dimanche dans la soirée.

– Entendu. Il vient seul ?

– Oui. Sa femme veillera sur Jack. Il est trop faible pour supporter le voyage. C'est dommage que tu n'aies pas suffisamment de place pour l'accueillir pour la nuit. Il m'a demandé de lui indiquer l'hôtel le plus proche.

Je repose la bouteille d'eau sur la table puis me pince les lèvres tout en passant le revers de la main sur ma joue.

Il faudrait que je trouve cinq minutes pour me raser. Je dois ressembler à un yéti.

– Les Marlier ont une chambre d'amis. Je dois aller chez eux prendre un café quand Zach sera couché. Je leur demanderai d'héberger Matthew, ils ne refuseront pas.

Le visage de ma belle-mère affiche les prémices d'un rictus qui s'effacent quand, depuis l'autre bout de l'appartement, Zach braille :

– Maman ! Maman !... Heu... *Daddy* !

– T'es encore dans ton bain ?

– Dans ton lit, que je suis, maintenant ! Viens, mam... *Daddy* !

Je me lève. Au moment où je passe le seuil de la cuisine, ma belle-mère se lamente :

– Le pauvre petit... Il ne semble pas avoir réalisé qu'il ne la reverra plus jamais, sa mère.

Quand j'arrive, Zach est allongé sur le lit, le peignoir grand ouvert. Les yeux gonflés et rougis, il essuie ses yeux avec un mouchoir en papier et le jette par terre, avant d'en tirer un autre de la boîte. Je remarque qu'un monceau de kleenex jonchent le sol. Je m'assieds au bord du lit et demande :

– Qu'est-ce qu'il y a, mon cœur ?

– Mon pyjama Spider-Man.

– Ben, va le chercher. Il est dans ta chambre.

Il secoue la tête de gauche à droite et renifle. Alors que j'ai l'intention de prendre un mouchoir, je m'aperçois que la boîte est vide.

Je sais que je ne peux pas, mais à cet instant, je donnerais tout pour pouvoir lui prendre sa peine et l'ajouter à la mienne.

– OK, j'y vais. Je rapporte une nouvelle boîte de mouchoirs ou tu arrêtes de pleurer ?

– J'ai plus de larmes, *daddy*.

Je l'embrasse sur le front, me lève et vais dans sa chambre prendre son pyjama.

– *Daddy !* me hèle-t-il. T'avais dit qu'on regarderait dans le sac-poubelle que les flics t'ont donné.

– Tu n'oublies rien, toi ! Je le rapporte !

Quelques minutes plus tard, je le rejoins, son pyjama Spider-Man dans une main et le sac-poubelle dans l'autre.

Je n'ai pas encore posé le sac sur le lit qu'il tend déjà la main. Je lui donne son pyjama et commande :

– Mets ton pyjama d'abord, tu vas attraper froid, sinon.

Je m'allonge à ses côtés et attends qu'il soit habillé pour ouvrir le sac entre nous deux. Il plonge le nez dedans et en retire une paire de lunettes de soleil qu'il met sur son nez, une paire de gants en cuir dans lesquels il glisse ses mains et un foulard en soie rouge qu'il enroule autour de son cou et qu'il remonte au-dessus de son nez. Puis il inspire un grand coup en me scrutant du coin de l'œil.

– Ça sent le parfum de maman… Viens sentir, *daddy*, m'invite-t-il en s'allongeant contre moi.

– Oui, c'est vrai, dis-je en le prenant dans mes bras. Toi aussi, tu sens maman.

– Ah bon ?

– Oui, tu fais partie d'elle, tu as la moitié de ses gènes.

– C'est quoi les gènes ?

– C'est l'ADN… Ce qui compose un être vivant. Il en reçoit un peu de son père et un peu de sa mère. Toi, tu as les yeux, le front, le nez et le caractère de maman. Comme ça, quand je suis avec toi, c'est comme si j'étais avec elle.

– Si c'est vrai, elle est pas morte complètement ?

– Non, c'est toi qui la feras vivre.

– Mais elle reviendra pas ? Elle pourra pas revenir du ciel ?

– Non.

– Même pas pour les grandes vacances ? Même pas quand t'auras retrouvé celui qui l'a tuée ?

– Non. Il va falloir qu'on s'entraide, tous les deux.

– Ça va être dur, *daddy*.

– Oui, ça va être dur, mais on y arrivera.

– Je peux garder tout ça pour dormir, demande-t-il en me montrant ses mains gantées. Tu me les donnes, les affaires de maman ?

– Bien sûr. Mais enlève peut-être les lunettes de soleil pour dormir.

– Non.

Je n'insiste pas. Je l'embrasse, me lève et remonte la couette sur lui.

– Tu vas chercher Ninja ?

– Je ne crois pas qu'il voudra venir…

– Ça fait rien, il est bien avec maman. Et toi, tu viens quand ?

– Tout à l'heure.

Je pose le sac-poubelle au pied du lit et sors de la chambre.

– Ne ferme pas complètement la porte, *daddy*.

Chapitre 28

# ROYALE MENTHOL

***Palaiseau, jeudi 24 novembre 2005,***
***vingt-deux heures.***

Selon Kay, la salle de bains ressemble toujours à une piscine après le passage de Zach. Quand j'ouvre la porte pour prendre ma douche avant de monter chez les Marlier, je réalise qu'elle a raison, il y a de l'eau jusqu'à la porte. Je dois passer le balai serpillière avant de pouvoir accéder à la baignoire. Puis je ramasse et essuie les canards et bateaux divers, échoués au fond. Enfin, je peux me laver.

Je retourne dans la chambre sur la pointe des pieds pour ne pas réveiller Zach qui dort déjà et saisis les premiers vêtements qui me tombent sous la main : boxer, chaussettes, pantalon de jogging et tee-shirt. Avant de faire demi-tour, je me penche sur mon fils et lui retire les lunettes de soleil de Kay qu'il a gardées sur le nez. Je tente de faire pareil avec les gants, mais il se retourne en râlant.

J'abandonne, empoigne le sac-poubelle, tire doucement la porte derrière moi et longe le couloir. Je m'arrête sur le seuil du salon. Mes parents et ma belle-mère, assis sur des chaises, entourent le cercueil sur lequel Ninja est étalé de tout son long.

Ressentant ma présence, il lève une oreille et s'étire en regardant vers la porte, ce qui alerte ma mère.

– Tu sors les poubelles, Axel ? me demande-t-elle en tournant la tête vers moi.

– Non, ce sont les affaires de Kay. Je monte chez Christophe. Zack est couché, vous pourrez…

– Oui, on jettera un œil, file.

Je fais un pas en arrière puis me ravise pour ajouter :

– On a retrouvé l'anneau de Claddagh de Kay et une poignée de ses cheveux dans le Jumper de Vaudeville.

– Ah bon ? réagit ma belle-mère dans un sursaut. Cela signifie que…

Je m'adosse au chambranle de la porte et la coupe :

– Ça veut simplement dire que Kay a été enlevée dans ce fourgon.

Je rapporte en vitesse les événements qui m'ont conduit à demander à l'IRCGN l'autorisation d'inspecter le véhicule de Vaudeville et je m'éclipse. Une poignée de secondes plus tard, je toque à la porte des Marlier.

– Entre, c'est ouvert ! braille Christophe.

Je me rends directement dans le salon. Je les trouve tous les deux enlacés sur le canapé, en train de regarder le dernier épisode de *Prison Break*.

– J'ai pris l'ascenseur, les escaliers sont dégueulasses et je suis en chaussons. Madame Da Silva est malade ?

– Elle est en vacances, rétorque Christophe en me faisant signe d'approcher.

Estelle saisit la télécommande, éteint la télé, ôte sa main posée sur la cuisse de son mari et se lève pour m'accueillir.

– Je donnerai un coup de serpillière demain matin. Ça va, toi ? Tu tiens le coup ?

Elle se hisse sur la pointe des pieds pour me faire la bise. J'en profite pour lui glisser à l'oreille que Kay est rentrée à la maison.

– Christophe me l'a dit. Nous viendrons la voir demain. Tu me diras ce que je peux faire pour aider. Des cakes salés… des tartes…

– Puisque tu me proposes ton aide, je voulais vous demander si vous seriez OK pour héberger Matthew. Il arrive dimanche et je n'ai plus de place à la maison. Ça m'embête de l'expédier à l'hôtel.

– Matthew, le demi-frère de Kay ? me questionne Christophe.

– Oui.

– Bien sûr, Axel, tu nous as envoyés chez lui quand nous sommes allés en vacances en Irlande... Grâce à vous d'ailleurs.

– C'est vrai que Kay s'était décarcassée pour organiser notre séjour, reconnaît Estelle.

Je m'assieds à côté de mon ami, abandonnant mon sac-poubelle entre mes jambes.

– La famille Maguire nous a reçus comme des princes, ajoute Christophe. Il arrive avec sa femme ?

– Non, tout seul. Ava reste avec Jack. La mort de sa fille l'a anéanti, dis-je en m'appuyant au dossier du canapé.

– Ça se comprend et il est déjà âgé... Le pauvre, soupire Estelle.

C'est alors que je remarque l'enveloppe contenant le rapport d'autopsie posée sur un coin de la table basse. Je détourne le regard en soufflant. Estelle, qui n'est pas sans avoir noté la cause de mon trouble, change de conversation :

– J'ai fait un gâteau aux pommes. Je sais que tu aimes ça, Axel. Un peu de douceur te fera du bien. Tu veux boire quoi avec ?

– Un chocolat chaud à la cannelle, chérie, répond Christophe avant moi.

– Va pour un chocolat chaud à la cannelle. Vous avez lu le rapport d'autopsie ? dis-je en désignant l'enveloppe du menton.

– Moi, oui, répond Christophe.

– Pas toi, Estelle ? Je comprends que ce ne soit pas une partie de plaisir.

– Ce n'est pas ça, mais tu n'as pas dit à Christophe que je pouvais regarder.

– Ça coule de source, voyons.

– Bon, je le lirai tout à l'heure. Je vais dans la cuisine préparer les chocolats et je reviens.

– Alors, qu'est-ce qu'il y a dans ton sac-poubelle ? demande Christophe après un court moment de flottement.

– Je n'ai pas encore fait l'inventaire. Zach a pris quelques trucs.

– Vide-le, avant qu'Estelle ne revienne avec son plateau.

J'obéis et déverse le contenu sur la table basse. Du fatras d'objets émerge un paquet de Royale Menthol.

– Le capitaine Girard m'a soutenu que Kay fumait lorsqu'elle le retrouvait sur le terrain. Je croyais qu'il me mythonnait, mais c'est vrai.

– Elle ne fumait pas régulièrement, conteste mon ami en me prenant le paquet des mains. Regarde, il est tout usé… et il reste… quatorze clopes à l'intérieur. Ce paquet traîne dans son Audi depuis un moment… Tu ne l'as pas trouvée stressée ces derniers temps ?

– Tu devrais postuler au poste de chef de la BR quand Girard sera muté.

– Pourquoi ?

– Il m'a posé la même question… Non, je n'ai pas remarqué que Kay était stressée. Pour moi, elle était comme d'habitude.

Il cille pour acquiescer et reprend sa fouille.

– Tiens… Un appareil photo jetable, observe-t-il en le tournant dans tous les sens. Il est tout neuf. Il n'y a pas d'appareil photo sur le téléphone portable de Kay ?

– Si, je crois.

– Vérifie.

– Quoi ?

Il vient claquer des doigts sous mon nez en ricanant :

– Tu te réveilles, Dancourt ? Ouvre le sac à main de ta femme, là… Prends son téléphone et regarde s'il possède un appareil photo.

Je m'exécute, les mains tremblantes, dans la crainte de ce que je pourrais découvrir à l'intérieur. L'appareil en main, je reste bouche close.

– Tu ne connais pas son code PIN ? insiste Christophe.

– Si, si.

Sans me prêter la moindre attention, il énumère les objets qu'il trie à mesure qu'il les a en main :

– Une paire de baskets, une paire de chaussures basses, des stylos, des Post-it… Tiens, une casquette en feutrine noire… Je n'ai jamais vu Kay avec un couvre-chef… elle en portait ?… Axel ?

– Je… Je ne sais pas… Je ne sais plus… Non, elle n'a pas de chapeau chez nous.

– C'est bizarre… Tu as déverrouillé son téléphone ?

– Il est déchargé.

– Cherche le chargeur ou descends en prendre un chez toi… Bouge-toi, Axel, merde !

– Je ne le trouve pas.

Estelle, qui vient de passer le seuil de la pièce, pose le plateau qu'elle a entre les mains sur un fauteuil, puis elle me prend la besace de Kay des mains en m'informant :

– Dans la poche centrale… Elle le mettait toujours là.

Elle me le donne en ajoutant :

– Il y a une multiprise à ta gauche. Kay a un appareil photo sur son téléphone, c'est sûr. Pourquoi tu demandes ça, chéri ?

– Parce qu'il y a un appareil jetable parmi ses affaires… Je trouve ça louche… Et cette trousse de toilette, là… Qu'est-ce qu'il y a dedans ?… Axel ?

Je sens que les larmes montent… Je déglutis et hausse les épaules en bredouillant :

– Je ne sais pas, ouvre-la.

Quand il en extirpe une perruque aux cheveux courts noirs, nos trois regards se croisent.

– Un appareil photo jetable… Une casquette… noire… Des baskets… noires… Des lunettes de soleil… noires…

et une perruque… noire, récapitule Christophe. Axel, soit ta femme se travestissait soit elle filochait quelqu'un. Tu es d'accord avec moi ?

– Pourquoi elle aurait fait ça ? C'est notre boulot la filoche, elle n'avait qu'à nous saisir.

– Elle ne pouvait peut-être pas le faire.

– Pour quelle raison ?

– Je n'en sais rien. Elle voulait d'abord s'assurer que ses soupçons étaient fondés… Imagine que ça concerne l'un d'entre nous.

– Tu veux dire qu'il y aurait un ripou chez nous ?

– Peut-être pas au PSIG, mais dans une autre unité.

– Tu penses à quelqu'un en particulier ?

– Tu dis que Girard t'a appris que Kay fumait sur le terrain…

– Quand j'étais en garde à vue, on a fait une pause et il m'a proposé une clope. On en a grillé une devant la fenêtre et c'est là qu'il m'a dit que Kay acceptait volontiers d'en prendre une lorsqu'il lui tendait son paquet.

– Et toi comme moi connaissons la marque de cigarettes que fume Girard, grogne-t-il en brandissant le paquet de Royale Menthol.

Je cherche Estelle du regard pour obtenir son avis.

Installée dans un fauteuil, face à moi, elle est plongée dans le rapport d'autopsie dont elle retourne les photos qu'elle pose sur ses genoux, face cachée. Je doute qu'elle ait entendu notre échange à Christophe et à moi.

Elle est livide.

– Je ne pensais pas… que c'était à ce point-là. Elle a littéralement été vidée de son sang. Les légistes n'ont même pas pu en prélever un échantillon à l'autopsie.

Je m'étonne :

– On m'a pourtant certifié que les analyses de sang ne faisaient apparaître aucune trace de produits suspects.

– Qui t'a dit ça ? rebondit mon ami. Le légiste ?

– Non. Baroni.

– Où ? Quand ?

– Ce matin, à la brigade, dans le bureau de Girard. Je te l'ai dit…

– Tu me l'as dit cet après-midi, alors qu'on prenait la route pour l'IRCGN. Je m'en souviens, maintenant, admet-il. J'ai bien fait de te conseiller de réclamer une copie de ce rapport, du coup.

Les yeux et la bouche grands ouverts, j'observe mon collègue. Je finis par le questionner :

– Dans quel but Baroni mentirait-il à propos de cette analyse de sang ?

– Il a peut-être dit ça pour te calmer, ou bien pour te faire croire qu'il avait déjà pris connaissance du rapport d'autopsie.

– Mais Girard serait intervenu pour démentir, non ?

– Tu crois que Girard l'a lu, toi ? Imagine que c'est lui que Kay filochait pour on ne sait quel motif ?

– Et toi, chéri, imagine que le paquet de clopes que tu as dans la main soit une pièce à conviction récoltée par Kay, intervient Estelle dont le regard va de Christophe à moi.

Moi qui croyais qu'Estelle était concentrée sur la lecture du rapport d'autopsie, pendant que nous recensions les objets du sac-poubelle, je réalise qu'elle n'a pas perdu une miette de la théorie qui s'est dessinée à mesure que Christophe les énumérait.

Ce dernier lâche le paquet et arrime ses yeux à ceux de sa femme.

– Qu'est-ce que tu veux dire ? Tu peux préciser ? l'exhorte-t-il.

– Vous avez l'air tous les deux convaincus que Kay fumait et que c'est *son* paquet de cigarettes qui se trouvait dans son Audi. Et si c'était celui de Girard qu'elle avait réussi à dérober en acceptant les clopes qu'il lui proposait sur le terrain ? Elle voulait peut-être obtenir ses empreintes.

Stupéfaits par l'hypothèse avancée par Estelle, nos yeux, à Christophe et à moi, se croisent.

– C'est intéressant, la félicite son mari. Continue, chérie.

– Merci. C'est bizarre que Kay, qu'on connaît intimement tous les trois, et qui n'a jamais touché à cette cochonnerie, se mette à fumer des cigarettes de la même marque que celles du chef de la BR, vous ne trouvez pas ? En se cachant de nous comme une ado, en plus ? Je ne reconnais pas Kay ! monte-t-elle le ton.

Mes amis semblent oublier que c'est dans le fourgon de Vaudeville que Kay a été enlevée. Je leur en fais la réflexion et ajoute :

– De quelle manière Girard et Vaudeville se connaîtraient ?

Soudain, j'ai un déclic. Je me tape le front et réponds moi-même à la question que je viens de poser :

– Mais bien sûr ! Vaudeville a été placé sous contrôle judiciaire depuis qu'il est sorti de taule en 2002. Il allait pointer à la brigade une fois par mois, et une fois par semaine à compter de maintenant, puisque le juge des libertés a renforcé son contrôle judiciaire jusqu'à la fin de l'enquête de flagrance. Donc…

– Donc il a forcément eu affaire à Girard ! termine Christophe pour moi.

On avance, mais il nous manque le mobile.

Estelle vient embrasser son mari, puis elle se dirige vers la porte.

– Ne touchez plus à rien, les gars ! Je vais chercher un carton et on va planquer tout ce barda dans un coin, ici… C'est trop risqué chez toi, Axel. À mon avis, Kay a dissimulé le résultat de ses investigations quelque part… Sur une clef USB… Ils ont mis la main sur son attaché-case ?

– Non, dis-je en la fixant.

– Si Girard est impliqué, il a eu tout le loisir de le subtiliser quand la patrouille du PSIG a retrouvé l'Audi de Kay et a appelé la BR en renfort.

– C'est moi qui ai appelé la brigade en renfort, s'interpose Christophe.

– Tu as fouillé l'habitacle avant l'arrivée de Girard sur les lieux ?

– En gros. Hormis son sac à main et son manteau, je n'ai rien vu d'autre.

– En gros, ce n'était pas suffisant. Il se peut que tu n'aies pas vu sa mallette. Elle l'avait peut-être glissée sous un siège.

Elle nous scrute tour à tour et enchaîne :

– Bon, je vais chercher un carton, après on boit notre chocolat chaud avant qu'il ne le soit plus.

Dès que sa femme a quitté la pièce, Christophe fixe le téléphone de Kay, posé à côté de moi sur le bras du canapé.

– Il est chargé ? m'interroge-t-il, un sourcil arqué.

Je prends l'appareil en main, le débranche, entre le code PIN et jette d'abord un œil sur les photos.

– Alors ? souffle-t-il tout en lorgnant les clichés que je fais défiler sur l'écran.

– Laisse-moi le temps… Tu vois bien qu'il n'y a que des photos de Zach, de Ninja… de nous en Irlande… et de moi qui repeins les murs du séjour.

– Et les SMS ? Les appels téléphoniques ? me presse-t-il, impatient.

Je continue de regarder en répondant :

– Je ne remarque rien d'anormal.

– Je peux voir ? insiste-t-il en mettant la main sur mon poignet.

– C'est perso, Tophe… On s'envoyait des trucs Kay et moi… Tu vois ? dis-je en m'empourprant au souvenir de certains échanges de textos qui ont viré en sextos.

– OK, excuse, Axel, lève-t-il les mains en signe de reddition.

– Je regarderai plus attentivement…

À cet instant, Estelle réapparaît avec un carton dans une main. Elle le pose au pied de la table basse et commence à y déposer les affaires de Kay en maugréant :

– C'est comme la baby-sitter de Zach ! Je ne peux pas l'encadrer celle-là ! Si elle avait pu tuer Kay pour avoir sa place, elle l'aurait fait ! Kay a fait entrer le loup dans la bergerie, le jour où elle l'a engagée.

Embarrassé qu'elle évoque Audrey en des termes peu élogieux, je frotte mes joues des deux mains et riposte :

– En parlant d'Audrey, tu peux me dire comment elle a fait pour te convaincre de lui confier Zach, mardi soir ?

– Elle m'a dit que tu l'avais appelée en la suppliant d'aller le chercher à l'école et de le garder chez vous pour des raisons de commodités. Je sais, par Christophe, que c'est le contraire qui s'est passé, en fin de compte. C'est elle qui t'a contacté pour te dire qu'on s'était arrangées toutes les deux.

– J'ai quand même trouvé ça bizarre, mais j'ai cru que tu…

– Je ne vous ai jamais fait faux bond à Kay et à toi. Si je vous dis que je prends Zach en charge, je prends Zach en charge. Ne culpabilise pas, je ne t'en veux pas. Tu étais sous le choc, tu n'as pas cherché à comprendre. Méfie-toi de cette fille, ne te confie pas à elle. Elle n'attend qu'une chose, que tu la bascules sur ton lit… Elle a le champ libre pour parvenir à ses fins, désormais. Après, tu fais comme tu veux, c'est ta vie.

Devant nos mines interloquées, elle ajoute :

– Tiens, je pense à un truc. Qui vous dit que c'est la première fois qu'on intente à la vie de Kay ?

Interloqués, Christophe et moi l'interrogeons dans un même :

– Hein ?

– Tu te souviens des feux d'artifice de cette année, Axel ? Quand elle s'est retrouvée aux urgences après avoir été rouée de coups sur les Champs-Élysées par un type qu'on n'a jamais retrouvé ? Il est toujours dans la nature, celui-là aussi.

Chapitre 29

# LES FEUX D'ARTIFICE

***Palaiseau, quatre mois plus tôt,***
***jeudi 14 juillet 2005, huit heures.***

Lorsque je me réveille, je tâte le lit à la recherche du corps qui habituellement est contre le mien. Rien. En caleçon et à tâtons, je me lève, guidé par l'odeur de café qui m'emmène dans la cuisine. En peignoir, debout devant la fenêtre, en compagnie du chat assis sur le plan de travail, Kay me tourne le dos. D'une main, elle caresse Ninja, tout en portant une tasse à café à ses lèvres avec l'autre. Je m'approche à pas de loup, mais je suis débusqué par la bête noire de la famille qui pivote la tête vers moi, la truffe retroussée et les oreilles rabattues vers l'arrière.

– Tu es démasqué, Axel ! glousse Kay sans se retourner.

Sans prêter attention au chat qui me déteste (et c'est réciproque), je me colle au dos de Kay et l'enlace. Mon geste d'affection fait automatiquement déguerpir la bestiole. Je m'en félicite en ébauchant un sourire narquois.

Je dépose un baiser sur la nuque de Kay en susurrant :

– Tu es déjà debout ?

– Oui, je n'arrivais plus à dormir. Je voulais revoir un de mes réquisitoires. Tu veux un café ?

– Avec plaisir.

Elle se retourne et lève la tête pour déposer un baiser sur mes lèvres, puis elle s'écarte pour empoigner la verseuse. Alors qu'elle pose mon bol sur la table, je tire une chaise pour m'installer.

– Hum, tu as fait des pancakes ? dis-je en tendant le bras vers le plat.

– Pas touche, Dancourt ! m'interdit-elle en me donnant une tape sur la main.

– Oh, oh ! Tu prends des risques, ma puce ! Je suis plus fort que toi !

Je le lui démontre en l'emprisonnant dans mes bras et en clamant d'un ton ferme :

– Et maintenant ? Qu'est-ce que tu comptes faire ?

– Rien ! Mais tu ne peux plus faire grand-chose non plus ! Ah ah ! se moque-t-elle.

Elle se tortille dans tous les sens dans l'espoir de m'échapper. Pour lui faire croire qu'elle a gagné, je desserre légèrement mon étreinte. Elle réussit à prendre un pancake et me l'enfonce entièrement dans la bouche.

– Tiens, p'tit con !

Tout en avalant mon beignet, je bafouille :

– De quoi ? Qu'est-che que tu dis ? Inchultes envers un repréjentant des forches de l'ordre ? Cha va chercher loin, cha !

– Les forces de l'ordre en caleçon ! Laisse-moi rire !

Comme un gosse, je tourne autour de la table pour l'attraper. Je la saisis par les poignets que je ramène dans son dos pour les maintenir dans une de mes mains. Je la plaque ensuite, face contre la table.

– Axel, fais attention ! Tu as renversé ton bol de café !

Je ne réponds pas. Je pousse le plat de pancakes, puis je plaque ma main libre sur sa tête que je pousse en avant. Enfin, je l'immobilise en me penchant sur elle, tout en appuyant une jambe entre ses cuisses. Fier de moi, je dégage ses cheveux en bataille pour murmurer à son oreille :

– Et là ? Qu'est-ce qu'on fait, hein ?

– Je veux appeler le barreau des avocats !

– Pour l'avocat, je ne peux rien faire, mais pour le barreau, je crois que j'ai ce qu'il faut pour te satisfaire !

– Ah oui ? Vas-y, montre…

Un peu plus tard, la sonnerie du téléphone portable du magistrat de permanence retentit. Elle décroche, répond à son interlocuteur qu'elle arrive puis m'abandonne après m'avoir rappelé de ne pas oublier d'aller chercher Zach à la gare. Il revient de colo à onze heures.

– Je ne sais pas à quelle heure je rentre, chéri, ajoute-t-elle.

– Pourquoi ? Tu es sur un gros truc en ce moment ?

– Non, ça c'était tout à l'heure ! pouffe-t-elle, une main devant la bouche.

– Hein ?

Réalisant ce à quoi elle fait allusion, je secoue énergiquement la tête et ordonne :

– Arrête, Kay ! Tu rentres à quelle heure, en clair ?

– En foncé plutôt, non ? Aucune idée. Tu me prendras quand j'arriverai.

– Tu es infernale ce matin. Réponds !

Morte de rire, elle ouvre la porte d'entrée de l'immeuble et me lance :

– Audrey a promis d'être là avant que tu prennes ton service à dix-neuf heures. Ça te va ?

– Oh, toi, tu ne perds rien pour attendre !

À onze heures, je récupère Zach qui est tout excité de me raconter ses dix jours de vacances. Après le déjeuner, nous enfourchons nos vélos pour une balade. À dix-huit heures, je prépare le repas.

– Mange tout seul, *daddy*. Moi, j'attends maman.

Je n'ai pas le temps d'insister. Je mange vite fait, puis je vais me préparer. Audrey est là à dix-huit heures quarante-cinq. Je lui passe les rênes et je traverse la cour de l'unité pour prendre la première patrouille de la nuit.

Je suis de retour à la maison un peu avant vingt-trois heures. L'appartement est plongé dans le noir, ce qui m'inquiète car ce n'est pas habituel. Je me rends dans la cuisine où je trouve deux Post-it collés sur le frigo :

*« Axel, nous sommes partis dîner au restaurant, tous les trois. Nous irons voir les feux d'artifice aux Champs. On t'aime. »*

Je souris et vais dormir jusqu'à ma prochaine patrouille prévue à deux heures. Mais la sonnerie de mon téléphone portable me réveille à une heure.

– Mon Adjudant, la police est intervenue aux Champs-Élysées pour une agression. Votre femme a été transportée à l'hôpital du Val-de-Grâce. Ce n'est pas trop grave, apparemment.

Sous le choc, je ne peux que bredouiller :

– Et mon fils ?

– Il va bien. Il est avec sa baby-sitter. Ils attendent aux urgences.

– OK. Merci, j'y vais tout de suite.

Je m'habille et fonce. Lorsque les portes automatiques des urgences du Val-de-Grâce s'ouvrent, Zach, en pleurs, se jette sur moi. Je le porte dans mes bras et l'interroge :

– Tu n'as rien, mon cœur ?

– C'est maman… Il l'a battue… Il lui a donné des coups de pied et il l'a… traînée par terre en la tirant par les cheveux.

– Chut, c'est fini, mon bébé.

Alors que je tente de le rassurer, Audrey nous rejoint, l'air un peu dépassé.

– Où est Kay ?

– Dans un box. Ils l'ont descendue en radiologie. Le médecin qui s'occupe d'elle viendra nous donner des nouvelles. Un policier a dit aux soignants qu'il vous avait fait prévenir.

– Pourquoi tu ne m'as pas appelé directement ?

– J'ai oublié mon téléphone chez vous. Zach et Kay ont été pris en charge par les pompiers, et moi je suis montée à bord d'un véhicule de police. J'ai donné votre numéro aux policiers, mais ils ont préféré passer par le central de la gendarmerie.

– Qu'est-ce qu'il s'est passé ?

Je serre mon fils à l'en étouffer, tandis qu'Audrey me relate les faits :

– On ne sait pas trop. Zach est tombé au milieu de la foule après avoir été bousculé. Kay l'a pris par le bras pour l'aider à se relever. Un homme, sorti de nulle part, l'a alors empoignée. Il l'a secouée et lui a mis un coup de boule en l'insultant. Il l'a traitée de salope en la frappant, encore et encore, jusqu'à ce qu'elle soit à terre. Il lui a donné des coups de pied dans le ventre et…

– Personne n'a bougé ?

– Si, un homme s'est frayé un chemin en criant « *Police !* », ce qui a mis le type en fuite, mais le policier n'a pas pu le rattraper. Quand les renforts sont arrivés, le type s'était volatilisé. À mon avis c'est lui qui a fait tomber Zach, mais je n'en suis pas certaine.

– *Daddy*, c'est ma faute.

– Mais non voyons, des fous, il y en a partout. Tu pourrais reconnaître l'homme qui s'en est pris à maman ? Et toi, Audrey ?

– Bien sûr que non, se défend aussitôt cette dernière. Il était habillé tout en noir et il avait une capuche qui lui cachait le visage… Et puis on était terrifiés, Zach et moi.

– Moi, je le reconnaîtrais, *daddy*. Je l'ai bien regardé, même si je criais pour qu'il arrête de taper sur maman. Je savais que tu nous demanderais ça.

– C'est bien, mon cœur ! Tu pourrais me le décrire ?

– Il était grand, comme toi, et aussi vieux que toi.

– Tu es sûr qu'il n'était pas plus jeune ? Comme Audrey, par exemple ?

– Plutôt comme Audrey, alors, mais pas vieux comme mamie ou papi.

– Qu'est-ce qu'il portait comme habits ?

– Un sweat noir avec une capuche et des rangers comme les tiennes. Je les ai bien vues lorsqu'il donnait des coups de pied à maman. Je voulais aller la défendre, mais Audrey m'a tiré par la main.

– Elle a eu raison. Tu n'aurais rien pu faire.

Alors que j'interroge mon fils, un homme en blouse blanche s'approche de nous.

– Monsieur Dancourt ?

– Oui.

– Docteur Simon. Vous voulez bien me suivre ?

– Il y a un problème, Docteur ?

– La vie de votre épouse n'est pas en danger, mais j'aimerais m'entretenir avec vous en privé. Venez.

Je me lève, confie Zach à Audrey et le suis jusque dans son bureau. D'un geste de la main, il m'invite à m'asseoir et prend place devant son ordinateur.

– Votre femme a eu beaucoup de chance, commence-t-il. Heureusement pour elle, elle a la tête solide. Les coups ont été essentiellement portés à cet endroit. Un ou deux coups de plus et c'en était fini pour elle. J'ai du mal à admettre que cette agression n'est que le fruit du hasard.

Perplexe, je lui expose mon point de vue :

– Je suis gendarme, Docteur, et je me transporte sur ce type d'interventions plus que mon compte. Ce qui vient d'arriver à ma femme ce soir est monnaie courante pour moi. Un type éméché qui s'en prend à une mère qui défend son môme qu'il a bousculé. Il aurait même pu sortir son Opinel, un coup bien placé, c'était plus simple et c'était fini tout de suite.

– Oui, peut-être, toutefois je reste sceptique. Pour en revenir à l'état de santé de madame Dancourt, elle souffre d'un traumatisme crânien, d'une côte cassée, de contusions multiples et, pour finir, je lui ai fait quelques points à l'arcade sourcilière. Je la garde en observation cette nuit. On va la monter dans une chambre et vous pourrez aller la voir quelques minutes.

J'ai l'impression que ce type me prend pour un demeuré de flic, blindé à la violence. Toutefois, je ne rétorque pas et acquiesce en silence.

Je rejoins Audrey et Zach puis on nous emmène dans la chambre de Kay. Lorsque j'entre, je suis stupéfait par la vision des séquelles laissées par les coups. Elle a le visage tuméfié. J'étais loin de m'attendre à ça ! Je commence à comprendre les propos du médecin urgentiste. Toutefois, pour n'alarmer personne, j'adopte un comportement normal.

– Eh bien, tu nous as foutu une belle frousse, ma puce ! Voilà comment ça se termine quand on joue au gendarme et au voleur depuis les aurores, dis-je sur un ton désinvolte tout en lui faisant un clin d'œil.

Elle comprend que je fais allusion à nos ébats du matin car elle pouffe :

– Aïe ! Ne me fais pas rire, ça fait mal !

– Maman ! geint Zach en s'approchant du lit pour faire l'inventaire des blessures de sa mère. T'as plein de bleus dans la figure ! T'es coupée au-dessus de l'œil et t'as une bosse sur le front ! Oh, maman !

– Ça va disparaître d'ici quelques jours, ne t'inquiète pas, le rassure-t-elle dans un rictus. Allez, viens là, mon bébé.

Zach grimpe sur le lit et Audrey s'assied sur une chaise pendant qu'on fait un câlin à notre blessée…

Et si c'était un acte prémédité ?… Comme semble le penser Estelle, aujourd'hui…

Chapitre 30

# EN ALERTE

***Palaiseau, vendredi 25 novembre 2005, après minuit.***

En me raccompagnant jusqu'à la porte d'entrée, Christophe m'invite à la plus grande prudence et ajoute :

– Si ça se trouve, l'agression du 14 juillet, c'était une première tentative.

– Oui, Estelle a peut-être raison, dis-je pensif.

– Ça fait peut-être un moment qu'on essaie de fermer le clapet de ta femme. Reste naturel, fais attention à ce que tu dis et à qui tu le dis, et surtout, ne parle de nos doutes à personne, jusqu'à ce qu'on en sache un peu plus. Quoi qu'il en soit, je suis convaincu qu'on n'assassine pas un magistrat juste parce qu'il passe en voiture en rase campagne, et puis…

Il s'arrête de parler et se pince les lèvres en m'observant du coin de l'œil.

– Et puis quoi, Tophe ?

– Je ne sais pas si tu as pensé aux chefs d'accusation, mais en plus de la séquestration et de l'assassinat, il y a aussi torture et actes de barbarie.

– Si, si, j'y ai pensé… Qu'est-ce que ma Kay a foutu, bordel ? Pour quelle raison ce salopard l'a mise en bouillie à coups de gourdin ? S'il voulait la réduire au silence, il n'avait qu'à lui mettre une balle dans la tête !

Je porte ma main à mon cœur pour l'empêcher de sortir de ma poitrine, respire un grand coup et enchaîne :

– Et puis qu'est-ce qu'il lui a pris ? Elle filoche quelqu'un sur un coup de tête !

– Elle s'est fait griller, Axel… Elle n'est pas rompue aux techniques de filoche, elle aurait dû…

– Se confier à toi ou à moi, évidemment ! Mais qu'est-ce qu'elle croit ? Qu'elle est plus maligne que nous ?

– On ne peut malheureusement pas revenir en arrière, déplore mon ami en enveloppant mon épaule de sa main.

– Je sais, mais quand j'y pense, ça m'énerve. Excuse, Tophe… Je te laisse le carton, OK ?

– Compte sur Estelle et moi. De ton côté, fouille chez toi. À mon avis Kay a sûrement fait un double du contenu de son attaché-case. Je valide la théorie avancée par Estelle. Si j'avais été à la place de Kay, j'aurais mis ça sur une clef USB que j'aurais planquée dans un lieu sûr.

– Je regarderai dans son ordi aussi.

– Pourquoi pas, mais si Girard trempe dans l'affaire, il a sans doute pris soin de nettoyer vos appareils, avant de les transmettre aux techniciens de l'IRCGN.

– On ne sait jamais…

– Tu as raison. Mieux vaut tout vérifier et fermer les portes à mesure de nos investigations.

Les prémices d'un sourire bienveillant s'affichent sur son visage, tandis qu'il ajoute :

– Je n'y croyais pas à ta cellule d'enquête *« Chats noirs »*, mais voilà que j'en fais partie, maintenant.

– Estelle aussi, dis-je dans une œillade.

Je rentre chez moi complètement chamboulé. Je ne sais plus quoi penser, quoi croire, qui croire, et surtout à qui me confier. Je n'ose pas imaginer la possibilité que Kay ait soupçonné des faits de corruption et de règlements de comptes au sein de la Grande Muette et qu'elle se soit lancée seule dans une enquête illégale, en effectuant des actions policières auxquelles elle ne connaît rien, sans m'en toucher un mot. J'aurais pu l'aider… Je l'aurais faite en dehors des heures de boulot, moi, sa surveillance rapprochée, à moins que...

À moins qu'elle n'ait plus eu confiance en moi non plus et qu'elle m'ait eu dans le collimateur avec Girard, Vaudeville, et il y en a peut-être d'autres, qui sait...

Avec précaution, j'ouvre la porte de mon domicile. Dans le noir, je marche sur la pointe des pieds et me repère à la lueur d'une bougie qui danse dans le salon.

Dans la pénombre, Ninja, fidèle à son poste, est en faction sur le couvercle du cercueil. À côté de la table réfrigérée, je devine une forme allongée. Zach dort auprès de sa mère, couché en chien de fusil sous un plaid qu'il a pris sur le canapé. Je pousse jusqu'à ma chambre à pas de loup pour prendre la couette, une couverture et quatre oreillers. Je m'accroupis, tire doucement Zach vers moi et le cale contre mon torse, le temps d'installer un lit de fortune.

– Tu fais quoi, *daddy* ? grogne-t-il. Laisse-moi, je dors avec maman.

– Je nous fabrique un bon dodo moelleux. Tu veux bien que je dorme ici, avec toi ?

– Oui, *daddy*.

– Ce n'est pas mieux, comme ça ? dis-je en le réinstallant confortablement.

– Oui, c'est moins dur par terre.

Je m'allonge à côté de lui. Il se colle à moi et se rendort. Je ne tarde pas à sentir quatre pattes de velours noires se glisser entre nous deux.

J'ai l'impression que je viens à peine de fermer les yeux, quand une main me secoue doucement l'épaule et qu'une voix souffle à mon oreille :

– Axel, il est huit heures et demie.

J'ouvre une paupière et fais face au regard azuré de mon père. À moitié dans les vapes, je caresse la tignasse de mon rejeton et me justifie d'une voix pâteuse :

– 'Jour, papa. On a dormi ici.

– Je vois, mais il faut vous lever, les gens vont venir à partir de cet après-midi. Ta mère et Fiona sont aux fourneaux depuis un moment.

Je profite du petit déjeuner pour informer ma belle-mère que les Marlier logeront Matthew.

– C'est très gentil. Tu les remercieras bien de ma part.

Elle marque une pause avant de corriger :

– Je les remercierai moi-même puisque je les verrai aux… enfin je les verrai.

Zach, qui n'est pas sans remarquer le trouble de sa grand-mère, se lève pour mettre son bol dans le lave-vaisselle et me questionne :

– On est obligés de mettre maman au cimetière, *daddy* ? On pourrait pas la garder ici avec nous pour toujours ?

– Moi aussi, j'aimerais la garder ici, Zach, mais ce n'est pas possible, on doit respecter la loi.

Mon fils vient se réfugier sur mes genoux.

– Même les gendarmes ?

– Surtout les gendarmes, confirme mon père qui ne perd pas une miette de notre échange. Ils doivent montrer l'exemple.

– Ben, ils ont qu'à retrouver celui qui a tué maman, s'ils doivent montrer l'exemple, papi, lui oppose-t-il. Puis il enchaîne à mon intention : Sinon, c'est qui les autres gens qui vont venir dire au revoir à maman ?

Mes parents et ma belle-mère dirigent vers moi des regards qui oscillent entre compassion et impuissance, m'abandonnant la charge de répondre à leur petit-fils. Je me racle la gorge, le serre fort contre moi et me lance :

– Tous les gens qui aimaient maman viendront la voir une dernière fois.

– Comme qui ?

– Nos amis, nos collègues.

– Son frère aussi ?

– Oui, Matthew sera bientôt là.
– Estelle et Christophe ?
– Oui.
– Le procureur ?
– Sûrement.
– David ?
– Oui.
– Eh ben, si David il vient, il faudra qu'on enferme Ninja dans la chambre parce qu'il le déteste, m'avertit-il en secouant la main. Et puis, David, il a peur des chats.

Avant d'aller nous préparer, Zach et moi décidons de sortir une tranche de blanc de poulet du frigo pour appâter Ninja qui refuse de se nourrir depuis que le cercueil trône au milieu de la salle à manger. Je la coupe en petits morceaux dans une coupelle. Zach la saisit et je l'accompagne jusqu'au séjour. Lorsqu'il la pose à côté de Ninja qui a réintégré son poste, il fait d'abord la grimace. Je tente d'en mettre un bout au creux de ma main et de lui mettre sous le nez.

– Ah, ça y est… Il mange, *daddy*, soupire Zach, soulagé. Je peux lui donner ?
– Bien sûr. Je vais prendre ma douche et après je t'aiderai à te préparer.

Quand on frappe à la porte en début d'après-midi, c'est Zach qui se précipite pour aller ouvrir. Il revient dans le séjour avec une dizaine de mes collègues dont le chef du PSIG, le lieutenant Ferry, Christophe et Estelle Marlier et le capitaine Girard. Zach prend son rôle d'hôte au sérieux et les emmène devant le cercueil.

– Voilà maman… *Daddy*, moi et Ninja, on a dormi avec elle, annonce-t-il, avant d'aller s'installer sur la chaise qu'il a collée au cercueil.

Quant à Ninja, il est en alerte, les oreilles dressées.

– Ne secouez pas le… le…, bafouille Zach, alors que le lieutenant Ferry s'apprête à bénir le corps de Kay.

Je termine pour lui :

– Ne secouez pas trop le goupillon, car le chat n'apprécie pas d'être aspergé, mon Lieutenant.

Il hoche la tête, fait le signe de croix, puis passe le goupillon à Estelle qui se tient derrière lui.

– Tes éclats de rire dans les couloirs de la résidence vont nous manquer, murmure-t-elle d'une voix brisée. Tu vas me manquer, qu'est-ce que je vais faire sans…

Christophe a tout juste le temps de la soutenir, avant qu'elle ne croule physiquement sous le poids du chagrin.

– C'est vrai, elle irradiait toute l'unité, atteste Quentin, notre maître-chien.

Pendant que mon père accueille les visiteurs et que ma mère et ma belle-mère, secondées par Estelle qui souhaite se rendre utile, proposent les douceurs qu'elles ont confectionnées toute la matinée, le capitaine Girard me prend par le coude et m'emmène à l'écart.

– Il semblerait que votre épouse ait été sortie de sa voiture par la force, chuchote-t-il. Les techniciens ont finalement prélevé une trace papillaire sur le montant de la portière avant gauche de la berline. Ce ne sont ni ses empreintes ni les vôtres. L'agresseur a dû s'y cramponner pour l'extirper de l'habitacle. Nous avons également étendu l'expertise en téléphonie mobile à tous les appareils qui ont borné aux environs du lieu de sa disparition. Cinq individus ont été entendus. Hélas, leurs alibis tiennent la route.

Depuis ma conversation avec Christophe et Estelle et la découverte de ce fameux paquet de Royale Menthol dans les affaires de Kay, je ne sais plus quelle attitude adopter avec le directeur d'enquête. Néanmoins, je fais un effort afin de lui paraître « comme d'habitude ». Je toussote dans mon poing pour masquer mon trouble et le sonde :

– Vous croyez que Kay a été la proie d'un fou furieux qui lui a fait payer son incarcération, comme Vaudeville en avait le projet ? Je reste persuadé que ce type n'est pas étranger à la mort de ma femme.

– Les résultats du labo l'ont écarté, son téléphone portable a été localisé aux alentours de Roissy et son alibi a été vérifié, Dancourt. Il n'était pas sur les scènes de crime.

– Peut-être, pourtant son Jumper y était, lui.

– Ne vous focalisez pas sur des éléments qui polluent mon enquête, mon Adjudant.

Des éléments qui polluent son enquête ?

Mes yeux s'arrondissent et viennent se planter dans les siens. Hélas, quelqu'un frappe à la porte au moment où je suis sur le point de lui demander quelques précisions. Comme nous sommes dans le couloir, je vais ouvrir. Girard en profite pour prendre congé. Une bonne partie de mes collègues lui emboîtent le pas.

Je referme la porte derrière mon visiteur surprise.

– Bonjour, mon Adjudant. Vous me reconnaissez ?

– Bien sûr, mon Commandant. Je ne m'attendais pas à vous voir, c'est très aimable à vous d'être venu.

Chapitre 31

# VISITE INATTENDUE

*Palaiseau, vendredi 25 novembre 2005, l'après-midi.*

Voilà six ans que nos chemins ne se sont pas croisés. L'officier qui vient de passer le seuil de mon domicile est le chef d'escadron Martinez. Il était aux commandes de l'escadron mobile au sein duquel j'ai été affecté, après le concours d'entrée dans la gendarmerie. Il n'a pas beaucoup changé, hormis quelques cheveux blancs qui grisonnent ses tempes et lui donnent un côté BCBG que je ne lui connaissais pas. Il me suit jusqu'au salon sans rien dire. Il approche du cercueil, prend le goupillon, bénit le corps et, tête baissée, il se recueille quelques instants.

– Un café, Monsieur Martinez ? lui demande ma mère qui le connaît bien puisque l'unité est implantée à Lille, là où je suis né, où j'ai grandi et où j'ai rencontré Kay dans le bar situé en face de la faculté de droit.

– Oui, volontiers, merci, madame Dancourt.

C'est alors qu'il remarque Zach, immobile sur sa chaise, à côté de sa mère. Il s'approche de lui. La dernière fois qu'ils se sont vus, nous déménagions pour rejoindre le PSIG de Palaiseau, où j'avais été muté. C'était au printemps 1999, Zach marchait à peine.

– Je sais de qui te viennent ces grands yeux verts, mais ceux-ci sont tristes, murmure-t-il en relevant le menton de

Zach de l'index. Ta maman n'aimerait pas voir que tu leur as enlevé toutes leurs étoiles.

– Vous connaissez ma maman ?

– Oui. Et je ne crois pas qu'elle ait perdu, une seule fois, les étoiles qui brillaient dans les siens.

Zach sourit, fier de recevoir des compliments sur sa mère.

– Ses yeux sont ton héritage. Rends-leur honneur.

– D'accord, Monsieur.

De l'index, je caresse affectueusement la joue de mon fils, présente Christophe et Estelle à mon ex-chef que j'invite à prendre place dans un fauteuil. D'un mouvement discret de la tête, je fais signe à Christophe de venir s'asseoir avec moi sur le canapé. Puis je m'éclaircis la voix et demande :

– Vous êtes venu de Lille, mon Commandant ?

– J'ai été muté à la DGGN[16] quand j'ai été promu au grade de lieutenant-colonel.

– Félicitations. J'ignorais que vous étiez à Paris, vous aussi.

– Merci… Eh oui, le temps passe. J'ai été atterré d'apprendre le décès de votre épouse, déclare-t-il en mettant un doigt devant sa bouche. Que s'est-il passé ? La BR fait son job ? Girard est sur une piste ?

Comme il bosse à la direction de la gendarmerie, je m'interroge sur le véritable motif de sa visite. Est-il venu m'aider ou bien me soutirer des informations ?

Je jette un œil vers mon ami. Bien droit, les paumes sur les genoux, il reste impassible, ne me donnant aucune indication, même non verbale, sur ce qu'il pense.

Je prends donc le risque de relater où en est l'avancée de l'enquête, sans entrer dans les détails. Mais le lieutenant-colonel Martinez insiste :

– Les gendarmes ont-ils investigué du côté de votre entourage ? Ce genre d'acharnement et cette violence extrême sont souvent l'acte d'un proche de la victime.

16 Direction générale de la Gendarmerie nationale.

– Mis à part mes collègues du PSIG et la baby-sitter de Zach, mon entourage est restreint, je ne vois pas…

– Vous avez dû être auditionné, mon Adjudant-chef, non ? s'adresse-t-il à Christophe.

– Comme tout le monde, mon Colonel.

Je réalise que Christophe ne m'en a pas parlé.

– Et la nounou ? Elle a été entendue ?

Je sens le regard de Christophe sur moi et je sais parfaitement qu'il tente de me freiner dans mes confidences, dans le cas où mon ex-chef soit du mauvais côté, bien que j'en doute. Pour ne pas courir de risque, je reste vague :

– Je ne crois pas une seconde à son implication. Elle adorait Kay. Et les investigations démontrent que c'est l'œuvre d'un homme.

Si je dois me méfier de la gendarmerie tout entière, je ne suis pas sorti de l'auberge.

– Il ne faut négliger aucune piste, me conseille-t-il en reposant son assiette à dessert vide sur la table basse. Faites en sorte qu'elle soit auditionnée, Axel. Au pire, ça permettra d'éliminer un suspect.

C'est la première fois qu'il m'appelle par mon prénom.

– Je vais vous laisser en famille, termine-t-il en se levant.

– Merci d'être venu, mon Colonel.

Il sort son portefeuille et en extirpe une carte qu'il me tend.

– Si vous avez besoin de quoi que ce soit, appelez-moi, d'accord ?

Tandis qu'il est occupé à saluer mes parents, ma belle-mère, Estelle et mon fils, je m'approche de Christophe et grommelle :

– Je te connais, Tophe. J'ai vu à ton attitude que tu ne me dis pas tout… Tu as…

Je n'ai pas le temps de finir ma phrase, le lieutenant-colonel se retourne vers nous.

– Je vous raccompagne, dis-je poliment en le précédant jusqu'à l'entrée de l'immeuble.

Dans mon dos, je sens la présence de Christophe. Aussitôt que nous nous retrouvons seuls, il m'attrape par le bras et m'entraîne jusqu'à chez lui. C'est dans son couloir, à l'abri des oreilles et des yeux indiscrets, que nous mettons les points sur les i. C'est lui qui prend la parole le premier :

– Ce n'est pas ce que tu crois, Axel… Je n'ai pas vraiment été auditionné.

– Ne joue pas sur les mots, je t'en prie ! Le résultat est le même !

– Arrête de te comporter comme si tu ne t'en doutais pas, nom de Dieu ! hausse-t-il le ton. Tu sais très bien que tout l'immeuble a été entendu !

– Estelle aussi ?

– Nous sommes vos amis, Axel. Ils nous ont posé des questions sur votre couple, forcément.

– Donc, vous avez évoqué le cas Audrey ?

– Je t'avais dit que j'en toucherais deux mots aux enquêteurs.

– Oui, mais c'était déjà fait, apparemment.

Il hausse les épaules, puis il pose la main sur mon avant-bras en acquiesçant :

– Bien sûr ! Je croyais que tu avais capté.

– Moi, je croyais que je pouvais avoir confiance en toi. Du coup, ils ont entendu Audrey, c'est ça ?

– Ça, je n'en sais rien, mon pote.

– Mon pote… Mon pote… Je sais bien que tu respectes le secret de l'enquête de flagrance et je présume que les enquêteurs cherchent à savoir si j'ai une liaison avec elle.

– Ou pas, Axel. Ils recueillent des éléments à charge et à décharge, normalement.

– Sauf s'ils sont manipulés par leur hiérarchie, si tu vois ce que je veux dire.

– C'est la grande question. Bon, je suis de patrouille cette nuit, il faut que je me prépare… Tu ne m'en veux pas, j'espère.

– J'ai été surpris… Tu m'as énervé, j'ai eu l'impression que tu me trahissais, tu comprends ?

– Tu me soupçonnes d'avoir massacré ta femme ?

– Si tu veux la vérité, ça m'a effleuré l'esprit plusieurs fois, mais... mais je suis persuadé que tu ne peux pas me dire tout ce que tu sais, même si ça te brûle les lèvres, parfois.

– Enfin, Axel, regarde-moi dans les yeux, se défend-il. Quel aurait été mon mobile ?

Alors que j'ai la main sur la poignée de sa porte d'entrée, je tourne la tête et le nargue :

– Si moi je l'ignore, peut-être que Kay le savait. C'était peut-être toi sa cible. Celui qu'elle filochait. Ça expliquerait pourquoi elle ne m'a rien dit, puisqu'on est potes.

Ma pique a pour conséquence de le faire blêmir. Il plaque la paume au centre de la porte pour m'empêcher de l'ouvrir.

– Tu es sérieux, Axel ?

– Je ne sais pas ce que tu as déclaré aux enquêteurs. Tout ce dont je suis sûr, c'est que tu n'étais pas au volant du fourgon de Vaudeville, puisque c'est toi qui as retrouvé l'Audi de Kay.

Je prends une grande inspiration avant d'ajouter :

– Tu ne douterais pas de tout le monde, si tu étais à ma place ?

– Sûrement... Tu as raison, admet-il en retirant sa main pour me laisser sortir.

– A contrario, tu fais tout ce que tu peux pour m'aider, donc je t'accorde le bénéfice du doute, dis-je dans un sourire contrit.

– Tu n'es pas dans une position facile, je comprends.

– Bien. Je classe cette explication de gravure « sans suite ». N'en parlons plus. Tu veux que je demande à Estelle de remonter ?

– Inutile, elle peut rester encore un peu avec vous si elle veut. Je suis grand, je peux me débrouiller tout seul.

Chapitre 32

# MO CUISHLE

***Palaiseau, du vendredi 25 au lundi 28 novembre 2005.***

Je redescends chez moi, soulagé d'avoir eu une explication franche avec Christophe.

Alors que je suis persuadé que tous nos visiteurs sont partis, le son d'une voix grave me stoppe net quand je referme la porte d'entrée derrière moi :

– Je n'ai pas pu me libérer plus tôt et ma femme tenait à m'accompagner.

Reconnaissant le timbre de voix du patron de Kay, je me précipite dans le séjour.

– Merci d'être venu, Monsieur le Procureur, dis-je en lui tendant la main. Merci à vous également, Madame, renchéris-je à l'intention de son épouse qui m'apparaît toute gracile à côté de son grand gaillard de mari.

– C'est tout naturel, m'assure-t-elle.

Je laisse le couple se recueillir et bénir le cercueil de Kay. Pendant que sa femme discute avec Fiona et ma mère, le proc' laisse transparaître son attachement à son substitut :

– Kay était une collaboratrice d'exception. Je pouvais compter sur elle en toutes circonstances. Son intégrité, sa foi en la justice de notre pays m'ont toujours rendu admiratif. Je ne lâcherai rien, jusqu'au dernier jour de mon enquête de flagrance ! Je m'attacherai à ce que son ou ses meurtriers soient interpellés et jugés !

– Je compte sur vous, Monsieur. D'ailleurs, j'ai une question qui me taraude depuis un moment. Vous permettez que…

– Je vous en prie. Dites-moi.

– Les enquêteurs ont-ils entendu la jeune femme que nous avons engagée pour s'occuper de Zach ?

– Elle a été reçue à la BR ce matin. Je n'ai pas encore eu le temps de lire sa déposition ni l'acte d'enquête que le capitaine Girard m'adresse tous les soirs.

– Vous pensez qu'elle a joué un rôle ?

Je sens que j'ai dépassé les bornes. Son visage se ferme brusquement et son ton redevient professionnel :

– Je ne pense rien. Mon rôle est de diriger les enquêteurs, d'étudier les éléments qu'ils me transmettent et de les confronter entre eux, pour clore mon enquête de flagrance en inculpant le ou les auteurs des actes de torture et de barbarie qu'ils ont infligés au substitut Dancourt, entraînant son décès.

Je sens bien qu'il y a un truc qui cloche avec Audrey. Il ne souhaite pas que j'en sache davantage, comme si j'avais quelque chose à y voir. Quand j'essaie de percer son regard, il grimace et ajoute :

– J'ai beaucoup d'estime pour vous, monsieur Dancourt, mais je ne trahirai pas le secret de l'enquête.

– Je comprends, Monsieur.

– Puisqu'on évoque cette madame Aubert, elle a été la première à passer le pas de cette porte pour se recueillir sur la dépouille de Kay, je présume.

– Détrompez-vous, nous ne l'avons pas encore vue.

– Tiens donc ! s'étonne-t-il en levant un sourcil inquisiteur.

Qu'est-ce qu'il insinue ? Je hausse les épaules, quand l'agression dont Kay a été victime le 14 juillet dernier me traverse l'esprit. Le parquet a classé l'affaire sans suite pour non-identification de l'auteur de l'infraction, mais, si comme l'évoquent Christophe et Estelle, le passage à tabac dont Kay a été victime était une tentative de meurtre avortée et que le procureur trempe…

*Non… Kay n'a pas filoché son boss, quand même !*

Le procureur, qui n'est pas sans remarquer mon trouble, prend les devants :

– Qu'est-ce qui vous chiffonne, monsieur Dancourt ?

J'inspire un grand coup et me lance. Je lui rappelle brièvement les faits puis lui fais part de mes soupçons. Il reste silencieux plusieurs secondes et reconnaît :

– Je m'en souviens, oui… Madame Aubert est toujours là où il ne faut pas… Je vais la convoquer. Je commanderai au directeur d'enquête de l'amener dans mon bureau. Je l'interrogerai moi-même sur cette agression du 14 juillet.

On dirait qu'il n'accorde pas une confiance totale aux enquêteurs, lui non plus.

***Dimanche 27 novembre.***

Ce fut le défilé tout le week-end, si bien que ce soir, j'ai du mal à me souvenir de qui j'ai vu. Il n'y a qu'une personne qui a brillé par son absence, alors que, comme le procureur, j'étais convaincu qu'elle passerait le pas de la porte la première : Audrey.

Elle qui pourtant m'a soutenu qu'elle adorait ma femme et qu'elle n'oublierait jamais la complicité qui les unissait. Comme Zach ne semble pas l'avoir remarqué, je n'y fais pas allusion.

Rencogné au fond de mon fauteuil, je poursuis ma réflexion, quand Zach m'en extirpe brutalement en tirant la manche de ma chemise :

– Voilà tonton Matthew !

Je n'ai pas le temps de réagir que mon rejeton court à sa rencontre. Mon beau-frère passe le pas de la porte de mon domicile, tenant Zach par la main et faisant rouler sa valise avec l'autre.

Kay, Zach et moi nous rendions en Irlande deux fois par an. Pourtant, lorsque je fais face au regard décomposé de Matthew, puis que je remarque les cernes noirs qui lui mangent le visage, cachant presque ses yeux verts, le désordre dans ses cheveux roux et son teint de papier mâché, j'ai soudain l'impression qu'une décennie s'est écoulée depuis la dernière fois où nous nous sommes vus.

Il lâche sa valise pour me prendre dans ses bras. Je tapote affectueusement son dos sans mot dire. Puis il enlace Fiona et ma mère, avant de serrer la pogne de mon père qui n'est pas très fan des effusions entre hommes.

Ma mère me propose d'inviter les Marlier à dîner.

Pendant le repas, nous échangeons sur tous les bons moments que nous avons passés avec Kay. Je me surprends à sourire à l'évocation de certaines anecdotes la concernant dont je n'avais pas connaissance.

Vers vingt-deux heures, Estelle et Christophe emmènent Matthew chez eux. Nul besoin de chercher Ninja, il n'a pas quitté son poste sur le cercueil de Kay. Sauf pour aller faire pipi dans sa caisse. Cependant, quand Zach et moi nous glissons pour la dernière fois dans notre lit improvisé près du cercueil, il nous rejoint.

*Lundi 28 novembre.*

À moto, Ninja à l'intérieur de mon blouson, je suis le carrosse fleuri de ma princesse jusque devant l'église. C'est noir de monde. Il y a des gens jusqu'à l'extérieur. À travers mes yeux brouillés par les larmes que je retiens, j'aperçois plusieurs de mes collègues, la secrétaire de Kay, le substitut Baroni, le procureur… Je suis certain que des gendarmes en civil sont venus surveiller la cérémonie en quête d'informations et de comportements suspects. Je parierais qu'il est là, lui aussi… ce salaud.

Et Girard ? Où est Girard ? Je ne le vois nulle part. Il est certainement resté en retrait et observe la scène avec des jumelles.

Après tout, peu importe ce qu'ils font, ce n'est pas ma mission. Je descends de mon engin, me débarrasse de mon casque, arrange rapidement mes cheveux et tends la main à mon fils qui lâche celle de son oncle Matthew pour me rejoindre.

Main dans la main, la tête baissée, nous nous arrêtons devant les portières arrière du fourgon mortuaire – *Eh oui, encore un... ma pauvre Kay* – et patientons le temps que le cercueil en soit extrait.

Des connaissances s'approchent de nous. L'institutrice de Zach nous salue :

– Monsieur Dancourt, je suis de tout cœur avec vous. Gardez votre fils auprès de vous le temps nécessaire. Ne vous inquiétez pas.

Je la remercie d'un hochement de tête.

Des copains de classe, accompagnés de leurs parents, nous témoignent toute leur sympathie. La petite blondinette, l'amoureuse de Zach, dépose un timide bisou sur sa joue.

Je suis occupé à rembarrer ma mère qui me reproche de ne pas porter le costume qu'elle a sorti de mon dressing au profit d'un simple pantalon gris et d'un pull noir à col roulé sous mon blouson de moto, lorsqu'une voix de femme qui m'est familière pleurniche :

– Ça va aller, mon cœur ?

Quand je tourne la tête, je suis surpris de voir Audrey qui serre mon fils contre elle. Elle se penche pour déposer un baiser affectueux sur sa joue, tandis qu'il prend sa main en implorant :

– Reste avec nous, Audrey, s'il te plaît.

Je pivote vers ma belle-mère qui est en train de se moucher.

– Vous pouvez, Audrey, si vous voulez, consent-elle presque contrainte par le regard pénétrant que je lui adresse.

En tête du cortège, avec Ninja qui sort la tête du col de mon blouson, Zach et moi montons les marches en pierre menant au parvis de l'église, puis nous accompagnons celle que nous aimons jusqu'à l'autel. C'est à cet instant que Ninja grimpe sur mon épaule pour sauter sur le cercueil. Zach tend les mains pour le reprendre, mais je l'en empêche avant qu'il ne feule :

– Laisse-le, on le récupérera tout à l'heure.

Je ne sais pas ce qu'il se dit pendant la messe. Je n'écoute rien. Je regarde cette boîte blanche. J'imagine que Kay y est emprisonnée bien vivante et qu'elle attend que je vienne arracher le couvercle à mains nues pour la libérer. J'ai envie de le faire. J'entends des gens qui pleurent, d'autres qui reniflent, d'autres encore qui se mouchent, cependant, je garde la tête fixe, tripotant les petits doigts de Zach entre les miens. Je contemple les larmes de mon fils qui gouttent par terre et… je renifle.

*Je n'ai pas de mouchoir.*

À la fin de l'office religieux, je récupère, non sans mal, mon partenaire qui mord le dos de ma main, puis nous sortons pour nous rendre à pied au cimetière. Nous avons choisi de bénir une dernière fois Kay avec une rose. De chaque côté de la tombe sont disposées deux énormes corbeilles qui en sont remplies. Chaque personne sera invitée à en prendre une pour la lâcher sur le cercueil que les employés des pompes funèbres font descendre dans le trou. Je suis debout devant, tétanisé. Je réalise qu'elle est en train de me quitter. Je m'évertue à maîtriser Ninja dont les longs miaulements plaintifs m'arrachent le cœur et amplifient les gémissements des personnes qui nous entourent.

Je sens la lourdeur des regards compatissants m'accompagner alors que je saisis une rose dans un panier. Je reste immobile un moment, puis finis par ouvrir ma main. Mes yeux suivent ma fleur blanche jusqu'à ce qu'elle s'écrase sur le couvercle. Elle est accompagnée d'une pluie de mes larmes. Je murmure :

– Envole-toi, *mo cuishle*[17].

17 Ma chérie, mon sang, en gaélique.

Mon Irlandaise m'a traduit ces deux mots gaéliques lorsque l'année dernière elle m'a emmené voir *Million Dollar Baby* au cinéma. Contrairement aux autres spectateurs, j'ai su ce qu'ils signifiaient en français, avant la fin du film.

Mon fils, qui hurle *« Non, Maman ! Ne t'en va pas ! »* à se briser les cordes vocales, me perce les tympans.

Les bras écartés, il fait un pas en avant, puis un deuxième. Je suis incapable de faire le moindre geste pour le contraindre à reculer. In extremis, Audrey l'attrape par la capuche de l'anorak et le tire en arrière.

Je sens alors une main caresser mon dos… C'est celle de Fiona.

Chapitre 33

# APPEL DE DÉTRESSE

***Palaiseau, mercredi 30 novembre 2005.***

Hier, mes Irlandais ont rejoint le Connemara, les yeux chargés de larmes. Avant de partir, Fiona m'a fait promettre de l'appeler à mesure de l'avancée des investigations. Puis, le dos voûté et le pas hésitant, elle s'est dirigée au bras de son beau-fils vers le taxi qui attendait le long du trottoir, derrière les grilles du PSIG. Elle s'est retournée et m'a crié quelque chose. Hélas, le bruit des réacteurs d'un Airbus qui est passé au-dessus de nous au même moment m'a empêché d'entendre.

C'est l'inconvénient d'habiter à proximité d'un aéroport, dans un couloir aérien.

J'ai souri à ma belle-mère qui a plaqué les mains sur ses oreilles, avant de s'engouffrer dans le taxi.

Un peu plus tard, j'ai également ressenti l'hésitation de mes parents à nous abandonner, Zach et moi.

– On peut rester encore quelques jours, si tu veux, m'a proposé ma mère.

Ils se font du souci pour nous. Je suis sûr que la crainte, que j'avais pourtant bien tassée au fond de mon cœur, pour que même celle qui m'a mis au monde ne la perçoive pas, a titillé son instinct de mère. C'est sans doute la raison pour laquelle elle s'est crue investie du devoir de continuer à m'épauler.

Même si le petit garçon tapi en moi mourait d'envie de se jeter entre ses jambes, en geignant *« Oh, oui, maman ! Reste, s'il te plaît ! Comment je vais faire ? Je n'y arriverai jamais tout seul !* », l'homme que je suis devenu, grâce à elle, a pris une grande inspiration pour gonfler ses pectoraux. Je suis allé chercher mon timbre de voix le plus grave au fond de ma gorge nouée et, plein d'assurance, je l'ai rassérénée :

– C'est gentil, maman, mais non. Il faut qu'on reprenne une vie normale, enfin… qu'on essaie. J'ai pris quelques jours de permission et Zach ne retournera à l'école que lundi. On va tenter de mettre de nouveaux repères en place. On viendra pour Noël.

Noël ?… Sans Kay ?… Je n'ose même pas envisager cette perspective.

Zach, Ninja et moi avons conduit mes parents à Roissy et, après qu'ils ont eu fait enregistrer leurs bagages, nous les avons regardés prendre la direction de la salle d'embarquement. Puis, côte à côte et main dans la main, le couple père-fils que Zach et moi formons s'en est allé. Sur le chemin du retour, nous avons fait une halte à un food-truck pour acheter deux pizzas que nous avons dégustées dans leur boîte en carton, vautrés sur le canapé, devant le DVD du *Roi lion*. Ninja, confortablement installé entre nous deux, a eu sa part, Zach lui cédant des bouts de jambon et moi de saumon.

Ce mercredi matin, je soulève une paupière pour apercevoir l'heure sur le réveil. Pénible exercice, car elles sont toutes les deux lourdes et collées. Je tâte le lit à la recherche du corps de Zach. Personne. Ninja a disparu, lui aussi. Des deux mains, je me frotte les yeux et pose un pied au sol, puis le deuxième. J'ai l'impression que mon corps pèse une tonne et que mes articulations sont rouillées.

Je suppose que j'encaisse le contrecoup de la pression que je subis et de la peine qui est la mienne depuis… huit jours.

Huit jours ? L'enquête de flagrance arrive à son terme ce soir et nous n'avons pas l'ombre d'une piste exploitable. J'espère que le procureur va la prolonger de huit jours supplémentaires.

J'ouvre les volets de ma chambre et fonce dans la cuisine pour préparer le petit déjeuner. En longeant le couloir, j'entends la télé. Je passe la tête dans l'embrasure de la porte et découvre Zach sur le canapé. Ninja sur les genoux, il regarde les infos :

– Les enquêteurs de Palaiseau ne ménagent pas leurs efforts et travaillent d'arrache-pied, nuit et jour, pour interpeller le ou les assassins de madame Kay Dancourt, substitut au parquet de Paris, dont le corps mutilé a été découvert au fond d'un chemin de halage sur la route nationale 118, le 22 novembre dernier. Bien que des traces appartenant à l'auteur des faits aient été relevées, il n'a pas encore été identifié... L'arme du crime n'a toujours pas été retrouvée... Des auditions sont en cours... C'est pourquoi l'enquête de flagrance mise en œuvre par le procureur de la République de Paris, dès le lendemain de la découverte du corps sans vie de la magistrate, vient d'être prolongée. Dans le cas où les investigations n'aboutiraient pas avant l'expiration de cet ultime délai, l'affaire sera transmise à un juge d'instruction pour ouverture d'une information judiciaire...

Zach, qui a vu Ninja tourner la tête vers moi, m'interroge sans quitter la télévision des yeux :

– Qu'est-ce que ça veut dire, *daddy* ?

Je me fais une place près de lui avant de répondre :

– Ça veut dire que l'assassin de maman n'a toujours pas été interpellé, mais que son patron se donne encore huit jours pour le retrouver lui-même. Après, il devra transmettre l'affaire à un juge qui se chargera de continuer à chercher.

– Ah bon. C'est pareil, non ?

– Oui. Sauf que ce ne sera plus le patron de maman qui sera le chef des gendarmes, mais un juge d'instruction. Tu viens petit-déjeuner, mon cœur ?

– *I wonder where this son of a bitch is.*

Cette interjection grossière dans la langue de Shakespeare me scotche au fond du canapé. Les yeux arrondis, je riposte dans la même langue :

– *What have you said ? I haven't correctly heard*[18].
– C'est Matthew qui a dit ça hier. Moi, je répète.
– Tu sais ce que ça veut dire ?
– Je parle anglais, *daddy*.
– Traduis, alors.
– Eh ben, je me demande où est ce fils de…
– De quoi ?
– Je sais pas… de biche ?
– Pour moi une biche c'est *a doe*, mais si tu le dis…
– T'as raison, *daddy*… Hum… Alors c'est quoi a *bitch* ?
– Un synonyme, un autre mot pour dire la même chose.
– Oui, sûrement.

Je passe le revers de la main sur mon front et soupire de soulagement. Je m'en sors plutôt bien sur ce coup-là.

Pelotonnés l'un contre l'autre sur le canapé, sous une couverture que Ninja a investie en s'étalant dessus, nous passons notre après-midi à regarder des albums photo. Zach ouvre d'abord celui de notre mariage dans le Connemara. Il s'arrête devant la photo prise sur le parvis de la chapelle où une haie d'honneur, faite de cloches agitées par nos invités, nous accueille. Zach se tient devant Kay et moi. Il n'avait que deux ans et demi, mais il s'en souvient car il me demande :

– On n'avait pas de slip sous nos kilts, hein, *daddy* ?

Fiona avait tenu à ce que tout le monde porte le costume traditionnel, et pour les hommes, y compris le marié, le kilt était donc de rigueur.

– Non, on était cul nu, dis-je d'une voix tremblotante en retenant une larme qui pointe au coin de mon œil. Mais tu n'avais pas une couche, toi ?

– Ah non ! m'oppose-t-il. Même que granny m'a grondé car j'avais fait pipi sur mes grandes chaussettes blanches !

– Tu te souviens de ça ?
– Non, c'est granny et maman qui me l'ont raconté.

---

18 Qu'est-ce que tu as dit ? Je n'ai pas bien entendu.

Il glousse dans sa main puis reprend son sérieux pour continuer :

– Elle est belle ma maman, t'as bien fait de te marier avec elle.

– Merci, Zach, c'est gentil. Et ton amoureuse à toi, elle s'appelle comment ?

– Lili Perrin, mais quand elle sera ma femme, elle s'appellera Lili Dancourt. J'aurai le droit de me marier en Irlande aussi, moi ?

– Si tu veux.

– Alors il va falloir que je dise à Lili qu'on n'a pas de culotte, là-bas.

Bien que les photos qui défilent sous mes yeux ne me donnent pas vraiment envie de rire, je suis obligé de pouffer devant une ou deux d'entre elles.

Lorsque Zach referme le troisième album, nous nous serrons fort dans les bras… Kay nous manque.

Après dîner, j'attends que mon fils soit endormi pour me vautrer dans mon fauteuil. Je regarde la télé d'un œil distrait tout en câlinant Ninja qui ronronne sur mes genoux, quand mon téléphone portable se met à vibrer. C'est Audrey. Comme je n'ai pas envie de parler à qui que ce soit, je ne décroche pas et laisse la messagerie se déclencher. Quelques secondes plus tard, elle rappelle. Je décide de répondre.

– Axel ! Quelqu'un s'est introduit chez moi ! Par la porte-fenêtre de mon balcon. Elle a été forcée, il y a des bouquets de roses partout et un mot, je…

– Sors de là tout de suite ! Il est peut-être encore sur les lieux ! J'envoie une équipe sur place et j'arrive ! En attendant, va te réfugier chez des voisins, c'est compris ?

– Oui !

Je téléphone au centre opérationnel qui prend mon alerte en compte et active une patrouille sans délai. Je vais voir Zach. Il dort profondément. Je ne le réveille pas. Je vais dans le bureau de Kay et écris un mot sur un Post-it que je colle sur le réveil de ma chambre : « *Je suis parti chez Audrey. Je reviens vite. N'ouvre à personne. Si tu as peur, appelle Estelle. Daddy.* » Puis je préviens les Marlier. C'est Christophe qui décroche. Je lui explique ce qu'il se passe en deux mots.

– D'accord, j'avertis Estelle et je descends, m'annonce-t-il. Je t'accompagne.

J'attrape Ninja pour aller le déposer sur le lit et, l'index pointé sur son museau, je chuchote :

– J'ai une urgence, je reviens bientôt. Toi, tu montes la garde ici.

Puis j'appuie le doigt entre ses deux oreilles, comme lorsque je le pousse au fond de mon blouson, et j'enchaîne :

– Pas bouger, Ninja.

J'ai la sensation qu'il comprend ce que je dis, car il se couche en travers du lit, sur les jambes de Zach, puis il me regarde sortir à reculons de la pièce.

Quand j'arrive en bas de l'immeuble, Christophe m'attend dans sa voiture, le moteur tournant déjà.

Alors que je lui communique l'adresse d'Audrey, il s'étonne :

– Tu sais où elle habite ? Tu es déjà allé chez elle ?

Je tourne la tête vers lui et siffle entre mes dents :

– Non, je ne suis jamais allé chez elle ! Tu m'emmerdes avec tes questions à deux balles ! Si je connais son adresse c'est tout simplement parce que je l'emploie et qu'elle m'a donné un RIB pour…

– Ho, calme-toi, Axel ! Je rigolais ! Tu prends vite la mouche en ce moment !

À notre arrivée, la patrouille est déjà sur place. Audrey, qui est retournée dans son appartement avec les enquêteurs, s'effondre en pleurs dans mes bras. Du regard, je balaie la pièce à vivre dans laquelle nous nous retrouvons serrés comme des sardines, les quatre enquêteurs, Christophe, Audrey et moi. Son appartement est minuscule. Ressentant les regards interrogateurs de mes collègues, je m'écarte de la baby-sitter et m'inquiète :

– Tu n'as rien ?

– Non. J'ai découvert l'appart dans cet état quand je suis rentrée à vingt-deux heures… J'étais au ciné.

– Toute seule ?

– Oui, toute seule.

– On t'a volé quelque chose ?

– Je ne crois pas. Tout est en ordre.

– Tu m'as parlé d'un mot…

– Oui, il est sous scellé, le voici, intervient Olivier, un gendarme qui était sur les lieux de la découverte du corps de Kay.

Je le lis : *« J'ai tout fait pour que tu ne sois plus malheureuse ! Pourquoi tu ne réponds plus à mes appels ? Je t'aime comme un fou ! Reviens, tu me manques ! »*

– Tu as une idée de qui ça peut être ? Un ancien petit ami, un copain de la fac ?

– Non, vraiment, je ne sais pas, Axel.

– Nous avons relevé les empreintes sur la fenêtre, nous interrompt Olivier. Ce n'est peut-être qu'une simple coïncidence, Axel, mais je trouve étrange qu'on s'en prenne encore à quelqu'un de ton entourage, si tu vois ce que je veux dire.

Je me tourne vers lui et plisse les sourcils tout en cherchant à comprendre ce qu'il insinue.

– Tu crois qu'il pourrait s'agir du même individu qui a massacré ma femme et que maintenant il s'en prendrait à mes proches pour m'atteindre ?

– C'est possible, ils vont devoir fouiller dans tous tes dossiers, du plus ancien au plus récent, précise Christophe.

– Je n'avais pas pensé à ça, objecte Olivier en posant les yeux sur Audrey.

– Ah bon ? Tu avais pensé à quoi ?

– À rien, laisse tomber.

Il veut me faire entendre, à mots couverts, que, comme beaucoup, il a l'intime conviction que je couche avec la nounou de mon fils et que, selon lui, c'est le mobile de l'assassinat de Kay. Non seulement je feins de ne pas avoir compris le sens de ses allégations infondées, mais j'abonde dans son sens en enfonçant le clou :

– En tout cas, je suis à votre entière disposition, les gars. Si vous n'avez plus besoin d'elle, m'autorisez-vous à recueillir cette jeune femme pour la nuit ?

Olivier roule des yeux, avant de souffler d'exaspération :

– Bon, OK. Tu nous l'amènes demain à la brigade, pour sa déposition.

– Reçu. À demain. Allez viens, dis-je à l'intention d'Audrey.

– Je vais prendre quelques affaires.

Plantés au milieu de la cuisine qui fait également office de salon et de bureau, nous attendons qu'elle sorte de sa chambre, juste à côté. Christophe s'approche de moi et grommelle :

– Tu ne devrais pas l'emmener chez toi, tu vas t'attirer des emmerdes. Tu vas leur donner la preuve qu'ils cherchent.

– Quelle preuve ?

– Que tu te la tapes et qu'elle n'a pas attendu longtemps pour prendre la place de Kay dans ton lit. Elle est encore chaude.

– Qui est encore chaude ?

– La place de Kay dans ton plumard.

– Ce n'est pas la première fois qu'Audrey passe la nuit chez nous.

– Je sais.

Embarrassé, je déglutis, mords l'intérieur de ma joue et me défends :

– Et puis, je t'en prie, ils ne sont quand même pas aussi cons. Ils m'ont donné l'autorisation. En plus, il y a Zach chez moi. Ce n'est pas comme si j'étais tout seul.

Mon ami lève les yeux au ciel en dodelinant de la tête – *de la même façon que Girard* – comme si j'étais un cas désespéré. Puis il fait un pas de côté pour laisser Audrey s'insérer entre nous, un mini sac à dos en toile fleurie à la main.

– J'ai pris le strict minimum, on y va ? soupire-t-elle, soulagée.

De retour au PSIG vers minuit, je remercie Christophe qui monte chez lui, puis, un doigt devant la bouche, j'ouvre ma porte d'entrée en murmurant :

– Chut, Zach dormait quand je suis parti…

Je me dirige vers ma chambre et pousse doucement la porte déjà entrouverte. Zach ne bouge pas, mais Ninja dresse une oreille. J'ôte le mot que j'avais laissé sur le réveil, ressors et passe devant Audrey.

– On va te préparer la chambre d'amis. Viens.

Sitôt dans la pièce, j'ouvre le placard pour en extirper une parure de lit et murmure :

– Tu sais où sont les serviettes si tu veux prendre une douche… Tu veux que je t'aide à…

– Je vais me débrouiller, merci, Axel, me sourit-elle en m'enlevant les draps des mains. Par contre, j'ai pris des vêtements de rechange et ma trousse de toilette, mais j'ai oublié mon pyjama et mes pantoufles.

J'entrouvre la bouche, prêt à rétorquer qu'elle peut se glisser sous la couette en petite culotte, mais je me ravise par crainte qu'elle n'interprète mes propos de travers. Sans mot dire, je sors de la chambre et retourne dans la mienne. Je reviens avec une nuisette, un peignoir et des mules appartenant à Kay. Je les pose sur le lit, presque à contrecœur.

– Merci, c'est gentil, susurre-t-elle en posant la paume sur mon avant-bras, un sourire accroché aux lèvres.

Son étrange attitude m'interpelle. Au fond de moi, je me dis qu'elle a sciemment oublié ses vêtements de nuit, comme si elle aimait porter ceux de ma femme. Elle ne se gêne pas pour se servir dès qu'elle en a l'occasion, d'ailleurs. Comme mardi, quand je lui ai proposé de dormir dans la chambre de Zach et qu'elle est venue m'épier dans le salon au milieu de la nuit, vêtue du peignoir en satin mauve de Kay qu'elle avait soi-disant trouvé dans la salle de bains.

Je secoue la tête pour en sortir ces élucubrations infondées. Je n'ai pas l'intention de donner raison à mon entourage. Je recule de quelques pas et, avant qu'Audrey ne me saute dessus, je m'éclipse en baragouinant :

– De rien. Je vais me coucher. On reparlera de tout ça demain. Ça ira ?

– Oui, ça va aller. Je suis en sécurité, ici… avec vous.

J'entre dans ma chambre en vitesse, ferme la porte et rejoins mon fils et Ninja sous la couette.

Mon partenaire, que je dérange pour la deuxième fois, se redresse. Je le sais car ses yeux jaunes brillent dans le noir. Je sens qu'il est sur le point de me signifier son désaccord sur ma présence trop longue dans la chambre d'en face. Je lui ferme le clapet :

– Chut… Coucher, Ninja.

Je passe une très mauvaise nuit. Je me pose une multitude de questions au sujet de ces derniers événements. Je commence à penser que je suis indirectement responsable de l'assassinat de Kay et que tout mon entourage est en danger. D'abord Vaudeville et son fourgon qu'un tiers utilise pour kidnapper et tuer ma femme, puis un second individu qui s'en prend maintenant à la nounou de mon fils… Kay m'a appris que le hasard n'existe pas.

Et s'il s'agissait de la même personne ? Et si tout était lié ?

Ne pouvant trouver le sommeil, à six heures je suis dans la cuisine en train de préparer des pancakes. En me retournant pour poser le plat sur la table, je tressaille de surprise. Audrey se trouve juste là, à quelques centimètres de moi. Elle est en petite tenue, le peignoir de Kay grand ouvert sur la nuisette de Kay.

Sous le choc, je détourne le regard en maugréant :

– Qu'est-ce que tu fais ?

– Bonjour, Axel. La bonne odeur de pâtisserie m'a réveillée, annonce-t-elle en s'étirant.

– Va t'habiller, s'il te plaît, Zach pourrait arriver.

– Il n'a jamais vu sa mère le matin au réveil ?

– Tu n'es **pas** sa mère !

Mon interjection laissant transparaître mon désaccord et la colère que je contiens, elle baisse les yeux et noue la ceinture du peignoir.

– Oui, c'est vrai, vous avez raison, reconnaît-elle. Je vais me préparer. Pardon.

J'expire mon mécontentement mais ne prononce pas un mot de plus.

Audrey vient à peine de quitter la cuisine que Zach, les yeux encore pleins de sommeil, apparaît dans l'encadrement de la porte.

– Tu as fait des pancakes, *daddy*, c'est gentil.

– Oui, pour te faire plaisir. Tiens, dis-je en lui servant son chocolat.

Je m'assieds face à lui pour lui expliquer ce qu'il se passe :

– Audrey a été cambriolée hier soir. Je suis allé la chercher. Elle a dormi dans la chambre d'amis. Après le petit déj', je l'emmènerai à la gendarmerie pour qu'elle dépose plainte. Tu veux venir avec nous ?

*Elle me fait peur, maintenant. Je préfère emmener un témoin avec moi.*

– Si tu veux. Je vous ai entendus quand vous êtes revenus. On n'a pas de chance en ce moment.

Je me contente de mettre de la confiture sur un pancake que je lui tends. Il le goûte et déclare :

– Ils sont presque aussi bons que ceux de maman.

– Oui… presque.

Chapitre 34

# MON SAUVEUR

*Brigade de recherches de Palaiseau,*
*mercredi 30 novembre 2005.*

Je stationne ma vieille 106 sur le parking de la BR.

Audrey est immédiatement introduite dans un bureau, pendant qu'un collègue prend en charge mon fils qui tient Ninja en laisse. Le capitaine Girard me fait entrer dans le sien. Il me désigne un siège du menton, ferme la porte derrière lui, s'installe devant l'écran de son ordinateur et commence aussitôt :

– Alors, mon Adjudant, que s'est-il passé hier soir ?

Je lui relate calmement les faits sans mentionner mes sources et, puisque Christophe m'a laissé entendre que tous les gens qui m'entourent avaient été auditionnés, j'ajoute :

– Je suppose que ce n'est pas la première fois que madame Aubert pénètre dans vos locaux. Vous l'avez sûrement reçue dans le cadre de vos investigations concernant l'assassinat de Kay. Vous en avez tiré quelque chose ?

Un silence malaisant s'installe. Le directeur d'enquête pianote le dessus de son bureau en me regardant de travers, avant de pester :

– Je ne suis pas né de la dernière pluie. Vous vous foutez de moi ?

– Non, pourquoi ? dis-je en arquant les sourcils.

– Elle ne vous a pas dit qu'on l'avait auditionnée ?

– Non, je ne l'ai pas vue de la semaine. Ce sont mes parents et ma belle-mère qui se sont occupés de Zach… Enfin, je l'ai juste entraperçue avant-hier… aux obsèques… Et hier, on n'a pas parlé de ça.

– Vous avez parlé de quoi ? ricane-t-il, une pointe de sarcasme dans la voix.

– De rien du tout. On est allés directement se coucher.

– Ah oui ?

Ses insinuations m'agacent au plus haut point. Je m'empresse de mettre fin au film érotique qu'il déroule dans sa tête en précisant :

– Elle a dormi dans la chambre d'amis et moi dans la mienne. Vous avez appris des choses intéressantes pour votre enquête ?

Perplexe, il claque de la langue avant de satisfaire ma curiosité :

– Tout ce que je peux vous dire, c'est qu'elle est en Master 2 de psychologie. Que votre femme l'a épaulée dans le cadre du mémoire qu'elle devait rendre en avril dernier, pour valider son Master 1. Qu'elle lui voue une véritable admiration, je dirais même que c'est devant votre couple qu'elle est en extase, insiste-t-il en accrochant mon regard à la recherche d'un indice sous-jacent et non verbal.

Comme je reste de marbre, mais non sans mal, car à l'intérieur je bous, il poursuit :

– Par ailleurs, elle a fait une demande pour effectuer un stage en qualité d'analyste comportementale dans la gendarmerie. Vous n'êtes pas au courant ?

– Non, mais c'est sans importance, je sais que Kay lui a parlé du métier.

Il marque une pause avant d'en venir à ce qui l'intéresse :

– Dancourt, y a-t-il quelque chose entre cette fille et vous ?

Cette question m'est intolérable. Le sang me monte à la tête. J'ai la sensation qu'il fait tout pour me faire passer pour le suspect idéal.

Ça l'arrangerait bien de me faire porter le chapeau si la thèse que Christophe, Estelle et moi avons évoquée, selon laquelle il pourrait avoir intérêt à ce que Kay disparaisse de la circulation, se révélait fondée. Christophe m'a conseillé de faire profil bas, mais c'en est trop. Excédé, je me lève de mon siège d'un bond et siffle, la mâchoire serrée :

– Quoi ? Absolument pas ! Qui vous a mis une connerie pareille dans la tête ?

– Vous ! Enfin, votre attitude, plutôt. Elle est victime d'une effraction, vous vous précipitez chez elle, puis vous l'emmenez passer la nuit chez vous.

– C'est elle qui m'a appelé, et puis je ne pouvais pas la laisser toute seule !

– Ça ne vous a pas étonné qu'elle vous joigne vous ? On compose le 17 lorsqu'on a besoin de l'aide des forces de l'ordre, il me semble !

Il s'emballe, lui aussi. Chacun d'un côté du bureau, nous nous pointons mutuellement du doigt en postillonnant l'un sur l'autre.

– C'est la baby-sitter de Zach ! Elle sait que je suis gendarme ! Dans la panique, elle a pensé à moi ! Et je vous répète qu'elle a occupé la chambre d'amis ! Mon fils était avec moi dans la mienne ! Vous êtes sourd ou quoi ?

Il se rassied et toussote avant de baisser de quatre tons pour continuer :

– Calmez-vous, mon Adjudant.

S'il baisse le volume, moi, je le monte :

– Vous, calmez-vous ! C'est à vous de me prouver que je me suis débarrassé de ma femme parce que je me suis entiché d'une autre ! Ce n'est pas à moi de vous apporter la preuve que j'aime Kay, que je n'ai jamais donné un coup de canif dans notre contrat et que je ne l'ai pas assassinée, putain ! Vous avez mon ADN et vous avez vérifié mon alibi ! Alors maintenant, arrêtez de m'accuser à tort et à travers ou je vous mets mon poing dans la gueule ! Vous me ferez écrouer pour quelque chose, au moins !

À cet instant, la porte du bureau s'ouvre sur un enquêteur.

– Tout va bien, mon Capitaine ? s'enquiert-il.

– Oui, merci, Lacroix. Refermez la porte, s'il vous plaît.

J'ai la sensation que notre explication de gravure a mis toute la BR en alerte.

Girard passe le revers de la main sur son front suintant, avant de reprendre :

– Ça y est ? Vous êtes calmé ? Je peux poursuivre sans risquer de prendre une droite ?

J'acquiesce d'un bref mouvement de tête, prends une grande inspiration pour retrouver un début de sérénité, avant que mon cœur ne m'abandonne, et je reprends ma place dans le fauteuil.

– Bien…, bougonne-t-il. Je présume que votre fils dormait et qu'il ne peut pas confirmer vos allégations.

– Non, il ne dormait pas. Il m'a entendu rentrer. Il me l'a dit ce matin.

– Je peux avoir sa version ?

– Je vous en prie, faites. C'est vous le directeur d'enquête.

– Je vais le chercher.

Deux minutes plus tard, il est de retour avec Zach et Ninja au bout de la laisse.

Je tends le bras pour que mon fils vienne sur mes genoux. Ninja suit le mouvement. Zach a dû entendre nos éclats de voix car il est tout tremblant. J'embrasse le haut de sa tête et caresse le flanc de Ninja en annonçant d'une voix douce :

– Zach, le capitaine va te poser des questions. Tu lui dis tout ce que tu sais, OK ?

– OK, *daddy*. Il t'a grondé ?

– Non. On n'était pas d'accord, c'est pour ça qu'on s'est emportés. Je lève les yeux vers Girard et enchaîne : Allez-y, mon Capitaine.

Il hoche la tête pour me remercier, puis s'adresse à mon fils :

– Zach, quand ton papa est rentré cette nuit, tu l'as entendu ?

– Oui, Monsieur.

– Tu te souviens de l'heure qu'il était ?

– Zéro heure onze. J'ai vu *daddy* venir dans la chambre et il a enlevé un Post-it sur le radioréveil. Après, j'ai regardé l'heure.

– Tu te trouvais dans quelle chambre ?

– Celle de mes parents. Je dors avec mon papa depuis que ma maman n'est plus là.

– Il était tout seul ?

– Non, avec Audrey. Je les ai entendus. *Daddy* a dit « chut, il dort ».

– Tu sais ce qu'il s'est passé ensuite ?

– Mon papa est revenu doucement dans la chambre. Il a pris des habits de ma maman. Il est parti les donner à Audrey dans l'autre chambre. Il a dit qu'elle pouvait les mettre, il lui a dit *bonne nuit* et il est revenu dormir avec Ninja et moi.

Il embrasse le chat et murmure à son oreille :

– Hein, c'est vrai, Ninja ?

Girard esquisse un sourire et renchérit :

– Tu n'as pas été surpris qu'Audrey vienne dormir chez toi ?

– Non, parce que quand maman est morte, elle a dormi dans mon lit.

– Ah bon ? Pourquoi ?

– Parce qu'elle s'était occupée de moi pendant que *daddy* recherchait maman avec vous et les autres flics. Quand il est rentré avec papi et mamie, elle avait fait à manger. Comme on pleurait et qu'on était tous tristes que maman avait été tuée, *daddy* lui a dit qu'elle pouvait dormir à la maison. Elle a bien voulu parce qu'il était tard.

– Je comprends. Avant ces deux fois-là, il est déjà arrivé que ta nounou dorme chez vous ?

– Oui, des fois, quand maman l'aidait à faire ses rédactions.

– Et elle dormait où ?

– Dans la chambre d'amis.

– Et tes parents ?

– Dans leur chambre, et moi, dans la mienne.

– Audrey n'est jamais restée quand ta maman n'était pas là ou qu'elle rentrait tard du Palais de justice ?

– Non, non. Si *daddy* revient de patrouille avant maman, il dit « Merci, Audrey, tu peux y aller, je prends le relais ». Il dit toujours ça.

– OK, Zach. Tu n'as jamais rien vu de bizarre ou d'anormal entre ton papa et Audrey ?

– C'est plutôt vous qui êtes bizarre, Monsieur !

– Tu trouves ?

– Oui. Si vous voulez savoir si mon papa est amoureux d'Audrey, vous n'avez qu'à me le demander et c'est tout ! s'agace-t-il en tripotant les oreilles de Ninja.

– Et si je te pose la question, qu'est-ce que tu me réponds ?

– Non mais ça va pas la tête ? Mon père aime ma mère et pas quelqu'un d'autre ! Vous ne voyez pas qu'il est malheureux ? Cherchez le tueur de ma maman, ça vaudra mieux !

– Bien, Zach, je prends note. Merci, j'ai fini.

– Vous n'allez quand même pas le mettre en prison ! Il a rien fait !

– Non, je te le rends dans quelques minutes.

– Merci. Moi aussi, je prends note. Au revoir, Monsieur, termine Zach en quittant la chaleur de mes cuisses pour tendre la main au capitaine.

Avant de sortir, Ninja dans les bras, il se retourne vers moi.

– Reste cool, *daddy*. Maman, elle dit que ça sert à rien de s'énerver, et puis, Ninja et moi, on te défendra... On t'attend dans le couloir, d'accord ?

– D'accord, merci, mon cœur.

Zach n'a pas encore refermé la porte derrière lui que Girard bougonne :

– Dites donc, Dancourt, j'étais loin de me douter de ce que pouvait donner le fruit engendré par un gendarme et un magistrat ! À partir de maintenant, je vais me méfier !

Il me regarde du coin de l'œil et enchaîne :

– Le proc' a demandé qu'on lui amène Audrey Aubert, après son audition. Il souhaite s'entretenir avec elle sur un autre sujet, semble-t-il.

Je feins la surprise alors que je sais très bien de quoi il retourne. Il veut sa version de l'agression du 14 juillet. Je me contente d'un « Ah bon » et recentre le directeur d'enquête sur le sujet qui nous occupe pour le moment :

– Pour en revenir au but de notre présence ici, les collègues ont-ils trouvé des indices dans l'appartement de madame Aubert, hier ?

– Une empreinte papillaire partielle sur la porte-fenêtre. Autant dire rien du tout, elle est inexploitable.

– Et s'agissant des données extraites de nos ordinateurs personnels et professionnels, à Kay et à moi ? Vous avez des pistes intéressantes du côté d'ex-détenus qui auraient eu des raisons de s'en prendre à ma femme ?

– Vos ordinateurs sont encore entre les mains des informaticiens. Pour l'autre question, on est sur une piste. Un profil ADN a été transmis pour comparaison au FNAEG. C'est en cours. Bon, je vais aller voir où en est l'audition de madame Aubert et on vous libère.

Il passe le seuil du bureau puis s'arrête pour m'annoncer :

– Au fait, Dancourt, l'enquête de flagrance est prolongée de huit jours.

– Je sais, j'ai regardé les infos.

Une heure plus tard, alors qu'Audrey est escortée par deux gendarmes qui la font monter dans un véhicule d'intervention pour la conduire au Palais de justice, dans le bureau du procureur, j'ouvre les portières de ma guimbarde et installe mon fils et Ninja sur la banquette arrière.

Alors que j'empoigne le volant, il m'interroge :

– Ils vont mettre Audrey en prison ?

– Mais non, on ne va pas en prison comme ça, lui souris-je dans le rétro intérieur.

Je passe la première et rentre à la maison avec mon héros de sept ans. Celui grâce à qui je viens d'éviter ma deuxième garde à vue depuis la disparition de Kay.

Chapitre 35

# UNE PORTE ENTROUVERTE

*Palaiseau, deux jours plus tard,*
*vendredi 2 décembre 2005.*

L'enquête de flagrance arrivera à son terme dans six jours. Je crains qu'aucun suspect ne soit interpellé et mis en examen d'ici là. Hormis le directeur d'enquête qui m'a fait appeler ce matin pour m'avertir que mon matériel informatique me serait rendu vers quatorze heures, c'est silence radio, depuis mercredi. Le procureur n'a pas daigné décrocher son téléphone pour me faire part de ce qu'il avait retiré de son entretien avec Audrey au sujet de l'agression dont Kay a été victime le 14 juillet. C'est son droit le plus strict. D'un autre côté, je pourrais aller sonder Christophe, mais je suis bien placé pour savoir qu'il est débordé. De toute façon, s'il avait été mis au courant d'un scoop, il serait passé me le dire, puisque je n'ai pas bougé de la maison.

Quant à Audrey, c'est le silence absolu. Plus de son, plus d'image. Ce n'est certainement pas moi qui vais la relancer. Je ne peux plus nier l'évidence : elle a jeté son dévolu sur moi, et depuis la disparition de Kay, elle ne s'en cache même plus.

Christophe et Estelle ont raison. Lorsque Kay l'a engagée pour s'occuper de Zach, elle a fait entrer le loup dans la bergerie. Hélas, à l'époque, nous avons été pris de court quand Christophe m'a confié que sa femme se battait contre un cancer du sein. Bien qu'Estelle se soit opposée à notre décision, à Kay et à moi, d'engager une étrangère pour s'occuper de Zach, nous avons persisté, mettant en avant notre souhait qu'elle retrouve la santé. Kay s'est même investie pour organiser à nos amis un séjour en Irlande. C'est ainsi que les proches de ma femme les ont rencontrés. Ils font tous les deux partie de notre famille, désormais. Christophe a remplacé le grand frère que je n'ai jamais eu.

Heureusement, Estelle va mieux aujourd'hui. Au début de cette année, son oncologue lui a annoncé sa guérison. Je n'imaginais pas que Kay disparaîtrait neuf mois plus tard et que je me retrouverais de nouveau seul avec notre fils, comme il y a cinq ans.

J'ai réfléchi à l'éventualité de réenvisager de confier Zach à Estelle, bien qu'il se soit attaché à Audrey. Je suis sûr qu'Estelle ne demandera pas mieux, et puis Zach aura bientôt huit ans, il est plus autonome.

Audrey me fout les j'tons, maintenant.

J'erre comme une âme en peine dans l'appartement, avec Ninja qui ne me quitte pas d'une semelle et Zach qui n'a de cesse de vouloir visionner des vidéos de sa mère. Jusqu'à présent, j'ai réussi à reculer l'échéance, prétextant que je ne parvenais pas à mettre la main sur le Caméscope, mais j'en ai enregistré quelques-unes dans mon ordi et il le sait.

J'ignore si mon cœur supportera de voir des images animées de Kay. De la regarder vivre, sourire et rire. Paradoxalement, je crains que le souvenir que j'ai d'elle ne s'estompe au fil du temps. Ces moments enfermés dans la boîte me permettront de le raviver.

Je vieillirai, et elle, elle aura toujours trente-trois ans.

En début d'après-midi, mon môme monte chez un camarade de classe, le fils d'un de mes collègues, pour récupérer les cours qu'il a manqués cette semaine. Avant de refermer la porte d'entrée, il me demande :

– Tu vas faire quoi, toi, *daddy* ?

– Je reste chez nous, tu sais bien que j'attends…

– Ah oui, les flics rapportent les ordinateurs ! On pourra regarder des vidéos de maman, après ?

– Oui, on verra, mon cœur.

Dès que je suis seul, je décide de rechercher une éventuelle clef USB que Kay aurait pu remplir avec les résultats de sa filature. J'avais déjà jeté un coup d'œil dans son bureau, sans grande conviction car elle est maligne. Elle ne glisserait pas une bombe pareille dans un tiroir, même au fond, sous une boîte de trombones. Je me mets à fouiller partout. J'ouvre toutes ses boîtes à chaussures et il y en a. Rien. Je retourne la penderie de notre chambre. En faisant les poches des vêtements, j'en trouve une. Le problème est que je n'ai pas le matériel pour ouvrir les fichiers qu'elle contient.

C'est comme si le ciel avait entendu mes pensées. À cette seconde, le bruit d'un moteur parvient à mes oreilles. Il est suivi par le claquement d'une portière, puis d'une deuxième. Ce sont les flics, comme dirait Zach. J'abandonne la perquisition de mon domicile, glisse la clef USB dans la poche arrière de mon jean et fonce à leur rencontre, Ninja dans les bras.

Ils sont deux et retirent deux caisses en plastique du coffre d'une voiture d'intervention. Soudain, je frissonne à la vue de l'Audi grise garée juste derrière. L'un d'eux, une caisse entre les mains, avance vers moi, un sourire contrit au coin des lèvres.

– On a profité du voyage pour te rapporter…

– La voiture de Kay.

Je leur tiens la porte, puis je les devance pour leur ouvrir celle de mon logement tout en indiquant :

– Posez tout ça sur la table de la salle à manger. Je vous offre un café ?

Ninja, qui ne peut pas blairer l'uniforme, me file d'entre les pattes et détale au fond du couloir.

– Va pour un café, mais vite fait, on est pressés.

Je passe par la cuisine et me dépêche d'en faire couler un, puis je les rejoins au séjour où je les invite à prendre place sur le canapé. Je croise les bras et reste debout devant eux. Comme leurs lèvres restent scellées, je prends la parole :

– Quoi de neuf ?

– Rien, malheureusement, bougonne l'un d'eux. Vaudeville est venu pointer hier, c'est tout.

– L'équipe du PSIG le filoche, mais il se tient à carreau, dis-je. Il fait même un crochet pour ne pas passer par ici. Il se doute qu'il est sous surveillance… Et la baby-sitter de Zach ?

– L'amoureux transi qui est entré chez elle par effraction pour la couvrir de fleurs est toujours dans la nature.

– Eh ben, on peut dire qu'on patauge… Je vais chercher le café.

Je reviens quelques minutes plus tard avec un plateau que je pose sur la table basse.

– Servez-vous, les gars.

– Tu n'en prends pas ?

– Je suis assez énervé comme ça, et puis mon café a toujours été dégueulasse.

Ça les fait sourire.

Je m'affale dans mon fauteuil et continue :

– Et quand vous avez emmené la nounou chez le proc', qu'est-ce qu'elle lui a dit ?

– Aucune idée, on n'était pas là, répond mon autre collègue en s'emparant d'une tasse.

Depuis le début, je sens que les enquêteurs me cachent des éléments à propos d'Audrey, et le regard que ces deux-là échangent, tout en avalant leur café d'un trait, m'en donne la confirmation, cependant je n'insiste pas.

– Bon, on va te laisser, Axel, déclare le premier tout en se levant.

– Merci pour le café, mais tu as raison, il est dégueulasse, ajoute le second en posant les clefs de l'Audi sur la table sans rien ajouter.

Sitôt la porte refermée, j'entreprends de réinstaller nos ordinateurs, pour pouvoir inspecter le contenu de la clef

USB que j'ai découverte. Elle est vide. Agacé, je décide de sortir tout ce que le placard du couloir contient : vêtements, chaussures, appareils ménagers... J'ouvre toutes les boîtes et commande au chat :

– Ninja, cherche la clef !

Mais il se fiche royalement de ce que je peux dire, trop occupé à se rouler dans tous les manteaux, imperméables et vestes de Kay. Mes recherches restent vaines.

Je réalise qu'il est tard quand Zach ouvre la porte, surpris de nous voir, Ninja et moi, au milieu du bazar qui règne dans le couloir.

– Qu'est-ce qu'il y a eu, *daddy* ? Les flics ont fouillé chez nous ?

Devant la mine déconfite qu'il affiche en s'accroupissant près de moi, je ne peux que le prendre dans mes bras et pouffer :

– C'est moi, le flic qui a fouillé chez nous !

– Tu cherches quoi ?

– Je ne sais pas trop... Un truc qu'aurait caché maman... Une clef USB ou autre chose.

– Ah ! T'as pas trouvé, alors ?

– Non, dis-je d'un air penaud en donnant un coup d'œil à ma montre, avant de poursuivre : Il est bientôt l'heure de manger et il n'y a plus rien dans le frigo. On va au McDo ?

– Oh oui ! Mais Ninja ?

– Je remplis ses gamelles et on y va. Je rangerai tout ça en rentrant. Ton anorak est par terre, là, dis-je en pointant le vêtement du doigt.

Je me lève, frotte mes mains sur mes cuisses et lâche du bout des lèvres :

– Les flics nous ont aussi rapporté la voiture de maman.

– Ha ! On va au McDo avec, *daddy* ?

Je ne souhaite pas vraiment conduire l'Audi de Kay. Je crains d'avoir du mal à surmonter cette épreuve, mais pour mon fils, je ferai l'effort.

– Les clefs sont sur la table du salon, tu vas les chercher ?

– OK.

Quand je m'installe dans la voiture de ma femme, une émanation de son parfum me prend à la gorge et me percute au plus profond de mon être, paralysant mes mains sur le volant. Dans le rétroviseur, j'observe Zach qui, sur le rehausseur, fixe sa ceinture de sécurité.

– Je suis attaché, *daddy*, tu peux y aller... Ça sent bon maman ici... Peut-être qu'elle est là et qu'on la voit pas.

Je mets le contact et débraie pour passer la première, mais mon pied ripe sur la pédale et je cale.

– On prend la 106, si tu peux pas, *daddy*...

– Si, je peux. Je n'ai pas l'habitude de conduire sa voiture, c'est tout.

Après avoir soufflé un grand coup pour récupérer la maîtrise de mon corps, je parviens à sortir l'Audi de la caserne. Alors que nous sommes sur la route, mon téléphone portable bipe.

– C'est qui ? me questionne Zach.

– Mon téléphone est dans mon blouson, je ne peux pas regarder.

– Arrête-toi et réponds, *daddy* ! C'est peut-être les flics qui ont arrêté le tueur de maman !

Je me gare dès que c'est possible. J'ouvre le clapet de mon mobile et annonce :

– C'est un message du capitaine Girard. Il me demande de venir à la brigade. On y va et on ira manger ensuite, d'accord ?

– Oui, roule ! m'enjoint mon môme en donnant des coups de pied dans le bas de la banquette.

J'ouvre la porte de la BR en tenant Zach par la main. Pendant que je salue les collègues, il s'assied sur une chaise dans le hall. Il me tire par la manche du blouson et m'indique :

– Je t'attends ici, *daddy*.

Je lui souris puis me dirige vers le bureau du directeur d'enquête qui en sort au moment où je m'apprête à frapper à la porte. Il me serre la main et commence aussitôt :

– Madame Aubert a été victime d'une agression sur le parking de sa résidence.

– Encore ?

– Oui, encore. Des riverains, témoins de la scène, ont appelé le centre opérationnel. L'agresseur a été interpellé par vos collègues du PSIG. Ils sont en chemin.

– Et elle ?

– Les pompiers l'ont transportée aux urgences par sûreté. Mais il y a plus de peur que de mal.

Notre entretien, en plein milieu du couloir, est interrompu par l'entrée de quatre gendarmes, dont Christophe qui tient fermement un individu menotté, les mains dans le dos. Je m'écarte pour les laisser passer. Je me retrouve alors à côté de la chaise sur laquelle mon fils est assis. Je baisse les yeux vers lui. Je suis étonné par son attitude. Il s'est levé et semble effrayé par l'homme que mon ami fait avancer devant lui tout en le tenant en respect. Je le rassure en posant une main sur son épaule :

– N'aie pas peur.

Zach se cramponne à mon bras pour m'obliger à me pencher. Puis, alors que l'homme est introduit dans le bureau d'un enquêteur, il marmonne à mon oreille :

– C'est lui qui a battu maman.

Convaincu qu'il me pose une question, je réponds :

– Non, il vient d'agresser Audrey. Il va être interrogé.

Affolé, il secoue la tête et lâche mon bras pour se précipiter vers le capitaine Girard.

– Monsieur, Monsieur ! C'est lui qui a donné des coups de pied à ma maman, le soir des feux d'artifice !

– Aux feux d'artifice ? Tu en es sûr ?

– Oui, oui, c'est sûr ! Demandez à Audrey, si vous ne me croyez pas !

Le regard du capitaine croise le mien. Il réfléchit un instant et propose :

– Comme madame Aubert vient faire sa déposition demain matin, je vais en profiter pour organiser un tapissage. Êtes-vous d'accord pour que votre fils participe à l'identification de l'individu derrière une glace sans tain ?

– Oui ! répond Zach à ma place.

– Dix heures, ça te convient, Zach ? Tu sais ce que c'est, un tapissage ?

– Oui, je sais. *Daddy* m'a expliqué une fois qu'il parlait de ça avec maman. Je devrai reconnaître l'homme qui lui a fait du mal au milieu d'autres gens.

– Exactement, confirme le directeur d'enquête.

Notre sortie « père-fils » se retrouve perturbée par ce curieux concours de circonstances.

– On passe au McDrive, plutôt, *daddy* ? Et on va voir Audrey ? propose Zach alors que nous remontons en voiture.

Je ne suis pas très enclin à me retrouver face à elle, mais ma curiosité l'emporte. Je crève d'envie de savoir si elle a reconnu son agresseur. C'est l'unique raison pour laquelle j'accède à la demande de Zach :

– Dans ce cas, faisons l'inverse. Allons à l'hôpital d'abord.

Lorsque nous pénétrons dans le hall des urgences, nous tombons nez à nez avec la jeune femme qui s'apprête à sortir. Zach prend sa main et l'attire vers lui.

– Audrey ! Tu l'as reconnu, toi aussi ?

– Bonsoir, mon cœur. J'ai reconnu qui ?

– Le bonhomme qui t'a fait du mal aujourd'hui ! C'est lui qui a tapé maman aux feux d'artifice ! Je l'ai vu tout à l'heure, à la gendarmerie, pendant que j'attendais *daddy* !

– Tu te trompes.

J'ébouriffe Zach et prends la parole :

– Il va falloir que vous l'identifiiez tous les deux, demain à la brigade, après que le directeur d'enquête t'aura entendue au sujet des événements de ce soir. Tu connais ton agresseur ?

– Non, Axel ! Je ne sais pas non plus ce qu'il me voulait.

– Il s'agit peut-être de celui qui a fracturé ton logement pour te couvrir de fleurs, non ?

– Je n'en sais rien. Il m'a empoignée sur le parking, devant chez moi. Il a tenté de m'embrasser, j'ai crié, il m'a bousculée en hurlant. Heureusement que quelqu'un a appelé les secours.

Elle renifle et, d'une main tremblotante, elle fouille dans son sac à main, à la recherche d'un mouchoir qu'elle finit par trouver, juste avant que la goutte qui pend au bout de son nez ne tombe dedans. Je ne l'ai jamais vue aussi nerveuse… C'est étrange. Elle se mouche bruyamment, avant de poursuivre, sur un ton hostile :

– Vous croyez votre fils, bien sûr.

Le *bien sûr* est de trop. Il sous-entend que Zach ment. Sous le coup de la colère, elle se dévoile, la nounou… d'enfer.

– On verra bien demain à la brigade. Ce dont je suis certain, c'est que s'il a menti, il l'a fait de bonne foi. On te ramène chez toi ?

– J'ai pas menti, *daddy*, c'est lui qui a tapé maman, riposte Zach. Tu viens manger au McDo avec nous, Audrey ?

– Tu es gentil, mon cœur, mais non, pas ce soir, je suis fatiguée.

Nous nous rendons au parking et nous engouffrons dans l'Audi. Je regrette de lui avoir proposé de la ramener chez elle dans la voiture de Kay. Surtout dans la voiture de Kay. Personne ne dit un mot de tout le trajet, pas même Zach. Je m'arrête devant la porte de son immeuble et déclare, les yeux rivés dans le rétroviseur intérieur :

– Voilà, tu es arrivée.

– Je vais avoir peur, toute seule.

– Tu ne risques plus rien, ton agresseur est en garde à vue à l'heure qu'il est.

– Et s'ils le relâchent ?

– Aucun risque. Il passera la nuit dans une cellule de la BR, puisqu'il vous sera présenté, à Zach et à toi, derrière une glace sans tain, demain à dix heures.

– Une glace sans tain ? répète-t-elle d'une petite voix… Le problème c'est que je ne connais pas cet homme, Axel.

– Peut-être que son visage te dira quelque chose, au moins ?

– Mais si, tu le reconnaîtras, lui assure Zach.

Chapitre 36

# LE TAPISSAGE

***Palaiseau, samedi 3 décembre 2005, au matin.***

Lorsque je me réveille, Zach dort profondément. Je passe délicatement une main entre les pattes de Ninja, allongé contre mon flanc, et je le pousse pour pouvoir me lever. Tout en enfilant mes pantoufles, je jette un coup d'œil à l'écran du radioréveil qui indique « 6 : 53 ». J'ai dormi dix heures d'affilée.

Le jour n'est pas encore levé, mais le PSIG est déjà en effervescence. J'aperçois des camarades en tenue de sport qui partent faire leur jogging, d'autres qui traversent la cour en tenue, et les phares d'un véhicule d'intervention qui rentre de patrouille éclairent ma fenêtre. Je verse des croquettes dans la gamelle de Ninja, puis je sors mon bol qui est resté dans le lave-vaisselle. Je le pose sur la table et me coupe un morceau de gâteau aux pommes que ma mère et ma belle-mère nous ont confectionné avant de partir. Je fais décongeler un bout de baguette dans le micro-ondes pour Zach. Je n'attends pas que le café ait fini de couler pour me servir. Mon bout de gâteau sur une assiette dans une main et mon bol de jus de chaussette dans l'autre, je vais dans le bureau de Kay et m'installe devant l'écran de son ordinateur. Pendant que l'unité centrale mouline, que Ninja marche sur le clavier et sniffe mon gâteau tout en cherchant une place pour s'installer, je termine mon café en faisant la grimace.

Il est infect !

Je pousse le chat couché sur une partie du clavier, afin d'avoir accès aux touches et d'entrer le mot de passe que je connais par cœur : *mon cœur est à toi*, en irlandais « *Ta mo chroi istigh ionat* », en minuscules et sans espaces. J'ai décidé de profiter de ce moment de solitude et de silence à la maison pour fouiller dans les dossiers de Kay.

Je remarque une foultitude de fichiers images et vidéos. Je promène la flèche de la souris tout en me penchant pour lire leurs noms, car Ninja est assis au milieu de l'écran, maintenant. Je m'intéresse au dernier. Il s'agit d'une vidéo que j'ai tournée avec le Caméscope le soir du 18 novembre, jour des trente-trois ans de Kay. Je clique. Aussitôt Kay apparaît à l'écran, les yeux pétillants et la bouche en cœur pour mimer un baiser qui m'est destiné. Puis, alors que j'approche l'objectif, elle tourne la tête et rougit en riant :

– Arrête, Axel ! Pas si près, on va voir mes pattes d'oie ! Je suis une vieille, maintenant !

Je mets sur pause pour deux raisons. La première est qu'une armée d'émotions prend mon cœur et mes tripes d'assaut, coupant ma respiration sur son passage, et la deuxième est que Ninja frotte sa joue contre l'écran en émettant de drôles de gazouillis. J'ignore s'il a reconnu Kay à l'image ou au son. J'inspire profondément et, sans mot dire, je poursuis la lecture. Ninja câline la joue de Kay avec la sienne, tandis que je laisse rouler une larme. La bouche entrouverte, je suis en extase devant le visage de ma femme en gros plan.

Je passe le revers de ma main sous mon œil larmoyant et reprends la lecture.

Je m'entends lui assurer qu'elle est la plus belle à mes yeux, ce que confirme Zach en apportant le gâteau qu'il est allé acheter avec Audrey en sortant de l'école. Ma caméra balaie le séjour et capture Audrey, Estelle, Ninja assis sur une cuisse de Kay et trois couples de la résidence. Christophe est venu faire un tour en rentrant de patrouille, ce vendredi soir-là. Aucun d'entre nous ne pouvait s'imaginer que le lundi…

Je ne suis pas prêt à regarder nos souvenirs, c'est trop tôt.

J'attrape Ninja d'une main et coupe la vidéo de l'autre. Puis je pose mon partenaire sur mes genoux et le caresse en marmonnant :

– Ce qu'il y a de sûr, c'est que tu l'aimais et que tu ne l'oublieras pas de sitôt… Tu sais, moi, j'ai peur… peur que son image et son rire s'estompent dans ma tête.

Je dois me faire violence pour revenir au but que je me suis fixé, trouver un indice dans l'ordinateur de Kay. Une indication susceptible de me mener à son assassin.

Au bout d'un quart d'heure de clics et de doubles-clics intensifs à ouvrir et refermer des fichiers, je réalise que Kay n'a laissé aucune trace de sa vie professionnelle là-dedans. Mon regard balaie les fichiers en diagonale quand soudain il se fige sur un dossier nommé « Audrey ». Quand je l'ouvre, je découvre une dizaine de documents, dont une brochure concernant le métier d'analyste comportemental en gendarmerie. Ces fichiers ne m'apprendront rien, je préfère me rabattre sur les mails. J'entre le mot de passe que je connais, car c'est le même que le mien. Je remarque alors que Kay et la baby-sitter ont correspondu durant une période. L'objet est souvent le même : « Mémoire », « Re : Mémoire », « Mémoire corrigé ». Je télécharge la pièce jointe de ce dernier mail. Je m'apprête à l'ouvrir quand je suis interrompu par mon fils :

– *Daddy ! Daddy*, t'es où ?

J'entends le *tip tap* que font ses pieds nus sur le carrelage du couloir, alors qu'il ouvre toutes les portes.

– Ah, t'es là ! soupire-t-il quand il tombe sur la bonne.

Il pousse Ninja pour prendre place sur mon genou et poursuit :

– Tu fais quoi ?

– Je fouille dans l'ordinateur de maman.

– Tu cherches une photo de son tueur ?

Il a de la suite dans les idées. Il se peut, en effet, que ce type apparaisse sur une photo. Les propos de mon ex-chef, le lieutenant-colonel Martinez, me reviennent en mémoire : *« Ce genre d'acharnement et cette violence extrême sont souvent l'acte d'un proche de la victime. »*

Un proche de la victime… Dans sa sphère privée, ou professionnelle, plutôt, si je m'en rapporte aux éléments qu'on a découverts dans le sac-poubelle et qui semblent indiquer que Kay filochait quelqu'un…

C'est angoissant de ne pas savoir qui c'est, alors qu'on est presque sûr de le connaître.

– Je ne sais pas ce que je cherche, Zach. Je le saurai quand je le trouverai. Viens petit-déjeuner. Il est huit heures et demie et nous avons rendez-vous à la BR à dix heures. Je reviendrai examiner les photos plus tard.

Zach, Ninja en laisse et moi passons la porte de la brigade à dix heures tapantes. Le directeur d'enquête est – comme il l'est souvent lorsqu'il m'attend – accoudé au comptoir de l'accueil.

– Bonjour, messieurs, nous accueille-t-il avec le sourire… pour une fois.

– Bonjour, Monsieur, rétorque Zach en lâchant ma main pour prendre la sienne. On a pris Ninja, mais il pourra pas nous aider, parce qu'il était pas aux feux d'artifice avec nous.

– Ce n'est pas grave. Ninja peut quand même rester. Il fait partie de la maison, maintenant.

– Ah ouais ? C'est cool, sourit Zach. Vous avez vu ? Ma mamie a cousu le nécu… l'écusson du chat noir de mon papa sur son harnais, précise-t-il en le pointant du doigt.

Zach se baisse pour prendre le chat dans ses bras et enchaîne :

– Bon, c'est quand qu'on fait la tapisserie ?

– Le tapissage, Zach, pas la tapisserie, souris-je un peu tout en l'ébouriffant.

– Le procureur et le substitut Baroni sont déjà là, annonce le capitaine. On n'attend plus que madame Aubert.

– Si David est ici, comment on fait avec Ninja ? s'inquiète aussitôt Zach.

– Tu as raison, confirme le capitaine Girard. J'ai eu l'occasion de constater que ton chat ne portait pas le substitut dans son cœur.

– Lui non plus, il l'aime pas. *Daddy* dit qu'il a peur de l'uniforme, mais c'est pas toujours vrai. David a pas d'uniforme. Et puis Ninja il aimait pas mon père, avant, même quand il était pas habillé en gendarme.

– Avant quoi ?

– Avant le soir que maman a disparu. C'est à partir de là que Ninja a bien aimé *daddy*. Ninja, je crois qu'il est jaloux des garçons qui aiment maman, sauf de moi, car je suis son fils et que c'est pas pareil.

Tandis que mon môme nous expose sa théorie, Girard et moi échangeons un regard interloqué. Si nous étions les personnages d'un dessin animé, un point d'interrogation remplacerait sûrement nos iris.

Les lèvres du directeur d'enquête s'entrouvrent, mais c'est moi qui réclame des précisions à Zach :

– Si tu dis ça, c'est que tu penses que David aimait maman.

– Oui, *daddy*. Et si tu veux une preuve, je peux t'en donner une.

– Je t'écoute, dis-je en m'accroupissant près de lui.

– T'as pas remarqué, *daddy*, que David vient plus regarder ses dossiers chez nous depuis un p'tit moment ?

– Non. Il ne vient plus depuis quand ?

– Depuis que maman lui a dit qu'elle était mariée et qu'elle aimait son mari… Comme s'il le savait pas… Je crois que David voulait se marier avec elle. Heureusement que t'es là, parce que j'aime bien David, mais faut pas exagérer, c'est toi mon père.

– Tu les as vus ? le questionne Girard.

– Je regardais un dessin animé avec Ninja sur le canapé, et eux, ils étaient enfermés dans le bureau de maman. J'ai pas vu, mais j'ai entendu. Maman a presque crié quand elle l'a dit.

– Elle a dit quoi ?

– Elle a dit exactement ça : *« Qu'est-ce qui te prend, David ? Arrête, je suis mariée et j'aime mon mari. »*

– Il a répondu quelque chose ?

– Oui, il lui a dit qu'il croyait qu'elle avait envie aussi. Mais je sais pas de quoi il croyait que maman avait envie.

Zach nous regarde tour à tour, surpris par l'expression stupéfaite qui s'affiche sur nos visages.

– Quoi ? J'ai dit une bêtise ? s'inquiète-t-il.

– Non, Zach, lui assure Girard en enveloppant son épaule de sa main. Tu te souviens quand c'est arrivé ?

– Oui, pendant les grandes vacances de l'année dernière, j'avais fini le CP.

La révélation de mon fils me laisse sans voix. Paradoxalement, les questions affluent et se bousculent dans ma tête : entre Vaudeville dont le véhicule a servi pour l'enlèvement et la séquestration de Kay, Girard qui partage son paquet de cigarettes avec elle, Baroni – je vais avoir du mal à prononcer son prénom, désormais – qui lui fait du rentre-dedans, Audrey qui semble me porter un peu trop d'intérêt, et ce type qui vient d'être arrêté pour des faits d'agression envers elle… Celui-là même qui est susceptible de s'en être pris à Kay sur les Champs-Élysées le 14 juillet. Et, si je m'ajoute à la liste, on a tous les ingrédients pour une partie de Cluedo : six suspects. Un meurtrier. Une arme. Un lieu.

Et Kay ? Lequel des six surveillait-elle et pourquoi ?… À moins qu'il n'y en ait un septième ?

Alors que je passe le revers de la main sur mon front en soupirant, la porte du bureau d'un enquêteur s'ouvre, laissant apparaître la frimousse de l'innocente Audrey « aux mains pleines ».

Zach me confie Ninja et se précipite vers elle. Elle s'accroupit, enserre sa taille, et lui, son cou.

– T'as porté plainte ? la questionne-t-il.

– Oui. Tu as bien dormi, mon cœur ?

– Oui et toi ? Il n'attend pas la réponse et enchaîne : Viens, on va au tapissage. Tu vas voir, tu le reconnaîtras le bonhomme, toi aussi, j'en suis sûr !

Il se tourne vers Girard et moi pour demander confirmation :

– Audrey vient avec nous au tapissage ?

– Oui, on y va.

– Et pour Ninja ?

Je rêve que mon chat se transforme en panthère noire et qu'il ne fasse qu'une bouchée du substitut Baroni qui s'est cru assez ténébreux pour tenter de me souffler ma Kay. Pourtant, je me contiens et marmonne, tout en posant mon partenaire sur mon épaule :

– Je l'enferme dans mon blouson… Hop, Ninja !

Sans lâcher la main de sa nounou, Zach, rassuré que Baroni ne risque plus de se faire dévorer, tend l'autre vers moi. Nous suivons le directeur d'enquête qui nous fait entrer dans une pièce où nous retrouvons deux enquêteurs, le procureur et Baroni. Girard referme la porte derrière lui et s'adresse tout de suite à Zach :

– Tu vois, c'est ça une glace sans tain. Je vais dans l'autre pièce pour vous montrer, à madame Aubert et à toi, comment ça fonctionne.

Les jambes écartées, je redresse le buste, gonfle les pectoraux et me place juste derrière Zach, en position de protection. Je n'oublie pas de laisser dépasser les oreilles de Ninja qui s'agite à l'intérieur de mon blouson.

Il a ressenti la présence de l'amoureux éconduit de sa maîtresse.

Un instant plus tard, la porte de la pièce adjacente s'ouvre sur le directeur d'enquête. Il s'approche du miroir et commence :

– Vous me voyez, mais je ne vous vois pas. Vous m'entendez, mais je ne vous entends pas. Sept hommes vont entrer dans la pièce. Ils tiendront dans leurs mains une pancarte avec un numéro. Regardez-les attentivement, prenez votre temps. Nous les ferons également parler. Je vous rejoins.

C'est David Baroni qui rassure mon fils :

– Si tu ne le reconnais pas, ce n'est pas grave, d'accord ?

– Oui, David.

– Veux-tu que nous leur fassions dire une phrase en particulier ?

– Quand il a tapé maman, il a dit *« T'es pas contente, sa… »*

Il stoppe, nous regarde les uns après les autres, puis s'arrête sur moi pour demander, sa main libre devant la bouche :

– Je peux le dire, *daddy* ?

– Pour les besoins d'une enquête, on a le droit de tout dire, mon cœur.

– Il a dit *« T'es pas contente, salope ? »*

Un des enquêteurs profite du retour de Girard pour sortir. Baroni ne quitte pas Zach des yeux et reste à côté de lui. Les sept individus sont introduits dans l'autre pièce, munis de leur pancarte, du numéro un au numéro sept. Pour s'assurer que le suspect soit formellement désigné par les témoins, la stratégie consiste en un tapissage le plus uniforme possible : mêmes gabarits, physionomies similaires, vêtements identiques « jean bleu, tee-shirt noir ». Sur les sept participants, j'identifie trois collègues. Pourtant, avant même qu'on leur demande de se tenir face à nous, Zach chuchote :

– C'est le numéro trois, David.

– Attends, ils vont se tourner vers nous. Tu peux parler normalement, ils ne nous entendent pas, lui rappelle-t-il.

– Tu vois, Audrey, c'est lui, hein ?

– Je ne sais pas, mon cœur. Je ne suis même pas capable d'identifier celui qui m'a agressée hier soir.

– Mais si ! Regarde bien ! C'est le numéro trois ! C'est lui qui a donné des coups de pied dans le ventre de maman aux feux d'artifice ! s'énerve-t-il.

Baroni fait soudain un pas en arrière et desserre sa cravate. Je présume qu'il a aperçu les yeux ronds et jaunes de Ninja qui dépassent du col de mon blouson.

– Même pas une hésitation entre deux, au moins, madame Aubert ? questionne Girard en lorgnant le substitut qui vient de faire un deuxième pas en arrière.

– Non, vraiment pas. Hier, comme le 14 juillet, il faisait nuit.

– Ils vont dire la phrase. Écoute bien, Zach, prévient le capitaine Girard en posant une main rassurante sur son épaule.

Quand le tour du numéro trois arrive, Zach blêmit au son de sa voix.

– Oui, oui ! C'est lui ! J'en suis sûr, *daddy* !

– Toujours personne, madame Aubert ? persiste Girard.

– Non, désolée.

– Très bien. Je vais demander la prolongation de la garde à vue de votre agresseur et nous allons reprendre votre audition.

– Mais je l'ai signée, proteste-t-elle. Je croyais que c'était fini.

– Il se trouve que le résultat de ce tapissage change la donne et me conduit à vous poser une ou deux questions supplémentaires, si vous n'y voyez pas d'inconvénient.

– Et si j'en vois, des inconvénients ? cingle-t-elle.

– Dans ce cas, je me verrai contraint de vous signifier votre placement en garde à vue. C'est comme vous voulez.

Il ouvre la porte, s'écarte pour laisser sortir Audrey manifestement contrariée, puis il se retourne vers moi pour ajouter :

– Mon Adjudant, je peux vous voir deux minutes en privé ? Merci beaucoup pour ton aide, Zach, termine-t-il en serrant sa main.

Mon fils est pris en charge par un collègue et Audrey est raccompagnée dans le bureau de l'OPJ qui a pris sa plainte.

Dès que je passe le pas de la porte de son bureau, le capitaine la referme délicatement derrière lui et m'informe d'un seul tenant :

– Le gardé à vue a demandé l'assistance d'un avocat qui lui a conseillé d'invoquer son droit au silence. Il n'est pas connu de nos services. C'est un artiste peintre qui vivote avec les aides sociales. Il bénéficie d'un suivi psychologique et psychiatrique ainsi que d'un traitement depuis son adolescence. Son psychiatre a été averti et va venir l'examiner avant que nous poursuivions. En plus, j'ai de bonnes raisons de croire que madame Aubert ne nous dit pas toute la vérité.

– Comment ça, elle ne vous dit pas toute la vérité, mon Capitaine ?

– Nous avons entendu les témoins de l'agression. Ils sont unanimes dans leurs déclarations. L'interpellé et la victime semblaient se connaître. Ils les ont clairement entendus se tutoyer sur le parking où les faits ont eu lieu. Or, madame Aubert continue d'affirmer qu'elle n'a jamais vu son agresseur et ignore pourquoi il s'en est pris à elle. Le fait que votre fils reconnaisse ce même individu comme étant l'assaillant de sa mère le 14 juillet dernier me conforte également dans cette idée.

– Vous envisagez un lien entre les deux affaires ?

– J'en mettrais ma main au feu, mais j'ai besoin d'aveux. C'est la raison pour laquelle j'ai prolongé sa garde à vue et que je m'apprête à réentendre madame Aubert.

Il réfléchit un instant avant d'ajouter :

– J'ai bien envie de la déstabiliser en vous confrontant tous les deux… Vous seriez prêt à jouer le jeu ?

Son idée est audacieuse et elle pourrait fonctionner, c'est pourquoi j'accepte sans hésiter :

– Oui, bien sûr. Et pour le substitut ?

– Baroni ?

– Oui.

– Il a joué, il a perdu. Et le fait qu'il puisse avoir eu des vues sur votre épouse ne fait pas de lui un assassin.

– Mais…

– Stop, mon Adjudant, vous êtes en train de soupçonner tout le monde. Ressaisissez-vous et laissez-moi faire mon boulot.

Bien sûr que je soupçonne tout le monde. Il est sur ma liste, lui aussi. Mais je n'en dis rien.

– Vous n'avez pas tort, mon Capitaine. J'en perds mon latin. Vous permettez que je reconduise Zach à la maison ?

– Allez-y. Je vous attends.

Chapitre 37

# CONFRONTATION

***Brigade de recherches de Palaiseau,***
***samedi 3 décembre 2005, fin de matinée.***

Sur le chemin du retour, mon rejeton ne tarit pas de me poser la même question en boucle au sujet de sa nourrice qu'il suspecte de mentir, lui aussi :

– Mais pourquoi elle ment Audrey, *daddy* ? C'est le bonhomme qui a tapé maman aux feux d'artifice ! C'est sûr !

– Peut-être qu'elle ne ment pas, elle ne l'a peut-être pas reconnu pour de vrai.

– Pourquoi je l'ai reconnu, moi, alors ?

– Elle ne l'a pas regardé de la même façon que toi.

– Mais elle l'a vu, je te dis !

– Je ne sais pas, mon cœur. Le capitaine veut que je revienne à la brigade, on en parlera plus tard. Tu vas chez Estelle et Christophe et je viendrai te rechercher après, d'accord ?

– Oui, si je garde Ninja.

– Il va falloir demander à Estelle si elle est d'accord.

– Je m'occuperai de Ninja et je serai gentil avec Estelle, je te promets.

– C'est Estelle qu'il faut convaincre, pas moi.

À peine la voiture est-elle stationnée devant chez nous que Zach en descend pour se précipiter chez nos amis, m'abandonnant avec Ninja qui, sur la banquette arrière, me scrute les yeux écarquillés.

Je sors de la voiture, me penche pour le prendre dans mes bras en soupirant :

– Il jure qu'il s'occupera de toi, et la première chose qu'il fait, c'est de t'abandonner.

Ne voulant pas imposer la présence de mon chat à Estelle, je le dépose chez moi et je ressors après avoir rempli sa gamelle de croquettes. En montant les escaliers, je tombe sur Christophe, un balai-serpillière dans une main et un seau d'eau dans l'autre.

– Zach est avec Estelle, m'annonce-t-il. Inutile de gaspiller ta salive, je suis déjà au courant de tout.

– Dis donc, le chef du PSIG fait le ménage, c'est nouveau, ça ?

– Madame Da Silva ne reprend le boulot que lundi, alors je nettoie les escaliers pendant la pause déjeuner.

– OK. Zach t'a dit pour Baroni ?

– Ah oui ! Il a tenté sa chance avec Kay. Ça t'étonne ? C'est comme Audrey avec toi… Kay 1, Axel 1, match nul, balle au centre ! se moque-t-il.

– Tu étais au courant ?

– Moi, non, je ne suis jamais au courant de rien, mais pose la question à Estelle. Tu es attendu à la BR, il paraît ?

– Oui, Girard veut me confronter à Audrey.

– À mon avis, il ne nous dit pas tout, le directeur d'enquête.

– C'est ce que je pense aussi.

– On garde Zach cet après-midi, si j'ai bien compris ?

– Si Estelle…

– Estelle va bien, Axel.

Après m'avoir assuré que Kay ne lui a jamais parlé de son confrère Baroni autrement que professionnellement et de façon amicale, Estelle m'accompagne chez moi pour récupérer Ninja, sa caisse et ses croquettes.

– Je te dis que ça ne me gêne pas, me répète-t-elle alors que je mets la clef dans la serrure. C'est même mieux que Zach et le chat soient tous les deux chez nous, ça m'évite de descendre et de remonter en permanence. Je préfère avoir tout ton petit monde sous la main.

– Je te remercie, mais ne te laisse pas mener par le bout du nez par Zach.

– Ne te fais pas de mouron pour moi. Comme il fait beau aujourd'hui, nous irons faire un tour au cimetière pour enlever les fleurs fanées sur la pierre tombale de Kay. Si tu rentres trop tard, Zach et Ninja passeront la nuit chez nous.

Nettoyer la tombe de Kay ? C'est à moi que cette tâche incombe… Je suis impardonnable.

J'ai le sentiment qu'Estelle lit dans mes pensées car elle ajoute :

– Ne te tracasse pas, je sais que tu n'as pas le temps.

Après avoir transporté Ninja, les croquettes et la caisse chez les Marlier, je fais quelques recommandations à Zach.

– Tu vois bien que je suis gentil, *daddy*, je mets la table ! objecte-t-il.

Rassuré, je redescends l'escalier quatre à quatre. C'est alors que je me souviens ne pas avoir éteint l'ordinateur de Kay avant de partir ce matin. Je repasse chez moi et me précipite dans son bureau. Je ne prends pas le temps de m'asseoir. Je saisis la souris, et alors que je m'apprête à fermer le mémoire qu'Audrey a envoyé par mail à Kay, je décide de le lire :

« *Analyse des échanges et des relations thérapeute/patient au sein d'un entretien. Audrey Aubert, thérapeute, et Ziggy Moreau, patient volontaire pour participer à dix échanges sous forme d'entretiens réguliers de septembre 2004 à février 2005. Monsieur Moreau, diagnostiqué bipolaire à l'âge de dix-sept ans, a vingt-huit ans au début de cette étude. Il est conscient de sa pathologie et accepte sans difficulté son traitement prescrit sous forme de thymorégulateurs (lithium) qui stabilise son humeur efficacement depuis sept ans. Un suivi régulier tant psychiatrique que psychologique a été mis en place le 13 octobre 1997. Il semble que les troubles de l'humeur soient minimisés en stabilisant le patient.*

*Rappel des troubles : La maladie bipolaire comporte deux phases : la phase maniaque et la phase dépressive. Entre les deux pôles, la personne retrouve un état normal que l'on appelle euthymie ou normothymie. Pendant la phase maniaque, le sujet est hyperactif et euphorique, inhabituellement volubile et fait de multiples projets. Il peut présenter divers troubles comportementaux, perdre toute inhibition ou engager des dépenses inconsidérées. Pendant la phase dépressive, le sujet présente des signes de grande tristesse, il est ralenti et n'a goût à rien, parfois il veut mourir, les formes les plus sévères étant qualifiées de mélancoliques. Le suicide est le principal danger de cette maladie…* »

Hélas, l'horloge en bas de l'écran de l'ordinateur me rappelle à l'ordre. Girard m'attend, je dois filer. J'abandonne ma lecture et éteins l'ordi.

À mon arrivée à la BR, le gendarme à l'accueil m'indique que je dois me rendre en vitesse dans le bureau du capitaine. Je frappe à la porte.

– Entrez !

Le procureur et Baroni se tiennent debout, encadrant le directeur d'enquête assis devant son ordinateur. Dès que je passe le seuil, l'ambiance électrique qui règne dans la pièce me saisit à la gorge. Je prends une franche inspiration, tandis que, d'un geste de la main, Girard me désigne le fauteuil à côté de celui dans lequel est assise Audrey.

– Madame Aubert a été informée de cette confrontation. Elle n'a pas souhaité la présence d'un avocat qu'elle juge inutile, puisqu'elle n'a rien à se reprocher.

– Bien, dis-je, la mâchoire serrée.

– Madame, maintenez-vous vos déclarations ? Vous ne connaissez pas votre agresseur ?

– Je vous ai déjà dit et répété que je ne le connaissais pas ! s'agace-t-elle. Et je ne comprends pas pourquoi le fils de monsieur Dancourt certifie qu'il s'agit de l'homme qui s'en est pris à sa mère le soir du 14 juillet dernier.

– Vous pensez qu'il se trompe ?

– Comment un enfant de sept ans pourrait-il reconnaître une personne dont le visage est à moitié caché par une capuche, au milieu d'une foule, quatre mois après les faits ?

– Que pouvez-vous nous dire à ce sujet, monsieur Dancourt ?

Le directeur d'enquête m'appelle « monsieur ». Plus de *« Dancourt »* ni de *« mon Adjudant »*. Je suis un citoyen entendu dans le cadre d'une enquête.

Je m'éclaircis la voix avant de déclarer sur un ton ferme :

– Je tiens à souligner que les déclarations de mon fils ne lui ont pas été soutirées sous la contrainte. Lorsque l'interpellé est entré dans les locaux de la brigade de recherches ce matin, il ne savait pas qui il était. Il s'est soudainement levé de la chaise sur laquelle il était assis, m'annonçant qu'il s'agissait de l'homme qui avait battu sa mère. J'ai tout d'abord cru qu'il me faisait cette déclaration sous forme interrogative et qu'il évoquait l'assassinat de ma femme. J'ai alors démenti en lui répondant que c'était celui qui s'en était pris à Audrey et qu'il allait être interrogé. C'est à ce moment qu'il s'est dirigé vers vous, mon Capitaine, pour vous alerter qu'il identifiait l'individu comme celui qui avait agressé sa maman en juillet. Zach a un sens de l'observation développé. Je pense qu'il faut, au contraire, prendre ses allégations au sérieux.

– J'ai la sensation que vous voulez me tendre un piège, Axel ! lance la baby-sitter.

Le procureur m'empêche de répondre en reprenant la parole :

– Monsieur Dancourt ne vous tend aucun piège, madame. Nous détenons des éléments probants qui nous confortent dans l'idée que vous connaissez monsieur Moreau. Il nous a déclaré entretenir une liaison avec vous, que vous avez voulu rompre dernièrement et qu'il a tenté de vous faire changer d'avis en couvrant votre domicile de fleurs. Devant votre silence, il a finalement décidé de vous faire entendre raison, hier soir, sur le parking de votre résidence.

– Je vous répète que je n'ai jamais vu ce Ziggy Moreau ! hausse-t-elle le ton en soulevant les fesses de sa chaise comme si elle avait l'intention de se lever.

– Vous connaissez son prénom ?

– Non, c'est vous qui venez de le dire !

– J'ai dit monsieur Moreau.

À cet instant, j'ai un déclic. Je revois clairement le document que j'ai parcouru avant de partir de chez moi *« Audrey Aubert, thérapeute/Ziggy Moreau, patient volontaire… »* Je suis tellement pressé de leur faire part de ma découverte que je me tourne vers Audrey et coupe la parole au procureur :

– Ce n'est pas le nom du patient que tu as reçu pendant plusieurs mois pour l'élaboration de ton mémoire ? Je l'ai lu en consultant les mails de Kay dans son ordinateur avant de venir ici. C'est étrange que le sujet de ton étude s'appelle Ziggy Moreau, lui aussi.

Elle blêmit légèrement. Je crois que nous venons de marquer un point.

– En êtes-vous sûr, monsieur Dancourt ? m'interroge le magistrat. J'ai feuilleté ce document il y a quelques jours, moi aussi, lorsque les enquêteurs exploitaient l'ordinateur personnel de votre épouse. Hélas, je n'ai plus le nom du malade en tête.

– J'en mettrais la mienne à couper, Monsieur.

– Madame Aubert ?

– Je ne me souviens plus du nom de mon patient, c'est loin tout ça.

– Pourtant, Ziggy, ce n'est pas un prénom courant, intervient Baroni, un rictus au coin des lèvres.

– Nous allons tout de suite le vérifier, ajoute Girard en quittant son siège. Monsieur Dancourt, voulez-vous bien accéder à la boîte mail de votre épouse et imprimer ce document ?

Je me lève et Girard s'écarte pour me céder son fauteuil.

Une minute plus tard, je tends le mémoire au procureur debout derrière moi. Puis je me lève et reprends ma place sans quitter des yeux l'étudiante en psychologie. Pendant que le procureur de la République est plongé dans sa lecture, un silence mortifère s'installe. Lorsqu'il a terminé, il passe les feuilles à son substitut, toussote dans son poing, puis reprend la confrontation :

– Il semblerait que monsieur Dancourt ait raison, madame. Le sujet de votre étude porte le même nom que votre agresseur. Vous allez devoir revenir sur vos déclarations.

– Comment ça, je vais devoir revenir sur mes déclarations ? s'emporte-t-elle. Dites tout de suite que je suis une menteuse !

– Nous allons pouvoir le vérifier, monsieur Ziggy Moreau est auditionné en ce moment même. À moins que vous ne soyez en mesure de nous apporter la preuve qu'il s'agit d'un homonyme, il semblerait que vous ayez été en contact avec lui pendant près de six mois. Je concède que votre relation était certainement purement professionnelle, du moins au début, puisqu'il a accepté d'être votre cobaye pour vous permettre de présenter votre mémoire. Cet homme est suivi psychologiquement depuis plus de dix ans pour des troubles bipolaires.

Le procureur soutient le regard de la jeune femme et insiste :

– Il s'agit bien du même Ziggy Moreau, n'est-ce pas ?

– Je doute que nous trouvions des Ziggy Moreau à chaque coin de rue, ajoute Baroni sur un ton sarcastique.

Audrey perd brusquement de sa superbe. Elle baisse la tête, mais le procureur ne lâche pas :

– Dans votre intérêt, je vous conseille vivement de nous dire ce que vous savez. Vos entretiens ont dérapé ? Vous avez été dépassée par les débordements d'affection de votre patient à votre égard ?

Je reste en retrait mais je n'espère qu'une seule chose : des aveux. Je la fixe pour l'obliger à me regarder. Ses yeux obliquent vers moi et… elle craque :

– Je savais que c'était lui qui avait agressé Kay le 14 juillet. Je l'avais reconnu. Zach a raison. Mais c'est à moi qu'il en voulait.

– Qu'est-ce qui..., la coupe Baroni.

– Laissez-la parler, David, et ne l'interrompez pas, l'enjoint le procureur. Continuez, madame.

– Eh bien... c'est vrai... J'ai reçu monsieur Moreau de septembre à février dans le cadre de mon mémoire. Lors de notre dernier rendez-vous, il m'a proposé d'aller boire un verre dans un bar pour fêter ça. Je n'ai pas osé refuser. Je pense qu'il s'est fait des idées. Il a voulu tenter sa chance sur le plan personnel. Je l'ai gentiment remis à sa place, mais il n'a pas compris. À partir du mois de mai, j'ai régulièrement trouvé des mots dans ma boîte aux lettres. J'en ai déduit qu'il m'avait suivie pour savoir où j'habitais. J'avais peur, mais je n'ai rien dit à personne car j'avais bien conscience d'avoir commis une grave faute professionnelle en acceptant son invitation. D'autant que ma future carrière pouvait s'en trouver compromise.

– Vous avez cru que les choses se calmeraient d'elles-mêmes ? la questionne Girard pour la recentrer sur son récit.

– C'est ce que j'ai espéré, en tout cas, balbutie-t-elle. Malheureusement, il y a eu cet incident le 14 juillet. Je suis persuadée que c'est moi qui étais visée et non Kay. Il a pu nous confondre de dos. Nous sommes blondes toutes les deux... Je suis désolée, Axel, pardonnez-moi !

Le directeur d'enquête me fait signe de ne pas répondre et prend la main :

– Vous avez gardé les mots qu'il vous a adressés ?

– Non. J'ai tout jeté.

Le procureur pose une fesse sur le coin du bureau de Girard et bat le fer pendant qu'il est chaud :

– Poursuivez, madame. Après ce fameux 14 juillet, que s'est-il passé ?

– Étrangement, rien jusqu'à quelques jours après la mort de Kay, où j'ai découvert qu'il était entré chez moi par effraction pour déposer des fleurs et une lettre. Là, j'ai appelé Axel. Puis il est revenu à la charge hier. Je pense qu'il est dans une phase de décompensation de sa pathologie et qu'il ne suit plus son traitement. Il est devenu incontrôlable et ça me fait peur.

– Très bien. Monsieur Dancourt, des questions ?

Je suis en nage et en rage contre moi. Comment ai-je pu être aussi naïf ? Bien sûr que j'ai des questions !

– Je ne comprends pas pourquoi tu ne m'as pas alerté. Tu as mis ma famille en danger pour préserver ta carrière ? Nous t'accordions notre confiance.

– Je sais, Axel. Je regrette, mais je croyais qu'il finirait par se lasser. Vous ne pensez quand même pas qu'il est mêlé au meurtre de Kay ! C'est moi qu'il voulait ! Il n'a pas le permis de conduire. Il prenait les transports en commun pour venir à nos rendez-vous. Il ne peut pas être le chauffeur du fourgon dans lequel… Êtes-vous en train d'insinuer que…

– Un véhicule, ça se conduit sans permis, la coupe Baroni tout en cherchant du regard l'approbation de son patron. Il suffit juste de ne pas se faire contrôler par les forces de l'ordre. Monsieur le Procureur, je vous propose d'aller voir comment se déroule l'audition de monsieur Moreau, à côté.

– Bonne idée, David. Accompagnez-nous, monsieur Dancourt.

– J'appelle quelqu'un pour me remplacer auprès de madame Aubert et je vous rejoins, nous indique le capitaine Girard.

Chapitre 38

# IL S'APPELLE ZIGGY

***Brigade de recherches de Palaiseau,***
***samedi 3 décembre 2005, treize heures.***

Le procureur passe devant moi ; son substitut frappe deux petits coups à la porte du bureau dans lequel le mystérieux Ziggy Moreau est auditionné et entre en demandant :

– Alors ? Où en est-on par ici ?

Surpris par cette intrusion, l'enquêteur ouvre la bouche en grand, tandis que le gardé à vue et son avocat se retournent, les yeux arrondis.

– Monsieur le Procureur, Monsieur le Substitut... Mon Capitaine, ajoute l'enquêteur in extremis à l'intention de Girard qui vient d'arriver et referme la porte derrière lui.

– Alors ? s'impatiente le procureur. Monsieur Moreau a retrouvé l'usage de la parole ?

– Oui, sur le conseil de son avocat. Nous avons finalement obtenu des aveux circonstanciés. Monsieur Moreau reconnaît les faits d'effraction et d'agression à l'encontre de madame Aubert, mais aussi envers madame le substitut Dancourt le 14 juillet. Il aurait agi sous l'influence de l'étudiante en psychologie. Cette dernière lui aurait confié être maltraitée chez les Dancourt, particulièrement par Madame qui lui aurait ordonné d'effectuer des tâches dégradantes. Selon lui, madame Aubert se sentait humiliée. Il affirme également qu'elle ne serait pas rémunérée correctement et, enfin, qu'il entretient une relation amoureuse avec elle.

J'entrouvre les lèvres, prêt à démentir, mais je me ravise lorsque je croise le regard du procureur qui me signifie de me taire d'un signe de tête.

– Donc, pour résumer, monsieur Moreau, vous avez volé au secours de votre thérapeute en donnant une bonne leçon à madame Dancourt, ce 14 juillet dernier ?

Pendant qu'il se tourne vers son avocat pour obtenir son assentiment avant de répondre, j'en profite pour mieux l'observer. Je sais qu'il a vingt-huit ans et qu'il est atteint d'une maladie mentale puisque je l'ai lu dans le mémoire d'Audrey. Il porte un jean déchiré taché de peinture et une chemise à carreaux ouverte sur un vieux tee-shirt gris. Si son style vestimentaire me donne des indications sur sa passion, l'artiste peintre ne porte pas sa pathologie sur sa figure. Si j'étais une femme, je le trouverais plutôt agréable à regarder. Le teint hâlé, des yeux foncés encadrés par de longs cils épais, une bouche bien ourlée, des cheveux noirs et ondulés retenus en chignon au-dessus de sa tête. À première vue, il a plus l'air d'un ange déchu que d'un démon doublé d'un assassin sanguinaire.

– Oui c'est moi ! Je lui ai fait payer son arrogance à cette pétasse !

Son interjection vindicative, sifflée entre deux rangées de dents grises – *personne n'est parfait* – alors que son regard noir cherche à brouiller le bleu du mien, me fait sursauter. Je penche la nuque en arrière pour éviter les postillons qui pleuvent autour de moi.

Le regard pesant du capitaine Girard sur moi m'enjoint à garder le silence. Je m'efforce de rester de marbre. Avec l'autorisation non verbale du procureur qui cille, le directeur d'enquête prend la parole :

– Sauf que madame Aubert n'a pas cédé à vos avances. Pire, elle vous a rejeté. Vous avez fait tout cela pour rien, finalement. Mais peut-être qu'un amour platonique vous suffit ?

Girard tente de pousser Moreau dans ses retranchements. La stratégie de l'enquêteur fonctionne : l'interpellé se lève de sa chaise et entre dans une rage folle, m'obligeant à venir au soutien de mon collègue qui mène l'audition pour le maîtriser.

– Audrey m'aime ! éructe-t-il, alors que l'enquêteur qui l'interroge le menotte et l'oblige à se rasseoir.

– Vous êtes sûr ?

– Bien sûr que oui !

– Pourtant, ce n'est pas ce qu'elle vient de déclarer dans le bureau d'à côté, feint le capitaine avec assurance.

– Je veux savoir ce qu'elle a dit ! s'énerve Moreau.

– Elle dit que votre relation est restée professionnelle.

Girard fait quelques pas dans la pièce et lorgne le procureur.

– À moins que..., enchaîne-t-il en se grattant le menton.

– À moins que quoi ? cingle Moreau.

– Eh bien que... qu'elle vous ait fait miroiter qu'elle se donnerait à vous, une fois débarrassée de sa patronne tyrannique.

– Détachez-moi ! Je veux la voir ! hurle-t-il en tirant sur ses menottes.

– Vous la verrez... Que faisiez-vous dans la soirée du lundi 21 novembre dernier ?

– Ne dites plus un mot, monsieur Moreau, s'interpose l'avocat. Monsieur le Procureur, mon client n'est plus en capacité de poursuivre. Je requiers la suspension de l'interrogatoire. Je souhaite également que son psychiatre vienne le consulter.

– Bien, Maître, rétorque celui-ci. Suspension accordée dès que nous aurons recueilli son ADN. Nous reprendrons la garde à vue demain à huit heures, si ça vous convient, Capitaine, termine-t-il.

– Parfait, acquiesce Girard tout en faisant un signe discret de la tête à l'enquêteur qui enregistre l'audition.

Sans mot dire, ce dernier sort de la pièce. Il revient deux minutes plus tard, ganté, un kit de prélèvement salivaire dans la main droite. Il a quelques difficultés à faire entendre raison à Moreau. L'avocat est contraint de s'en mêler pour ramener son client à la raison :

– Ouvrez la bouche, monsieur Moreau. Si, comme nous le soutenons, vous êtes étranger à l'assassinat de cette jeune femme, vous serez rapidement mis hors de cause.

Enfin, Moreau obtempère. À l'aide du Coton-Tige qu'il retire de l'écouvillon, l'enquêteur pratique un frottis à l'intérieur de la joue du gardé à vue qui grommelle :

– Je m'en fous, de toute façon, ce n'est pas moi.

Alors que nous nous apprêtons à sortir du bureau, Baroni se manifeste :

– J'ai un rendez-vous à Vauréal à seize heures trente, Monsieur le Procureur. Je peux passer à l'IRCGN déposer le prélèvement si vous voulez. Comme ça, on gagne du temps.

– Merci, David, accepte le magistrat, alors que nous longeons le couloir de la brigade. N'oubliez pas de rappeler aux scientifiques l'état d'urgence de l'affaire. Il nous reste à peine quatre-vingt-seize heures pour la conclure en flagrance. Au terme de cet ultime délai, je devrai passer la main aux magistrats du siège.

Nos regards, au procureur, au capitaine Girard et à moi, accompagnent le substitut qui se dirige vers la sortie.

– David est l'un des magistrats les plus compétents du parquet, mais malgré tout le mal qu'il se donne, il n'égalera jamais Kay, marmonne le procureur, une pointe de regret dans la voix.

C'est la première fois que je l'entends parler de ma femme en utilisant son prénom et je suis touché par son aveu. Réalisant qu'il a pensé à voix haute, il se tourne vers nous, secoue la tête et enchaîne sur un ton déterminé :

– J'ai changé d'avis, Capitaine. En attendant les résultats du prélèvement de la salive de Moreau et la comparaison de son profil génétique au FNAEG, je les confronterai, lui et madame Aubert, demain dans votre bureau. On verra ce qu'il en ressort.

– Je signifie à madame Aubert son placement en garde à vue ?

– C'est ça, atteste-t-il en passant la main dans ses cheveux. Nous irons perquisitionner leur domicile à tous les deux, dans la soirée.

Il jette un œil à sa montre, puis accroche mon regard en soupirant :

– Nous avons tous besoin de souffler. Il est quinze heures quarante-cinq. Je n'ai rien avalé depuis ce matin et j'ai besoin de faire le point... Rendez-vous chez la nourrice de votre fils à dix-neuf heures, monsieur Dancourt ? Ça vous va ?

Étonné qu'il me convie aux perquisitions, je laisse mes yeux arrondis converger vers lui.

– Vous avez bien entendu, me confirme-t-il.

– Vous pouvez compter sur ma présence, Monsieur. À tout à l'heure.

Je sors de la BR avant que le magistrat ne revienne sur sa décision.

Il est seize heures. J'ai besoin de me restaurer et de réfléchir, moi aussi. Je ferais bien le point avec Christophe.

Avant d'enfiler mon casque et de monter sur ma moto, j'extirpe mon téléphone de la poche intérieure de mon blouson pour réactiver la sonnerie. J'ai un texto d'Estelle :

> Zach et moi sommes au cimetière. Nous voudrions repartir, mais Ninja refuse de nous suivre. Il est couché sur la pierre tombale et nous crache dessus. Qu'est-ce qu'on fait ?

Je l'appelle aussitôt :

– Salut, Estelle, vous êtes toujours au cimetière ?

– Oui, on n'a pas bougé, on ne peut pas laisser Ninja.

– Je sors de la brigade, je suis là dans cinq minutes.

Les graviers crissent sous mes pas, alors que, dans le cimetière, je longe l'allée qui mène au tombeau de ma femme. Je ne suis pas frileux, pourtant je grelotte. Mon rythme cardiaque s'accélère quand j'aperçois Estelle et Zach assis sur le bord de la tombe. Le regard de mon fils oscille vers moi. Il me rejoint en courant.

– *Daddy !* On a nettoyé la tombe de maman et on lui a mis des belles fleurs toutes fraîches, mais Ninja veut plus partir !

– Je vais m'en occuper.

– Mais il griffe, *daddy* ! On peut pas l'attraper.

– Oui, mais moi, j'ai des gants de moto et ils sont coqués.

Estelle se lève et se confond en excuses :

– Je suis désolée de t'avoir dérangé, j'ai essayé d'appeler Christophe, mais il doit être sur le terrain, il ne répond pas.

– Ça, je peux t'assurer qu'il l'est, sur le terrain, dis-je en m'accroupissant devant la tombe, la larme à l'œil.

Je n'avais pas prêté attention à toutes ces gerbes et ces couronnes qui recouvrent la pierre tombale tel un parterre fleuri. Je lis les inscriptions sur les rubans : *« Direction de la Gendarmerie nationale », « Parquet de Paris », « À notre amie », « Barreau des avocats de Paris », « Compagnie de Gendarmerie de Palaiseau », « À ma petite sœur », « PSIG de Palaiseau », « À notre belle-fille », « À ma regrettée consœur »* …

*« À ma regrettée consœur » ?* Elle vient de Baroni, cette composition de lys blancs ? Depuis que je sais qu'il a fait du gringue à ma femme, je suis incapable de prononcer son prénom à celui-là.

– Tu sais où est Christophe ? m'interroge Estelle en s'accroupissant près de moi.

Je penche la tête vers elle et murmure à son oreille :

– Ne te retourne pas… Il est derrière nous. Il surveille Zach. Puis je reprends un ton au-dessus : Elles sont magnifiques toutes ces fleurs, je ne me suis pas rendu compte qu'il y en avait autant.

– Et encore, on en a mis plein à la poubelle, elles étaient fanées, m'indique Zach. T'as vu ce qu'on a acheté, nous deux, pour maman, c'est moi qui l'ai choisi avec granny.

Mon regard s'arrête sur une plaque funéraire en ardoise en forme de cœur. À gauche, je lis l'inscription « *Lorsqu'on perd un être cher, on gagne un ange gardien. À ma femme et à ma maman. Amour pour toujours.* » À droite se trouve le portrait de Kay.

– C'est vrai ce qu'il y a d'écrit, *daddy* ?

– Oui, mon cœur.

– Et pour Ninja ?

Je ne l'avais même pas remarqué, pourtant il fait tache noire au milieu de toutes ces fleurs blanches.

– Eh bien, je vais essayer la manière douce, dis-je en m'asseyant au bord de la tombe.

Je fais glisser la fermeture Éclair de mon blouson et renchéris en tapotant mon épaule :

– Hop, Ninja !

Il se contente de me fixer avec ses gros yeux jaunes mais ne bouge pas d'un poil. Je réessaie en haussant la voix :

– Allez, hop, Ninja !

– Ah, ça y est, il vient, *daddy*, chuchote Zach, un doigt devant la bouche.

– Ne bouge pas, mon cœur. Laisse-le faire.

Le chat finit par sauter sur mon dos et, résigné, prend place à l'intérieur de mon blouson.

– Voilà.

– On se retrouve à la maison ? m'interroge Estelle tout en regardant autour d'elle dans l'espoir d'apercevoir son mari.

– Oui, à tout de suite.

À dix-huit heures trente, je sors de chez les Marlier, leur confiant la garde de Zach. Christophe, qui était rentré chez lui, derrière nous – rien de plus normal puisqu'il filochait Zach –, me raccompagne jusque dans la cour.

– Tu sais, il se pourrait bien que ce Ziggy ait tué Kay sous l'influence d'Audrey, dis-je en enfourchant ma bécane.

– Reste à savoir comment il s'est retrouvé au volant du fourgon de Vaudeville.

– C'est ça le hic… Peut-être qu'ils se connaissent… Et si c'était Audrey qui…

– Connaît Vaudeville ? termine-t-il pour moi. Pose la question au proc' puisque tu vas le voir… Bonne chance.

Chapitre 39

# PERQUISITIONS

***Villebon-sur-Yvette, samedi 3 décembre 2005, dix-neuf heures.***

Lorsque je stationne la Suzuki devant la résidence où habite Audrey, un fourgon de la gendarmerie est déjà sur place. La voiture du procureur aussi. Je monte l'escalier jusqu'à son pigeonnier. C'est debout, les bras croisés et les jambes écartées dans l'encadrement de la porte d'entrée, que le procureur m'accueille :

– On ne peut pas entrer. Ils ont du mal à se retourner à six là-dedans avec deux voisins pour attester de la perquisition.

– Je commence à avoir des doutes quant à l'arrestation d'un suspect avant le terme de votre enquête de flagrance, Monsieur. Il ne reste que quatre jours.

– Ne désespérez pas.

– Vous pensez que la baby-sitter de mon fils a pu manipuler ce type pour tuer ma femme ?

– C'est une possibilité.

Tout en bavardant, j'observe mes collègues qui, munis de gants en latex, effectuent les opérations d'investigation dans les règles. Certains relèvent des empreintes un peu partout : sur les portes, sur le frigo, sur le clavier de l'ordinateur qu'ils allument. D'autres prélèvent les draps qu'ils mettent sous scellés. Puis ils s'emploient à mettre l'appartement sens dessus dessous. Les placards sont vidés, les tiroirs sont tirés et leur contenu retourné sur le sol.

Depuis quelques minutes, une question me brûle les lèvres. Mes yeux oscillent vers le magistrat et je me risque à la poser :

– Vous embarquez les draps pour analyse, Monsieur ?

– Oui. Pour savoir qui couche avec qui. J'en ai marre qu'on me mène en bateau…

– Monsieur le Procureur ! Dancourt ! Venez par ici, s'il vous plaît ! crie soudain Girard.

Nous échangeons un regard et nous nous frayons un passage au milieu du fatras.

– Vous avez trouvé quelque chose ? interroge le magistrat.

– Vous allez avoir une surprise, nous prévient-il en désignant l'ordinateur.

Quand il rallume l'écran de veille, mon visage en gros plan apparaît. Sidéré, je fais un pas en arrière et trébuche dans le tiroir d'une commode qui gît au sol. Le procureur me rattrape par le coude, tandis que Girard me cherche du regard.

– Alors, don Juan ? Vous faites des ravages partout ! ironise-t-il. C'est un motif suffisant pour vous signifier le prolongement de votre garde à vue !

Moi, je suis à mille lieues de rigoler. Blanc comme un linge, je me mets à grignoter les petites peaux autour de l'ongle de mon pouce en cherchant à voix haute une explication qui m'échappe :

– Je ne comprends pas comment une photo de moi a pu se retrouver là… Elle a été prise à mon insu… Devant le PSIG, d'après ce que je constate.

– J'ai saisi son téléphone portable avant de quitter la brigade, rétorque le capitaine en me mettant l'appareil sous le nez.

Il adresse un sourire satisfait au procureur et poursuit :

– Vous a-t-elle déjà montré les photos qu'elle a prises, mon Adjudant ?

– Non. Mais je présume qu'il s'agit également de photos de moi.

– Vous présumez bien. Et de votre fils, aussi. Mais ce n'est pas tout.

Il ouvre un cahier que je suppose être un journal intime. Il s'assied sur la planche de la fenêtre et nous fait la lecture :

*« 7 janvier 2003. Axel, j'ai croisé ton regard bleu aujourd'hui. J'ai imaginé que tu me serrais contre toi. Comme d'habitude, tu m'as souri en me disant « Tu peux y aller, Audrey, je prends le relais »… Je sais que tu m'aimes, toi aussi… 14 février 2003. C'est l'anniversaire de Zach. Je voudrais tellement être celle qui t'a fait cet enfant pour la Saint-Valentin… Tu m'as regardée plusieurs fois en souriant… J'ai bien vu que tu mourais d'envie de me prendre dans tes bras, mais tu es marié avec elle. 12 avril 2004. Ta femme m'a emmenée faire les boutiques. J'ai essayé une robe sexy comme tu les aimes. Je n'avais pas les moyens de me l'acheter. Kay me l'a offerte en me disant que cela lui faisait plaisir. Si elle savait que c'est à toi que je veux plaire… 23 mars 2005. Je te veux, Axel Dancourt… »* Je continue ?

Le procureur met un terme à ma torture :

– C'est bon, nous avons compris, Capitaine. Vous avez l'air consterné, monsieur Dancourt, renchérit-il en m'observant manger mes doigts.

– Je ne suis pas surpris car il y a quelques jours j'ai pris conscience de l'intérêt qu'elle a pour moi. Mes parents et ma belle-mère ont vu qu'elle se comportait étrangement. Ils ont presque cru que j'avais une liaison avec elle et ils m'en ont fait la remarque… L'adjudant-chef Marlier et son épouse m'ont ouvert les yeux, avant-hier. Néanmoins, j'étais loin de m'imaginer qu'elle était atteinte à ce point.

– Ah oui ? s'étonne Girard. Vos parents et votre belle-mère ont douté de votre fidélité ?

– Certaines personnes entendues dans le cadre de votre enquête vous en ont certainement parlé, mon Capitaine. À vous aussi, Monsieur le Procureur.

– Effectivement, rétorque ce dernier. Néanmoins, le simple fait que madame Aubert vous désire, même si le sentiment n'est pas partagé, ne fait pas d'elle une meurtrière.

J'ouvre la bouche pour me défendre, mais le procureur m'en empêche d'un geste discret de la main. Puis il déglutit avant de changer de sujet :

– Il nous aurait fallu trouver… un morceau de bois ensanglanté sous son lit ou… le pendentif de votre femme dans son coffret à bijoux… Mais bon…

Il fait volte-face et enjambe le bric-à-brac en bougonnant :

– Bon, allons chez l'artiste peintre, maintenant. Nous aurons peut-être plus de chance.

– On embarque l'ordinateur et le journal intime, ordonne Girard à son équipe. Je conserve le téléphone. Vous apporterez le matériel aux experts demain.

Comme j'ignore où réside Moreau et que personne n'a pensé à me donner son adresse, je colle la voiture du procureur au train.

Lorsque le véhicule stationne devant une résidence derrière un centre commercial, je réalise qu'Audrey et Moreau n'habitent pas très loin l'un de l'autre.

Un peu plus tard, le magistrat et moi passons le seuil du domicile de Ziggy Moreau, où nous retrouvons Girard. Un véritable capharnaüm. Que les enquêteurs fouillent son logement ou non, il ne verra pas la différence. Pas d'ordinateur, pas de télévision. Il vit avec le strict minimum. Son séjour a été transformé en atelier de peinture. Le parquet est protégé par de grandes bâches bleues. Un « nu » non achevé, représentant une jeune femme blonde, trône au milieu de la pièce. Mais impossible de déterminer s'il s'agit d'Audrey. La poubelle est pleine à craquer. Des bouteilles d'alcool vides sont éparpillées un peu partout, ainsi que des cendriers débordant de mégots. Sept boîtes de lithium non entamées sont posées sur la table de chevet.

Instinctivement, nous nous pinçons tous le nez. Un collègue s'empresse d'ouvrir les fenêtres en bougonnant :

– Qu'est-ce qu'il y a là-dedans ? Un rat crevé ?

– Saisissez ses médicaments et les ordonnances si vous réussissez à les trouver dans ce foutoir, commande le directeur d'enquête.

– Prenez les draps ici, aussi, complète le procureur.

– Pas de batte de baseball ni de rondin de bois, mon Capitaine ! lance un enquêteur.

– RAS ! confirme un autre.

– Pas d'arme du crime chez Moreau non plus, se désole le magistrat en haussant les épaules. Dommage… À demain ! Huit heures tapantes à la brigade pour la confrontation des interpellés ! En votre qualité de victime, vous êtes cordialement convié, monsieur Dancourt ! Sur ce, je file. Merci et bonne nuit, messieurs !

Chapitre 40

# FACE À FACE

***Brigade de recherches de Palaiseau,***
***dimanche 4 décembre 2005, sept heures quarante-cinq.***

En rentrant chez moi, je ne suis pas monté chez les Marlier pour récupérer Zach et Ninja. Il était trop tard. J'ai juste appelé Christophe pour avoir des nouvelles de mon petit monde, comme dit Estelle, et je lui ai raconté ma soirée dans les grandes lignes.

Après avoir raccroché, j'ai pris une douche, puis je me suis glissé sous la couette, épuisé.

Aujourd'hui, c'est dimanche. Avant de partir pour la brigade, je suis allé chercher mon partenaire chez mes amis. Christophe n'était pas chaud pour que je le prenne.

– Qu'est-ce que tu veux que ta bestiole fasse au cours de cette confrontation ? Qu'elle te désigne Moreau de la patte en miaulant que c'est l'assassin de Kay ?

– Aucune idée, j'aviserai une fois sur place.

Dix minutes plus tard, je suis devant la BR. Tandis que je remise mon casque et mes gants dans le top-case de ma Suzuki, la voiture du procureur passe le portail. Quand je me retourne, je suis surpris de le voir sortir de l'habitacle vêtu d'un jean délavé et d'une veste en cuir marron ouverte sur un pull bleu à col rond, deux sachets de viennoiserie à la main. Sa tenue décontractée lui donne l'air plus jeune.

– C'est mon anniversaire aujourd'hui, m'annonce-t-il, un sourire jusqu'aux oreilles. J'ai pris des croissants pour fêter ça avec les gens que je malmène à longueur d'année. Même le dimanche !

– Bon anniversaire, Monsieur le Procureur.

– Merci, Axel. Vous pouvez m'appeler Christian lorsque nous sommes en comité restreint.

J'acquiesce d'un sourire contrit et reviens au sujet qui nous amène à la brigade un dimanche matin :

– Le substitut Baroni ne vient pas ?

– Non, je lui ai accordé son dimanche. J'ai eu pitié, il bosse dur.

Il s'arrête au milieu des escaliers extérieurs de la BR. Il ouvre le sac de croissants, me le présente et en prend un dans lequel il mord à pleines dents, avant d'ajouter :

– Chervez-vous… Je n'ai pas eu le temps de petit-déjeuner… J'ai un trou dans l'estomac… Je vois que vous êtes venu avec votre chat. Vous croyez qu'il va cracher sur Moreau ?

Je suis surpris qu'il s'intéresse à l'attitude de Ninja.

– Il n'apprécie pas le substitut Baroni, mais ça ne veut rien dire. Merci, Monsieur, dis-je en prélevant un pain au chocolat du sachet.

– Mon prénom c'est Christian, me reprend-il, avant de ricaner : Vous semblez ignorer que David Baroni détale devant une araignée. Pourtant, je lui ai maintes fois assuré que les petites bêtes ne mangeaient pas les grosses… Courageux mais pas téméraire, le garçon !

Il enveloppe mon épaule de sa main et termine :

– Mettons fin à nos commérages et allons nous faire offrir un café, Axel.

– Vous avez besoin d'un excitant avant de démarrer votre confrontation ?

– Pas vraiment, mais j'ai froid. Allons-y.

Nous avalons rapidement le café que le directeur d'enquête nous fait apporter dans son bureau.

– Je vous invite à libérer votre partenaire, une fois que tous les participants seront présents, me chuchote le procureur, alors que le capitaine Girard nous conduit dans la salle d'audition.

Ce dernier saisit un siège qu'il place à la gauche de celui sur lequel il va prendre place devant l'ordinateur.

– Je resterai debout, annonce le magistrat en faisant lentement le tour de la salle, avant de s'arrêter à la hauteur de la glace sans tain. Il y a quelqu'un derrière ce miroir, j'espère.

– Oui, la confrontation sera également filmée, confirme Girard en désignant la caméra fixée dans un angle de la pièce.

– Merci, Capitaine. Monsieur Dancourt, laissez donc votre coéquipier se dégourdir un peu les pattes.

– Vous n'êtes pas sérieux, Monsieur ! s'interpose Girard.

– Je souhaite expérimenter une nouvelle forme d'audition en y incluant l'animal de compagnie de la victime.

– Entendu, dis-je en ôtant la laisse du harnais de Ninja, avant de le poser à terre.

Il s'assied à mes pieds et observe le procureur revenir vers nous, mais il ne bouge pas.

– Bien. Je suis heureux de constater que je suis dans ses bonnes grâces. Capitaine, vous pouvez me rayer de la liste des suspects ! s'esclaffe le proc'.

Si Girard reste circonspect, moi j'efface le patron de ma femme de ma liste que j'ai en tête.

Quelques minutes plus tard, Audrey et son avocat sont introduits dans la pièce. Je remarque tout de suite que la baby-sitter de Zach a le regard vitreux et le teint blafard. Quant à Ziggy Moreau, c'est dans un état d'excitation démesurée et les yeux exorbités qu'il passe le pas de la porte, encadré par deux gendarmes qui le tiennent menotté. Son psychiatre et son conseil ferment la marche. Tout en s'installant devant l'ordinateur, Girard les informe qu'en ma qualité d'époux de la victime j'assisterai à la confrontation. Audrey nous observe en coin, Ninja et moi. Avant même que le procureur, debout, les mains derrière le dos, ne les ait autorisés à prendre place, l'avocat de Moreau tente de fixer les règles de la confrontation avec des exigences de mesure de protection psychologique, en faveur de l'artiste peintre :

– L'état mental de mon client est fragilisé. Bien que je ne puisse remettre en cause sa faculté à comprendre et à répondre aux questions qui lui seront posées, je souhaite qu'il soit fait mention que son médecin lui a administré une injection de *Loxapac* hier soir, pour traiter les effets de décompensation occasionnés par l'arrêt de son traitement oral.

Girard fronce les sourcils et soupire :

– Bien, je note… Puisqu'on l'évoque, commençons par votre traitement, monsieur Moreau. Si vous êtes d'accord, Monsieur le Procureur.

– Vous avez raison, Capitaine, autorise ce dernier. Depuis quand avez-vous arrêté de suivre votre médication, monsieur Moreau ?

– Je ne m'en souviens plus. Depuis plusieurs mois.

– Cela résulte d'une prescription médicale ?

– Non ! Je l'ai décidé moi-même ! Je sais ce qui est bien pour moi ! se défend-il en haussant le ton.

– Pour quelle raison ?

– Le lithium rend vaseux et j'avais besoin d'être lucide pour pouvoir réfléchir.

– À quoi aviez-vous besoin de penser ? Ou à qui ? continue le procureur en appuyant la paume sur un coin du bureau.

– J'avais une mission. Il faudra vous le répéter combien de fois ?

– Pouvez-vous nous rappeler laquelle ?

– Protéger Audrey de sa patronne.

– Vous parlez de madame Dancourt ?

– Exactement. Elle se foutait d'elle. Elle l'humiliait et lui faisait faire la salle besogne. Le ménage et la cuisine ne font pas partie de son contrat.

– C'est madame Aubert qui vous l'a dit ?

– Oui, c'est Audrey.

Le magistrat se tourne vers la nounou et s'adresse à elle :

– Madame, qu'avez-vous à répondre aux déclarations de monsieur Moreau ?

Alors que je suis assis dans mon coin, mon regard va et vient des uns aux autres. Je compte les points. Les mains crispées sur ses genoux, le buste penché en avant comme si elle était sur le point de vomir, l'étudiante en psychologie tente de dissimuler son malaise sans vraiment y parvenir. Girard, lui, remplit le procès-verbal en tapant avec frénésie les questions et les réponses sur le clavier, un œil oscillant vers Audrey ou Moreau, selon lequel des deux est interrogé.

– Je n'ai jamais rien dit de tel, proteste-t-elle. Nos rencontres avaient pour objet une étude sur les rapports entre un thérapeute et son patient. Celle-ci m'a servie à la rédaction de mon mémoire. Notre relation était strictement professionnelle, je vous le redis.

– Vous soutenez ne jamais avoir évoqué votre vie personnelle avec le sujet de votre étude ?

– Oui. Nos échanges ne sont jamais sortis du cadre de l'étude et de la thérapie.

– Menteuse ! se rebelle Moreau en se levant de son siège.

– Je dirige le débat, monsieur Moreau, lui rappelle gentiment le magistrat. Vous vous exprimerez lorsque je vous donnerai la parole. Répondez, madame Aubert.

– Pas pendant nos séances planifiées dans le cadre de mon étude.

– Nous y voilà. Hier, vous avez reconnu avoir accepté l'invitation de monsieur Moreau à boire un verre à l'issue de votre dernière rencontre professionnelle. Maintenez-vous vos déclarations ? Souhaitez-vous que le capitaine Girard vous relise votre PV d'audition ?

– C'est inutile, je me souviens de ce que j'ai dit hier. Je reconnais avoir manqué de rigueur. Je n'aurais jamais dû céder, mais je l'ai fait par compassion et pour le remercier de s'être rendu disponible.

– À ce moment-là, lui avez-vous fait des confidences de nature personnelle ?

– Je n'ai jamais évoqué ma vie privée devant cet homme, à n'importe quel moment de nos entretiens, pas plus que lors de ce seul et unique rendez-vous privé qui, je le sais, est sanctionné au regard du code de déontologie médicale.

– Pourquoi tu te défiles ? se révolte l'artiste peintre. Je n'ai pas rêvé ! Tu m'as bien dit que tu étais tombée amoureuse de moi, mais qu'il fallait que nous restions discrets pour ne pas éveiller l'attention de ta patronne ! Tu avais peur qu'elle t'éloigne de moi ! Et ne me dis pas que je suis à côté de mes pompes ! Je suis sûr d'avoir vécu ce que j'ai vécu avec toi !

J'ignore si Girard ou le procureur y ont prêté attention, mais moi, je note que Moreau tutoie Audrey, tandis qu'elle s'arrange pour s'adresser à lui indirectement.

À cet instant, Moreau se lève d'un bond, écumant. Instantanément maîtrisé par les gendarmes qui l'encadrent, il secoue soudain la jambe droite en hurlant :

– Sortez cette bestiole de là, elle a pissé sur mes baskets !

Je baisse les yeux. Ninja n'est plus à sa place, près de moi. Il a sauté sur les genoux de Moreau, les oreilles pointées vers l'arrière. Tandis que je me déplace pour le récupérer, je jette un coup d'œil vers le magistrat qui reste impassible.

– Si vous vous étiez tenu tranquille, vous n'auriez pas subi cette malencontreuse agression, lui oppose ce dernier. Savez-vous à qui appartient cette bestiole, comme vous dites ?

– Non et je m'en fous !

– C'est le chat du substitut Kay Dancourt, ma collaboratrice, la jeune femme que vous avez reconnu avoir agressée sur les Champs-Élysées, le soir du 14 juillet.

– Je ne l'ai pas tuée, votre substitut !

Pendant que Moreau soutient mordicus qu'il est étranger à la mort de ma femme, je reprends ma place, Ninja sur les genoux. Je me demande ce qu'il lui a pris d'aller se soulager sur la chaussure de Moreau.

– Nous évoquerons ce point plus tard, monsieur Moreau, déclare le procureur. Madame Aubert, vous persistez à alléguer que cette seule et unique rencontre, dans un cadre privé, est l'élément déclencheur des agissements de monsieur Moreau envers vous, dans les mois qui ont suivi ?

– Exactement. Il a confondu un simple geste de gratitude avec un rendez-vous galant.

– C'est faux ! hurle Moreau.

Le procureur lui donne la parole :

– On vous écoute, monsieur. Dans quelles circonstances et à quelles occasions s'est-elle confiée à vous ?

– Ça a commencé au mois de décembre de l'année dernière. Elle était triste. J'ai voulu savoir pourquoi, mais elle a refusé de me répondre, m'assurant que je n'y pouvais rien. Puis, au fil de nos rencontres, elle m'a laissé entendre qu'elle était contrainte de travailler pour payer ses études.

– Elle vous a dit comment elle gagnait sa vie ?

– Oui. Elle était employée chez un couple. Elle s'occupait de leur fils. Lui était gendarme, et elle, magistrate. Ils n'avaient pas d'horaires de travail fixes.

– Que vous a-t-elle confié d'autre ?

– Dès nos premières séances, elle s'est plainte de ne pas toujours être payée ou que la femme ne voulait pas lui rémunérer toutes ses heures, sous prétexte que son service était loin d'être parfait. Un peu plus tard, elle m'a dit que sa patronne l'obligeait à préparer les repas et à faire le ménage.

– Et après ?

– Chaque fois que j'arrivais dans la salle de la fac où elle me donnait rendez-vous, elle était triste. Elle me racontait de plus en plus de choses sur ce que cette madame Dancourt lui faisait subir. Elle était persuadée qu'elle était jalouse que l'enfant se soit attaché à elle. Elle a même soutenu qu'il avait dit à sa mère qu'il aurait préféré l'avoir elle pour maman.

Les déclarations de Moreau me font froid dans le dos. J'en arrive à me demander si c'est bien chez nous qu'Audrey était employée… Je nage en pleine démence. Je resserre les bras autour de Ninja pour me réfugier dans la douceur de son pelage, tandis que le procureur poursuit :

– Ensuite ?

– Heureusement, j'étais là. Je l'ai prise dans mes bras. Nous nous sommes embrassés.

– Sur la joue ? le coupe Girard.

– Sur la bouche !

Le magistrat tourne légèrement le buste vers moi et enchaîne :

– Et ?

– Et je lui ai demandé si je pouvais l'aider. Elle m'a répondu que la seule solution serait de donner une bonne leçon à sa patronne.

– C'est là que vous avez décidé d'agir ?

– Oui, le soir du 14 juillet. C'était un jeudi, je m'en souviens. Elle m'a prévenu qu'elle ne pourrait pas aller voir les feux d'artifice avec moi, comme convenu, car Madame exigeait qu'elle y aille avec elle… et son rejeton. Ça m'a mis en colère. J'ai décidé de faire le guet devant la gendarmerie. Lorsqu'ils sont sortis, je les ai suivis au restaurant d'abord, puis sur les Champs-Élysées.

– Vous n'avez pas l'air d'accord, madame Aubert.

– Mais c'est du délire ! Je ne lui ai jamais rien dit de tel ! J'ai terminé mon étude fin février, je ne l'ai jamais revu après ! En plus, Kay et Axel sont des gens adorables ! D'ailleurs, je continue à prendre soin de Zach depuis la mort de sa mère !

– Et de son père ! la pique le magistrat sur un ton narquois.

– Pardon ?

– Vous n'êtes pas sans ignorer que nous avons perquisitionné votre domicile. Nous y avons saisi votre ordinateur et votre journal intime. Qu'avez-vous à déclarer à ce sujet ?

Désarçonnée par les révélations du procureur, la jeune femme dirige son regard vers moi :

– Vous l'avez lu, Axel ?

Je la fixe sans prononcer un seul mot. Elle tente de se justifier :

– Je sais que vous aimiez Kay. Je ne lui aurais jamais fait de mal. Elle était si gentille avec moi !

Le visage de Moreau s'assombrit et sa bouche se tord.

– Elle était si gentille avec toi ? C'était un couple adorable ? Mais, tu m'as manipulé ! Quand tu as eu ce que tu voulais, tu m'as rayé de ta vie ! Je t'ai suppliée, j'ai glissé des mots doux dans ta boîte aux lettres ! Plus tard, j'ai inondé ton domicile de roses puisque je ne pouvais plus te contacter par téléphone. Tu as changé de numéro ?

– Et c'est tout, monsieur Moreau ? questionne le magistrat.

– C'est tout quoi ?

– Possédez-vous une voiture ?

– Je vous ai dit que je n'ai pas le permis.

– Bien. Dans ce cas, pouvez-vous nous dire où vous étiez du 21 novembre à dix-huit heures trente au 22 novembre à trois heures ?

– Le soir de la disparition de la magistrate ?

– C'est ça.

– Je devais être chez moi en compagnie d'une bouteille de whisky.

– Quelqu'un peut-il le confirmer ?

– Oui, la bouteille de whisky ! s'esclaffe-t-il d'un rire à faire peur.

– Pourquoi avez-vous repris contact avec madame Aubert après le décès du substitut Dancourt ?

– Lorsque j'ai appris que quelqu'un avait réglé son compte à cette garce, j'ai pensé que c'était le destin qui me faisait un signe. Audrey débarrassée de son bourreau, je l'ai relancée.

– On tourne en rond, soupire le directeur d'enquête en relevant les doigts du clavier de son ordinateur.

– Vous avez raison, Capitaine, cède le procureur. Je crois qu'il est inutile d'insister, nous n'en saurons pas plus aujourd'hui. Toutefois, je détiens assez d'informations pour prendre une décision. Monsieur Moreau, je vous place en examen pour effraction du domicile de madame Aubert et agression sur sa personne, ainsi que pour coups et blessures volontaires sur la personne de madame Dancourt, le soir du 14 juillet. Je vais faire en sorte qu'une mesure de placement sous contrôle judiciaire soit prise à votre encontre, en attendant le résultat de votre analyse salivaire qui sera déterminant, s'agissant de votre incrimination dans l'affaire de l'assassinat de ma collaboratrice.

Il tire machinalement sur le bas de son pull, avant de s'adresser à Audrey :

– Quant à vous, madame Aubert, aucune charge n'est retenue contre vous pour le moment. Cependant, vous devrez répondre de vos actes et de vos manquements, devant le doyen de la Faculté. Vous pouvez disposer.

Lorsque nous quittons la pièce, je salue des collègues qui passent dans le couloir. Le procureur et le capitaine Girard se mettent à l'écart. Au bout de quelques minutes, le magistrat prend congé, passe devant moi et me fait un signe de la tête, m'invitant à le suivre. J'attends un peu, puis je me dirige vers la sortie.

Sitôt à l'extérieur, je le retrouve installé au volant de son véhicule, portière ouverte. Il arrange sa veste en cuir sur le siège passager.

– Je vous invite à déjeuner, Axel ?

– Ce n'est pas prudent. Imaginez qu'on nous voie au resto, tous les deux…

– Pas au resto, chez moi, au 30 rue Serpente.

– Dans le 6^e^ ?

– Oui. On se retrouve là-bas, d'accord ?

Chapitre 41

# LA FENÊTRE DE TIR

***Palaiseau, dimanche 4 décembre 2005, seize heures.***

Ninja et moi arrivons devant le portail de l'unité derrière un véhicule qui rentre de patrouille. Je reconnais la silhouette de Christophe sur le siège passager. Je n'ai qu'une hâte : me débarrasser de mon casque et confier à mon collègue ce que je viens d'apprendre de la bouche du procureur.

Le portail ne s'est jamais ouvert aussi lentement. Je ne tiens plus en place et joue avec la poignée de gaz de ma bécane, un pied au sol.

J'accélère et fais une queue de poisson à la bagnole.

– Non mais, ça ne va pas, Axel ? braille Christophe en sortant du véhicule d'intervention. Tu crois que je n'ai pas autre chose à foutre qu'un constat d'accident avec toi ?

Je ne le regarde pas. Je ne lui réponds pas. Je béquille ma moto, arrache mon casque, prends une profonde inspiration, enlève mes gants et range le tout dans le top-case.

– Il y a du nouveau, Tophe.

– Qu'est-ce que c'est ? me questionne-t-il en baissant le ton. Viens, on monte à la maison.

– Pas chez toi, il y a Zach et je ne veux pas qu'il entende. Tu es toujours chef du PSIG ?

– Encore toute la semaine prochaine. Viens, allons dans mon bureau, alors.

Tandis que je le suis dans le couloir du PSIG, je descends la fermeture Éclair de mon blouson pour libérer Ninja qui saute à terre et suit le mouvement. Christophe me fait entrer, referme la porte derrière lui et bougonne :

– Assieds-toi.

Il prend place devant son ordinateur, pousse l'écran, s'accoude à son bureau, penche le buste en avant et poursuit :

– Vas-y, je t'écoute.

– Le membre de la famille de Vaudeville qui a emprunté son Jumper le week-end juste avant qu'il ne serve à l'enlèvement de Kay, tu sais qui c'est ?

À l'attitude étrange qu'il adopte en détournant le regard pour le diriger vers la fenêtre, je fronce les sourcils et ajoute :

– Tu le sais depuis quand ?

– Depuis quand je sais quoi ?

– Qu'Audrey est la fille de la nouvelle compagne de Vaudeville et que c'est elle qui a utilisé son fourgon le week-end avant la disparition de Kay.

– Et toi ? Qui te l'a dit ? Girard ?

– Non, c'est Christian qui me l'a dit.

– Quel Christian ?

– Le procureur de la République. Pourquoi tu ne m'as rien dit ?

– À quelle occasion il t'a lâché l'info ? Et tu l'appelles Christian ? C'est nouveau. Vous êtes intimes depuis quand ?

– Tu as tes secrets, j'ai les miens. Alors ?

– Je n'ai aucun secret, Axel, je respecte le secret de l'enquête. Tu sais quoi d'autre ?

– Qu'elle s'est servie du van de son beau-père pour aider au déménagement d'une copine… Elsa Moreau. Non, Moreau c'est Ziggy… Morin… Oui, Elsa Morin.

– Tu en sais plus que moi.

– Ne te fous pas de moi.

Il lève les mains en signe de reddition et plante ses yeux arrondis dans les miens.

– Je te jure que je ne connaissais pas le nom de l'amie d'Audrey, avant que tu ne le prononces il y a deux secondes, articule-t-il.

– Je veux bien te croire. Mais, pour Audrey, tu aurais dû m'alerter.

– Dis donc, je t'ai dit combien de fois qu'elle était pas nette, cette fille ? Tu as la mémoire courte, Axel.

– C'est vrai… Tu me l'as dit… Le proc' m'a aussi lâché que la BR était allée enquêter à la fac. Toutes les personnes entendues sont convaincues qu'Audrey est en couple avec un gendarme divorcé qui a un enfant. D'ailleurs, plusieurs de ses camarades de psycho la déposaient devant le PSIG lorsqu'ils rentraient de soirée… Tu imagines jusqu'où elle a poussé le bouchon ?

À mesure que je parle, le visage de Christophe se fige. Toutefois, je continue :

– Le procureur parle de trouble érotomaniaque. Il va la faire examiner par un professionnel.

– Je vois ce que c'est. Convaincue que tu l'aimes, elle s'est inventée une vie avec toi et elle s'est prise pour la mère de Zach.

– C'est exactement ça… Du coup, il y a de fortes chances pour qu'elle ait mandaté son Ziggy pour tuer Kay. Elle a dû conserver la clef du Jumper et ne l'a remise sous le paillasson de Vaudeville que le mardi.

– La mère d'Audrey vit avec Vaudeville ?

– Non, ils se fréquentent, mais ils ne partagent pas le même toit.

– Le proc' et Girard doivent être impatients de recevoir le résultat de l'analyse salivaire de Moreau.

– Le proc' est certain que le profil de Moreau va matcher avec celui extrait des cheveux que ma Kay a réussi à prélever à son putain d'assassin.

– Ouais, c'est possible… Tu viens voir ton fils ? change-t-il brusquement de sujet. Tu as faim peut-être ?

– J'ai déjeuné chez le procureur, mais je monte avec toi. Estelle s'en est sortie ?

– Estelle est heureuse d'avoir Zach à la maison et moi aussi. Allons boire un café. Je crois qu'elle t'a gardé une part de tarte.

Avant de sortir du PSIG, Christophe passe les consignes aux collègues et ajoute :

– Je suis chez moi. Je prendrai la patrouille d'Axel cette nuit.

– C'est toi qui me remplaces ?

– Oui.

Alors que nous traversons la cour, il s'arrête et se tourne vers moi.

– Si c'est Moreau le bras armé d'Audrey et qu'il est scientifiquement prouvé que c'est lui l'auteur de l'assassinat de ta femme, un mystère demeure.

– Comme moi, tu t'interroges de savoir qui Kay filochait ?

– J'en ai même mal à l'estomac. Tu as fouillé chez toi ?

– J'ai tout retourné. J'ai trouvé des clefs USB plus que je n'en voulais, mais pas celle qu'on cherche.

– Pour moi, elle l'a remise à quelqu'un de confiance.

– À qui ?

– Alors ça... Ce qui m'inquiète, c'est que cette personne tarde à te l'apporter.

– Ce n'est peut-être pas à moi que cette clef est destinée.

– Quoi qu'il en soit, j'ai le sentiment qu'il y a une affaire dans l'affaire, si tu vois ce que je veux dire.

– Oui, on ignore sur qui Kay avait des soupçons et pourquoi... Il se peut qu'il y ait un personnage important derrière tout ça... Et si c'était Audrey qu'elle filochait... non ?

– Peut-être... Mais ça me paraît trop simple.

Je suis finalement invité à dîner chez les Marlier.

Un peu plus tard, je borde Zach dans la chambre d'amis des Marlier, sur l'insistance d'Estelle qui estime que je suis sur les rotules et que j'ai besoin de passer une nuit tranquille, tout seul chez moi.

– Nous avons de la Guinness. Tu en veux une avant de redescendre te coucher ? me propose-t-elle tout en passant son bras autour de la taille de son mari qui dépose un baiser sur ses lèvres.

– Un café pour moi, chérie, je suis d'astreinte, susurre-t-il à son oreille.

– Je veux bien une Guinness, merci, Estelle. Je voulais vous remercier pour tout ce que vous faites pour Zach et moi.

– C'est normal, voyons, rétorque mon collègue. Vous auriez fait la même chose pour nous et Zach est adorable.

– Allez dans le salon, j'apporte nos bières et ton café, chéri.

Christophe se laisse tomber dans un fauteuil et moi dans l'autre. Ninja ne tarde pas à sauter sur mes genoux. Nous sommes en train de nous observer en biais tout en réfléchissant, lorsque Estelle passe le pas de la porte avec un plateau sur lequel sont posés deux verres à bière, deux canettes de Guinness et un expresso. C'est alors que mon téléphone vibre dans la poche arrière de mon jean. Je soulève ma fesse pour l'en extirper. J'ouvre le clapet et prends l'appel en indiquant à Christophe :

– C'est le proc'.

Je mets le haut-parleur, tandis que le magistrat a déjà commencé à parler :

– Ça y est, on le tient, Axel ! Le profil génétique de Moreau a matché avec celui extrait des cheveux découverts dans la gorge de Kay !

– Vous êtes sûr ?

– Bien sûr que je suis sûr ! Le capitaine Girard vient de m'appeler !

Ils ont réussi à pincer le salopard qui a massacré ma femme, à trois jours de la fin de l'enquête de flagrance.

– Je les ai envoyés l'interpeller à son domicile, poursuit le magistrat. Je vais le mettre en examen, puis demander son placement en détention provisoire au juge des libertés.

Tout en remerciant le procureur, j'observe Christophe. J'ai la désagréable impression que je ne suis pas totalement déchargé de l'énorme poids qui pèse sur mes épaules depuis bientôt quinze jours. Quelque chose cloche. Christophe est comme moi : embarrassé.

– Allez, c'est fini maintenant. Bois ta bière… Dans une heure, je prends la première patrouille.

Nous avons à peine le temps de trinquer que le téléphone fixe sonne. Christophe, qui est d'astreinte, se lève d'un bond pour aller décrocher.

– Oui… Bien pris… Non, je suis le seul OPJ… Dancourt n'a pas encore repris le boulot… Si, il est justement à côté de moi… Je le lui demande. Il reprend à mon intention : C'est le CORG[19] qui sollicite notre renfort à Massy, sur le lieu d'une prise d'otage, à l'intérieur d'une maison. Il s'agirait de deux hommes. L'adjoint au commandant de compagnie se trouve sur place avec la patrouille de la brigade. En tant que chef du PSIG par suppléance, je pars avec le MIP[20] et un GAV[21]. Il serait préférable que nous intervenions à quatre… il me faudrait…

– Un OPJ supplémentaire ? Je suis ton homme ! Je descends m'équiper et on se retrouve au bureau !

Je ne lui laisse pas le temps de répondre. Je pose ma bière et sors de son logement en courant. Trois minutes plus tard, nous sommes dans les locaux du PSIG, en combinaison d'intervention, PA[22] dans l'étui de notre ceinturon d'armes sur lequel sont également fixées nos menottes. Nous ouvrons l'armurerie. Le GAV qui loge juste au-dessus arrive derrière nous. Christophe lui demande de s'armer rapidement, liste le matériel dont nous aurons besoin, puis ordonne :

---

19 Centre d'opérations et de renseignement de la gendarmerie.
20 Moniteur d'intervention professionnelle. Son savoir-faire permet aux gendarmes spécialement formés de remplir des missions dans des zones périlleuses ou présentant des obstacles.
21 Gendarme adjoint volontaire.
22 Pistolet utilisé par les gendarmes (PAMAS G1).

– Charge tout ça dans le fourgon... Toi, Axel, prends les GPB[23] avec les casques d'intervention et le lot effraction[24] au cas où il faudrait pénétrer de force dans l'habitation.

– OK ! J'embarque aussi un monoculaire de vision nocturne[25].

Christophe monte à l'avant du Trafic avec un pistolet mitrailleur HK et un taser, pendant que je mets un container lacrymogène et un flashball à l'arrière. Nous enfilons nos GPPD[26], je m'installe au volant et nous fonçons.

Sur le trajet, Christophe appelle le CORG avec le *RUBIS*[27] afin d'avoir des précisions sur l'état d'avancée de la prise d'otage en cours.

– Le forcené est toujours retranché dans la maison. Il est en possession d'un fusil de chasse et menace toujours le propriétaire. Les voisins ont indiqué que l'agresseur était un ami de la victime. Ils sont seuls à l'intérieur. Il n'y a pas d'animaux. Personne n'est encore entré en contact avec eux. On vous attend.

– La patrouille sur place a sécurisé le périmètre ? se renseigne Christophe.

– Oui, il ne manque que vos gros bras !

Bien que je sois concentré sur la route, je sens le regard de mon ami peser sur moi.

Dans ces moments-là, quelques minutes avant l'action, nous avons toujours une montée d'adrénaline, mais nous n'avons jamais peur. La peur, nous la ressentirons après, quand tout sera fini.

Nous passons le panneau d'entrée de la commune de Massy, puis nous arrivons dans la rue indiquée, cinq minutes plus

---

23 Gilets lourds d'intervention (munis de plaques en céramique en mesure de stopper les munitions de gros calibre).

24 Composé d'un bélier, d'un pied de biche et d'une pince coupante monseigneur.

25 Lunette de vision nocturne infrarouge avec zoom.

26 Gilet pare-balles à port discret.

27 Système de communication interne à la gendarmerie. Il permet la communication entre les véhicules, les brigades et le CORG.

tard. Je stationne le fourgon quelques mètres avant la maison afin que nous ne soyons pas repérés, ou pris pour cible.

– Nous sommes sur zone, annonce Christophe au CORG.

Nous descendons du Trafic et allons à la rencontre du chef de la patrouille et du capitaine, adjoint au commandant de la compagnie.

– Vous n'avez pas encore coupé la circulation ? grogne Christophe, pendant que je jauge la propriété.

– Il s'agirait d'un artiste peintre sous tutelle, nous informe l'adjoint au commandant de compagnie. Il est venu rendre visite au magistrat du parquet qui est chargé de son suivi en matière de protection juridique...

– Il a mis son fusil sur la tempe d'un parquetier[28] ? chuchote Christophe à un adjudant-chef. C'est la mode ou quoi ? On est chez qui, ici ?

– Baroni David.

Je réagis immédiatement :

– Si c'est Moreau qui tient Baroni en joue, ils n'ont pas dû le trouver à son domicile pour...

– Je sais, Axel. Retourne dans le fourgon et renseigne-toi auprès du CORG par radio.

Je n'ai pas le temps de faire un pas que l'individu se présente à une fenêtre derrière son otage qu'il tient en respect avec le canon de son arme. Nous les reconnaissons tous les deux. C'est bien Moreau qui tient Baroni en joue.

– Dancourt ! Je veux parler au gendarme Dancourt ! braille-t-il.

À cette annonce, les regards de tous mes collègues se tournent instinctivement vers moi. Celui de Christophe s'obscurcit brusquement. Il met un doigt devant sa bouche pour me faire comprendre de ne surtout pas ouvrir la mienne. Il se rapproche des autres pour leur donner l'identité du forcené, sa récente mise en cause judiciaire pour coups et blessures accrue par la suspicion de l'assassinat de ma femme.

---

28 Un magistrat du parquet.

– Son ADN a été formellement identifié, termine-t-il.

Au moment où il finit sa phrase, le procureur, qui vient certainement d'arriver, s'avance vers nous, un mégaphone à la main. Il passe l'autre dans ses cheveux. Il semble catastrophé.

– Quelle histoire... Voilà que c'est la vie de David qui est menacée, maintenant... Vous avez établi votre plan d'action, messieurs ? nous interroge-t-il à voix basse.

– Pas encore, Monsieur le Procureur.

Je m'approche de Christophe et chuchote :

– La maison est face à la route, mais on pourrait passer par l'arrière. Tu vois, c'est une zone boisée qui s'étend au-delà de la clôture.

Mon camarade suit mon index du regard et réfléchit un instant, avant de hocher affirmativement la tête et de s'adresser au magistrat :

– J'ai besoin de six hommes pour boucler l'arrière de la maison, Monsieur. Je vais y aller avec Dancourt. On va faire le tour pour repérer un endroit par lequel on peut s'infiltrer.

– Exécution pour le déploiement, ordonne le procureur à mi-voix. Puis il enchaîne à notre intention : Allez-y... Ramenez-moi cette ordure. Bonne chance.

Pendant que nous nous éloignons tous les deux vers le Trafic pour échanger nos gilets pare-balles légers contre des lourds, nos collègues se dispersent autour de la propriété dans le plus grand silence. Christophe saisit le HK et me tend le taser. Pendant que nous nous équipons, le procureur fait diversion et tente de raisonner Moreau :

– C'est le procureur de la République ! Rendez-vous, monsieur Moreau ! Tuer un deuxième de mes collaborateurs ce soir ne fera qu'aggraver les choses ! Ce qui est fait est fait ! Vous n'êtes pas responsable ! Le substitut Baroni le sait...

Christophe et moi arrivons à l'arrière de la maison. Il me désigne une échelle posée contre un arbre. Je lui signale une fenêtre dont le volet roulant n'est pas complètement descendu et je marmonne :

– Fenêtre de tir.

Il ramène l'échelle et la pose le long du mur, sous la fenêtre que j'ai repérée. Il grimpe le premier. Je le suis.

– Merde, la fenêtre est fermée et le volet n'est pas assez remonté. Il va falloir forcer.

Il parvient à gagner quelques dizaines de centimètres sans faire de bruit. Il pousse ensuite le chambranle de la fenêtre qui cède sans trop de difficulté. Mais c'est encore trop juste pour nous introduire avec notre harnachement.

– Fais comme moi, murmure-t-il. Retire ton ceinturon, mets tes pinces dans ta poche et prends ton arme à la main.

Je lui donne le taser, puis je m'engouffre à sa suite. Depuis la pièce dans laquelle nous sommes, nous percevons la voix du procureur. Il tente une négociation avec Moreau qui exige toujours de me parler.

– Il n'est pas de service ce soir, lui répète inlassablement le magistrat.

Christophe me fait signe de passer devant et ajoute :

– Je te couvre.

Nous traversons un couloir, avant de nous arrêter derrière une double porte vitrée donnant sur la pièce principale. Moreau, devant la fenêtre, tient toujours Baroni en joue. Je me couche sur la moquette, arme au poing, et pousse doucement un battant de la porte. Je me retourne vers Christophe qui acquiesce d'un mouvement de tête. Il s'immobilise dans le chambranle de la porte et vise les jambes du suspect avec son arme, pendant que je rampe vers lui, centimètre après centimètre. Je suis à moins d'un mètre du preneur d'otage. Je n'ai qu'à tendre le bras pour lui donner le coup de taser qui va, sans aucun doute, lui faire lâcher son fusil. Je me retourne une dernière fois. Christophe hoche rapidement la tête. Il est prêt. J'y vais.

Je vise la cuisse et envoie la décharge. Christophe a déjà bondi pour lui arracher son fusil, tandis que je tire Baroni par le bras pour le mettre hors de portée de son agresseur qui tombe au sol au même moment. Je lui saute dessus, ramène ses mains dans son dos et le menotte en hurlant :

– Gendarmerie nationale ! Vous êtes en état d'arrestation !

L'assaut n'a duré que quelques dizaines de secondes.

Christophe va se placer devant la fenêtre pour rassurer tout le monde.

– Individu maîtrisé, annonce-t-il calmement.

Il va ensuite ouvrir la porte d'entrée afin de permettre aux collègues de venir embarquer notre *colis* sur lequel je suis toujours assis. Puis il fait demi-tour et me tend la main pour m'aider à me relever.

Les copains empoignent mon prisonnier. Le procureur pénètre dans la pièce pour prendre en charge son substitut en état de choc. J'entends la sirène des pompiers. Christophe pose la paume sur mon épaule. Nous sortons.

Chapitre 42

# LA CLEF

***Palaiseau, lundi 5 décembre 2005, cinq heures.***

Lorsque le Trafic du PSIG revient au bercail, le jour n'est pas encore levé. Le temps de ranger tout le matériel dans les locaux de l'unité, Christophe et moi passons la porte de notre résidence une heure plus tard.

– C'est terminé, Axel.

– Je n'en suis pas aussi sûr que toi.

– Les résultats d'analyses génétiques sont indiscutables. Moreau a massa…

– Oui, il est impliqué, c'est sûr, mais il y a des trucs qui m'échappent.

– Comme le fait que Moreau était placé sous tutelle ?

– Entre autres, dis-je en mettant la main sur la poignée de la porte… On ne va pas discuter sur le palier, tu entres boire un whisky ?

Christophe me suit jusque dans le salon. Il se laisse tomber sur le canapé, pendant que j'ouvre les portes du bahut pour prendre la bouteille et deux verres.

– Glaçons ?

– Non, merci. Juste un doigt pour moi, Axel. Si on me rappelle…

– C'est vrai, tu n'as pas fini ta nuit, toi.

Je retire le bouchon. Au moment où je penche le goulot pour servir, ma main est prise de tremblements.

– Donne, je vais le faire, propose Christophe en tendant le bras. C'est le contrecoup de l'intervention, ou bien…

– Les deux, je crois, dis-je en saisissant mon verre, avant de m'affaler dans mon fauteuil.

En silence, nous savourons quelques gorgées du breuvage irlandais. Puis, tout en repassant dans ma tête le film de l'interpellation de Moreau au domicile de Baroni, je déplore :

– Tu te rends compte, il était sous tutelle. C'est Baroni qui était chargé de son suivi, il le recevait régulièrement pour ça, et personne n'était au courant de rien ?

– Le CORG nous l'a dit par le *RUBIS*, alors que nous nous transportions sur la prise d'otage.

– Ils nous ont avertis qu'il était sous tutelle, c'est tout. Ne me dis pas que le procureur n'en savait rien !

– Ils ont tellement de procédures en cours… Le proc' ne peut pas les avoir toutes en tête.

– Baroni aurait dû l'avertir qu'il suivait Moreau, quand ils l'ont placé en garde à vue.

– Qu'est-ce qui te fait penser qu'il ne l'a pas fait ? Tu n'es pas au courant de toutes les investigations.

Je termine mon verre d'un trait et me penche en avant pour me resservir une larme de scotch, tout en ripostant :

– J'étais chez le procureur, hier !

– Exact. Grâce à Christian, tu sais qu'Audrey est la fille de la compagne de Vaudeville et que c'est elle qui a emprunté son Jumper pour déménager sa copine. Une certaine Elsa…

– Morin.

– Ah oui.

– Arrête, je suis sûr que tu l'as su avant moi.

– Qu'est-ce que tu sais sur cette nana, la copine d'Audrey ? Qu'est-ce que ton ami Christian t'a appris d'autre ? Et pour Baroni ? Il t'a dit que son substitut suivait Moreau dans le cadre de son placement sous tutelle ?

– Je ne sais rien de plus, tu as raison… À aucun moment Baroni n'a dit à l'un d'entre nous qu'il rencontrait Moreau.

Je suis tellement con que je n'ai pas percuté sur un truc dans leurs comportements qui aurait pu me faire penser qu'ils se connaissaient. Quel abruti !

– Arrête de culpabiliser, ça ne sert à rien. Il y a autre chose qui me turlupine, moi.

Je bois la goutte de whisky qui reste au fond de mon verre en grognant :

– C'est quoi ?

– Comment Moreau a pu enlever Kay avec le véhicule de Vaudeville ? Il a participé au déménagement de la copine ? Cette Elsa Morin ?

– Aucune idée. Il n'a pas été interrogé là-dessus… Audrey non plus, d'ailleurs.

– Tu n'as pas assisté à toutes les auditions, Axel. Tu as été suspecté, toi aussi. C'est pour ça qu'ils n'ont pas été interrogés sur le déménagement devant toi.

– C'est sûr que j'étais suspect ! J'aurais pu aller le voler, le Jumper de Vaudeville. À pied, même, puisqu'il habite derrière chez nous, hein ?

– Tu vas la fermer, oui ? Tu sais à quoi je pense ?

– Non, vas-y, dis.

– J'ai l'impression que ton ami Christian le procureur te mène en bateau, soupire-t-il. J'en arrive à me demander si ce n'est pas lui que Kay filochait.

Son hypothèse me fait bondir dans mon fauteuil.

– Quoi ?

– Je trouve étrange qu'il se rapproche de toi comme ça à quelques jours de la fin de son enquête. C'est quoi son but ? T'endormir avec ses ronds de jambe ?

– C'est toi qui soupçonnes tout le monde, maintenant ! En tout cas, l'enquête touche à sa fin. Moreau est actuellement interrogé. On connaîtra les raisons qui l'ont poussé à mettre un fusil sur la tempe de Baroni.

– Il a peut-être découvert qu'il était le bouc émissaire de l'histoire. Il a compris qu'une ou plusieurs personnes essayaient de lui faire endosser l'assassinat de Kay. Et l'une d'entre elles s'appelle Audrey. Mais je doute qu'elle ait tiré les ficelles toute seule.

– Mais pourquoi a-t-il voulu flinguer Baroni ?

– Hum… Pour attirer l'attention de la justice sur le fait qu'il est étranger à la mort de ta femme. Il voulait te parler, souviens-toi.

– Pourtant, son ADN s'est retrouvé à l'intérieur de la bouche de ma Kay. Les résultats d'analyses génétiques sont indiscutables.

Christophe se lève et s'étire.

– Je ne sais plus, soupire-t-il. Je suis crevé… J'espère que tu en apprendras plus bientôt. Va dormir un peu avant que le parquet ne te rappelle. On garde Zach et Ninja à la maison. À plus.

Je le raccompagne jusqu'à la porte d'entrée, la referme derrière lui et vais me coucher.

C'est le téléphone qui me réveille en sursaut.

– Bonjour Axel, c'est Christian.

Je me redresse dans le lit et plisse les yeux en me remémorant ma discussion de la veille avec Christophe.

– Bonjour, Monsieur. Vous avez du nouveau ?

Il m'a demandé de l'appeler par son prénom, mais je n'ose pas.

– Oui, et du costaud. Le prévenu que vous avez interpellé hier soir a été entendu à plusieurs reprises, au cours de la nuit. Non seulement il nie être l'assassin de votre épouse, mais il accuse le substitut Baroni d'en être l'auteur et d'essayer de lui faire porter le chapeau.

Plus rien ne m'étonne, mais en faisant tremper Baroni dans la sauce, le procureur dépasse les bornes. Je remplis mes poumons d'air et souffle lentement pour conserver mon flegme, avant de répliquer :

– J'attire votre attention sur le fait que c'était Baroni le substitut de permanence, ce soir-là. Vous croyez que Moreau affabule ?

– Je l'ignore, et au regard de son état mental, il faut rester prudents. Néanmoins, je dois vous faire part d'un élément important de l'enquête. Je ne pouvais pas vous en parler avant d'être sûr que vous n'étiez en rien impliqué dans l'homicide de Kay.

– Je comprends, dis-je en me redressant dans le lit.

– Vous vous souvenez que je vous ai dit que le capitaine Girard et ses hommes se sont rendus au domicile de l'amie de madame Aubert ? Celle à laquelle elle a prêté son concours pour déménager le week-end du 18 novembre ?

– Oui.

– Vous vous souvenez de son nom ?

– Elsa Morin.

– Vous savez de qui il s'agit ?

– Non.

– Les déclarations de madame Morin confortent celles de madame Aubert. Cependant, je vous ai tu que les deux femmes n'étaient pas seules pour effectuer ce déménagement.

– C'est Moreau qui leur a donné un coup de main, et ensuite, il a conservé le Jumper pour...

– C'est plus complexe que ça, Axel, car ce n'est pas Moreau qui a prêté ses bras pour porter les cartons, c'est le compagnon d'Elsa Morin. Et le compagnon d'Elsa Morin, c'est David.

Je suis abasourdi. Confronté à mon silence, le magistrat renchérit :

– Deux hypothèses s'offrent à nous : soit David est allé récupérer la clef sous le paillasson à leur insu, soit il les a accompagnées jusqu'à chez Vaudeville et elles lui ont confié la clef du fourgon qu'il est venu déposer sous le paillasson, une fois l'assassinat commis.

Je suis interloqué, trempé de sueur, et j'ai la gorge en feu. Je fais valdinguer la couette et sors du lit pour aller boire un verre d'eau dans la cuisine. Le téléphone à l'oreille, je traverse le couloir en caleçon et interroge le magistrat :

– Ils seraient tous de mèche ? Y compris Vaudeville ?

– Je suis comme vous, Axel, je ne sais plus quoi penser. David reconnaît avoir participé au déménagement le week-end en question. Néanmoins, il certifie qu'il n'était pas présent lors de la restitution du véhicule. Selon lui, sa compagne a pris sa voiture pour suivre madame Aubert qui conduisait le Jumper.

– Excusez-moi, Monsieur, mais ce n'est pas à son domicile que nous sommes allés coffrer Moreau ?

– Vous êtes allés interpeller Moreau chez David, Axel, mais c'est madame Morin qui déménageait.

– Ils ne vivent pas ensemble ?

– D'après ce que j'ai pu lire sur les PV d'audition, non. J'ai fait placer David en garde à vue. Je vais téléphoner au capitaine Girard pour qu'il l'interroge à ce sujet.

Cette conversation me conforte dans l'idée qu'il y a bien une affaire dans l'affaire. Je reste persuadé que Kay surveillait une personne de son entourage professionnel. Baroni ? Le procureur ? Audrey ? Girard et son paquet de Royale Menthol ? Et pourquoi pas Vaudeville ? Mais je ne vois pas le lien avec Audrey qui se serait mis en tête de se débarrasser de Kay pour pouvoir vivre au grand jour une histoire d'amour avec moi. Et Moreau ? A-t-il été manipulé ?

Je garde mes réflexions pour moi et évoque une autre énigme du dossier :

– Pourtant, c'est bien l'ADN de Moreau qui a matché lorsqu'il a été croisé avec celui des cheveux ?

– Effectivement. C'est un véritable sac de nœuds, cette affaire.

– Autre chose, Monsieur. Lorsque Moreau a été interpellé pour répondre de l'agression d'Audrey et de l'effraction de son domicile, le substitut Baroni vous a alerté qu'il le suivait dans le cadre de son placement sous tutelle ?

– Absolument pas. Je l'ai interrogé à ce sujet, bien sûr. Il a défendu ne pas avoir jugé utile de m'en informer, arguant qu'une personne protégée par une mesure de tutelle demeure pénalement responsable de ses actes, même si son degré de responsabilité est susceptible d'être atténué par les magistrats.

– Ce n'est pas faux. Au fait, j'y pense, est-ce que les enquêteurs ont retrouvé l'attaché-case de Kay ?

– Non, l'assassin a dû s'en débarrasser.

Je n'ai pas le temps de riposter. Quelqu'un frappe à ma porte.

– J'ai de la visite, Monsieur. Je peux vous rappeler ?

– Je préfère que vous veniez au parquet. Nous serons plus tranquilles dans mon bureau. À seize heures, si cela vous convient.

– Entendu. À tout à l'heure.

Je suis étonné de découvrir Estelle derrière la porte, accompagnée de madame Da Silva, l'agent d'entretien des communs de l'unité. À leurs regards gênés, je réalise que je suis en caleçon.

– Bonjour, mesdames. Pardon, c'est le téléphone qui m'a réveillé… Excusez-moi… Entrez, je vais m'habiller.

– Bonjour, Axel. On t'attend dans le salon, rétorque Estelle avec un naturel qui me sauve.

– OK, OK. J'en ai pour deux secondes.

Je fonce dans ma chambre, enfile un jean et le premier tee-shirt qui me tombe sous la main. Quand je les rejoins, je les trouve toutes les deux assises sur le canapé.

– Qu'est-ce que je peux faire pour vous ?

– Je suis désolée, monsieur Dancourt, bredouille madame Da Silva, la larme à l'œil. J'aurais tellement voulu…

Pensant qu'elle rentre juste de vacances et qu'Estelle vient de lui apprendre le décès de Kay, j'imagine qu'elle est là pour me présenter ses condoléances. Mais Estelle me détrompe :

– Je viens effectivement d'annoncer la terrible nouvelle à madame Da Silva qui est rentrée de congés, hier soir. Mais ce n'est pas uniquement pour te présenter ses condoléances qu'elle tenait à te voir.

– Ah bon ? C'est pourquoi, madame Da Silva ? dis-je en m'agenouillant à ses pieds.

Je prends ses mains dans les miennes et poursuis d'une voix douce :

– Je peux faire quelque chose pour vous ?

– C'est moi qui peux faire quelque chose pour vous, renifle-t-elle en retirant une de ses mains d'entre les miennes pour la glisser dans la poche de sa blouse.

Elle en retire une clef USB qu'elle dépose au creux de ma main en geignant :

– Quand madame Marlier m'a dit pour votre femme, je suis allée la chercher dans le vide-poche de ma voiture.

Sidéré, je fixe l'objet que j'ai cherché partout pendant des jours, tandis qu'elle déglutit et poursuit :

– Madame Dancourt me l'a remise juste avant que je ne parte en congés il y a quinze jours. Elle m'a dit de vous la donner à vous ou à monsieur Marlier, s'il lui arrivait malheur. Uniquement à un de vous deux. Elle a bien insisté. Si j'avais su, je ne serais pas partie au Portugal.

– Vous n'auriez rien pu faire de plus, je vous assure.

– J'espère que vous trouverez le monstre qui l'a tuée.

– Je crois que oui, maintenant que vous m'avez apporté la plus grosse pièce à conviction.

– On va te laisser examiner le contenu de cette clef, Axel, déclare Estelle en se levant.

– Merci. Christophe est à la maison ?

– Non, sinon il serait venu lui-même, tu penses. Mais appelle-le.

– OK. Merci beaucoup, madame Da Silva, dis-je en raccompagnant les deux femmes jusqu'à la porte d'entrée. Et à toi aussi, Estelle… Zach dort encore ?

– Il est quatorze heures trente. Zach est à l'école.

– Quatorze heures trente ! J'ai rendez-vous avec le proc' à seize heures !

– J'irai rechercher Zach à l'école, ne t'inquiète pas.

– Tu sors ?

– Pas avant seize heures quinze pour aller récupérer ton fils, pourquoi ? Tu viens chercher Ninja avant de te rendre au parquet ?

– Oui.

Chapitre 43

# UN COMPLOT ?

*Palais de justice de Paris, lundi 5 décembre 2005, seize heures dix.*

Ninja et moi arrivons au Palais de justice avec dix bonnes minutes de retard. Je descends de ma moto, encore ébranlé par mes découvertes. Tout en abaissant la fermeture Éclair de mon blouson pour libérer mon partenaire, je sens mes jambes trémuler à chacun de mes pas. Je me demande comment j'ai pu piloter la Suzuk'.

Avant de partir, et même si je craignais de découvrir son contenu, j'ai inspecté la clef USB que madame Da Silva m'a remise. Il était impératif que je parcoure les documents et les photos qui s'y trouvent pour m'assurer qu'ils sont des éléments essentiels à la résolution de l'enquête. Il fallait surtout que je sache si je pouvais remettre cette pièce à conviction au procureur, en toute confiance. J'en ai fait deux copies dont une que j'ai apportée à Estelle quand je suis monté chez elle, pour récupérer le chat.

L'assassinat de ma femme ne résulte pas d'un événement fortuit et non prémédité. Il a été planifié et savamment orchestré. Une véritable opération d'élimination réalisée par des pros. J'en ai maintenant la preuve. Parmi les fichiers se trouve une vidéo… Kay s'est filmée devant son ordinateur pour raconter toute l'affaire.

L'affaire dans l'affaire.

Ninja en laisse, je me présente au bureau d'ordre. Une secrétaire me conduit jusqu'au bureau du procureur.

– Monsieur Dancourt est là, Monsieur, m'annonce-t-elle au patron en passant la tête dans l'embrasure de la porte restée entrouverte.

– Faites-le entrer. Merci, Alicia.

La secrétaire fait un pas en arrière pour me dégager le passage et referme la porte derrière moi.

– Je vous prie de bien vouloir m'excuser, Monsieur, mais j'ai eu un léger contretemps, dis-je en avançant vers lui.

– Ce n'est pas grave, Axel. Ainsi, j'ai pu faire une pause café, rétorque-t-il en reposant sa tasse sur son bureau.

Tandis que d'un geste de la main il m'invite à m'asseoir, je m'inquiète :

– Baroni est toujours en garde à vue ?

– Oui, mais hormis le fait qu'il ne m'ait pas signalé qu'il connaissait Moreau, nous ne possédons aucun élément tangible susceptible de l'impliquer de près ou de loin dans cette tragédie. Je pense que le capitaine Gi…

Je sors la clef USB de la poche intérieure de mon blouson et l'interromps :

– Si j'étais le procureur de la République de Paris, j'insérerais ce truc dans un port USB de mon ordi, j'en balaierais en vitesse son contenu, puis j'appellerais le directeur d'enquête pour lui intimer l'ordre de prolonger la garde à vue de mon substitut.

Il prend l'objet que je lui tends en me fustigeant d'un regard éberlué, alors que je m'assieds et pose Ninja sur mes genoux. D'un signe du menton, je l'invite à passer à l'action.

– Qu'est-ce que c'est que cette clef, Axel ?

– La femme de ménage du PSIG est venue me l'apporter pendant que nous nous entretenions tous les deux, au téléphone.

Je lui résume brièvement la visite de madame Da Silva.

– Mais pourquoi Kay lui a-t-elle remise à elle ? Pourquoi pas à vous directement ? Ou à moi ?

– Ouvrez le fichier photos, vous allez comprendre.

À mesure qu'il fait défiler les images, son visage se décompose, tandis qu'un rictus prend naissance sur le mien. Je ne peux pas m'empêcher de marmonner :

– Vous êtes surpris ?

Il lève brusquement les yeux et les plante dans les miens.

– Surpris, Axel ? Le mot est faible ! Je suis horrifié ! C'est David qui se trouve sur tous ces clichés !

Il continue son exploration et reprend :

– Il a vraisemblablement fait l'objet d'une surveillance rapprochée de la part de votre épouse… Prenez votre siège et venez près de moi, Axel.

Pendant que, Ninja sous le bras, je rapproche mon fauteuil du sien, il poursuit l'exploration de la clef USB, et à mesure qu'il prend connaissance des documents qu'elle contient, il m'en fait un condensé :

– David acceptait des pots-de-vin en échange d'informations sur certaines affaires d'ordre… financier… Je… Je ne comprends pas pourquoi Kay ne me l'a pas signalé avant.

– Elle souhaitait certainement rassembler un nombre de preuves suffisant avant de vous alerter.

Tout en desserrant sa cravate, il me suit du regard alors que je m'assieds près de lui. Puis il souffle et passe nerveusement la main sur sa nuque.

– Qui est cet homme qu'on voit toujours avec lui ? me questionne-t-il en agrandissant l'image.

– Ouvrez les fichiers suivants et vous saurez tout.

À la vue de l'image de Baroni, les oreilles de mon partenaire basculent en arrière et son poil se dresse. Je l'emprisonne contre moi. Hélas, il est trop tard pour l'empêcher de rauquer.

– Une chose est certaine, Ninja confirme qu'il ne peut pas souffrir le substitut Baroni, constate le procureur en le regardant du coin de l'œil. Je me demande s'il n'aurait pas présagé le drame bien avant qu'il ne survienne.

Je hausse les épaules en signe d'ignorance, puis, du menton, je désigne l'écran et conseille :

– Ouvrez la vidéo, le substitut Dancourt a un message pour vous.

Il s'exécute. Dès que Kay apparaît à l'écran, les oreilles de Ninja, qui me tourne le dos, se dressent.

*« Bonjour. Je ne sais pas qui visionne cette vidéo le premier. Toi, Axel, ou toi, Christophe. Tout ce dont je suis certaine, c'est que madame Da Silva a remis la clef USB que je lui ai confiée à un de vous deux. Je ne suis donc plus en vie.*

Un miaulement interrompt Kay. Elle déglutit et se baisse pour prendre Ninja sur ses genoux en gloussant :

– *Je te prends avec moi, mais sois sage. J'ai du travail, il faut que j'enregistre un message pour* daddy, *d'accord ?*

L'autre Ninja, celui de l'instant présent, que je tiens contre moi, émet un drôle de son, les yeux rivés à l'écran.

Kay embrasse le sommet de la tête du chat et reprend :

– *Bon... J'ai une histoire à te raconter, chéri. Fais comme Ninja et dresse les oreilles, sourit-elle. Le 13 octobre de l'année dernière, alors que je passais devant le bureau de mon confrère, David Baroni, j'ai surpris une étrange conversation téléphonique. La porte étant entrouverte, je me suis arrêtée et j'ai tendu l'oreille... comme Ninja. David confirmait un rendez-vous avec un homme qu'il a nommé Cyril à plusieurs reprises. Il a certifié qu'il lui communiquerait certaines informations selon les modalités habituelles. Je suis magistrate et j'ai su immédiatement interpréter les propos échangés comme des pratiques de nature corruptive. J'ai donc entrepris de surveiller David. Je l'ai filoché, comme vous dites au PSIG. J'ai fouillé son ordinateur et son attaché-case chaque fois que j'en ai eu l'opportunité. J'ai réussi à faire des copies de quelques pièces intéressantes que tu trouveras sur cette clef. Aujourd'hui, 30 octobre 2005, je détiens assez de preuves irréfragables pour attester qu'il divulgue à un médecin psychiatre, un certain Cyril Besson, des informations concernant une enquête pour escroquerie, diligentée par la brigade financière, dont ce médecin fait l'objet. Il s'avère que cet individu n'est autre qu'un confrère et ami de la compagne de David, Elsa Morin, psychiatre, elle aussi.*

Kay inspire profondément et approche le visage de l'écran avant de renchérir :

– *David Baroni et Elsa Morin viennent d'acquérir un bien immobilier. Tu trouveras l'offre de prêt ainsi que plusieurs relevés de comptes bancaires joints à mon dossier. Tu constateras des versements réguliers émanant du docteur Besson en rétribution des informations qu'il a reçues de David.*

Elle tripote les oreilles de Ninja comme je suis en train de le faire, moi aussi. Elle s'efforce de sourire et je remarque une larme poindre au coin de son œil. Les miennes roulent le long de mes joues. Je renifle, tandis qu'elle ajoute :

– *Axel, va voir Christian, heu… le procureur de la République, sans éveiller les soupçons de David et remets-lui cette clef. J'ignore encore si cette affaire éclabousse d'autres personnes mais j'ai confiance en vous deux.*

Elle déglutit et termine :

– *J'ai adoré travailler avec vous, Christian… Axel, je t'aime. Je t'imagine devant l'écran d'un ordinateur, en train de me maudire d'avoir gardé tout ça pour moi. J'ai eu envie de te le dire à plusieurs reprises, mais j'ai chaque fois renoncé… Tu finiras par comprendre que l'affaire était trop délicate pour que je prenne le risque de t'impliquer. J'ai préféré te préserver. Notre fils n'a pas besoin de deux parents morts.* »

Ma femme enfouit son visage entre les oreilles de Ninja et, sans relever la tête, coupe la vidéo, consciente que si elle plante ses yeux verts dans le bleu des miens, qu'elle imagine de l'autre côté de l'écran, nous éclaterons en sanglots tous les deux, chacun dans notre dimension.

Le procureur et moi nous tournons lentement l'un vers l'autre.

– J'étais loin de me douter de ça, bredouille le magistrat. Néanmoins, à aucun moment elle ne fait allusion à madame Aubert ou à monsieur Vaudeville.

– Nous détenons un morceau de l'affaire, Kay a l'autre.

– Je dirais plutôt que nous faisons face à deux affaires qui s'imbriquent l'une dans l'autre. J'appelle Girard pour prolonger la garde à vue de Baroni. Peu importe dans quel genre de trafic il trempe, et pour le moment, on ignore s'il a démasqué Kay. En tout cas, il ne peut pas l'avoir tuée. Les résultats d'analyses ADN sont indiscutables, c'est Moreau qui se trouvait sur la scène de crime.

Alors qu'il empoigne le combiné de son téléphone, un souvenir s'impose à moi. Je pose la main sur son avant-bras pour lui en faire part :

– Vous vous souvenez du soir où vous avez fait prélever la salive de Moreau à la brigade ? Quand nous sommes sortis de la salle d'interrogatoire avec le capitaine Girard et Baroni.

– Oui, très bien, Axel. Mon substitut, qui se rendait à Vauréal, a proposé de déposer l'écouvillon à l'IRCGN en passant.

Il réfléchit quelques secondes et ajoute :

– Vous pensez qu'il a pu falsifier le prélèvement ?

– Imaginons que Baroni soit l'assassin de Kay. Il sait pertinemment que le résultat de l'analyse de la salive de Moreau, croisé avec celui prélevé sur les cheveux que Kay lui a arrachés à lui, reviendra négatif.

Le procureur tend la main vers moi pour m'arrêter et termine à ma place :

– S'il veut faire porter le chapeau à Moreau, il n'a pas d'autre solution que d'échanger le Coton-Tige présent dans l'éprouvette avec un autre sur lequel il a déposé sa propre salive, pour le faire matcher avec le profil génétique extrait de ses propres cheveux.

– Exactement. C'est plausible ?

– Absolument. Il a très bien pu anticiper et dérober un kit de prélèvement salivaire à la brigade de recherches ou à l'IRCGN.

Il lève les yeux au ciel et empoigne son téléphone :

– Bonsoir, Capitaine… Je veux qu'on procède à une nouvelle analyse ADN de Moreau. Envoyez tout de suite un de vos hommes à la maison d'arrêt. Je veux le résultat dans deux heures… Débrouillez-vous comme vous voulez… Et je prolonge la garde à vue du substitut Baroni… Je détiens des éléments nouveaux et irréfutables… Vous avez prélevé sa salive ?…

La main libre du procureur vient flatter le flanc de Ninja, assis sur mes genoux, tandis qu'il hausse le ton :

– Eh bien, faites-le et ne mélangez pas les écouvillons ! Je vous attends dans mon bureau !… Oui, oui ! Dépêchez-vous !

Il raccroche brutalement et baisse le volume pour s'adresser à moi :

– Il est inutile que vous restiez, Axel. Vous pouvez partir tranquille. Je vais m'employer à faire sortir le fin mot de cette histoire avant la clôture de mon enquête de flagrance. Je vous appelle dès que j'ai du nouveau.

Lorsque je sors du Palais de justice, Ninja au chaud à l'intérieur de mon blouson, il est presque dix-huit heures. Je n'ai pas envie de rentrer chez moi tout de suite. J'ai besoin de réfléchir. J'enfourche ma Suzuki et je pars sans but précis. Je passe devant chez la fleuriste. Je décide de m'arrêter. J'achète un bouquet de roses rouges pour ma femme. Je le dépose dans le top-case, remonte sur mon engin et reprends la route. Sous mon casque, je m'interroge :

– Tu as l'intention de les lui porter où, tes fleurs ? Elle est morte, espèce d'idiot.

C'est ainsi que je me retrouve devant le cimetière.

Je libère Ninja. Alors qu'il enjambe les gerbes posées sur la pierre tombale de Kay, j'en retire une pour lui faire de la place. Il s'allonge et me remercie d'un gazouillis, tandis que je retire les fleurs fanées, avant de déposer mes roses.

J'ai trouvé l'endroit idéal pour me remettre les idées en place et évacuer le stress et la haine qui m'ont envahi ces derniers jours. Je m'assieds sur la tombe puis, la tête dans les mains, je laisse aller les larmes en bégayant :

– Comment je vais… pouvoir vivre sans… sans toi ?

Soudain, le gravier recouvrant l'allée craque sous des pas et perturbe mon recueillement. Du revers de la main, je m'empresse de m'essuyer les yeux et tourne la tête. Au loin, un petit garçon et une jeune femme avancent vers moi, côte à côte… C'est Zach et Estelle.

– *Daddy !* J'étais sûr que tu étais ici ! braille mon fils en lâchant la main d'Estelle pour se jeter dans mes bras.

J'enserre sa taille et enfouis mon visage dans son cou, avant de me justifier :

– Ninja et moi sommes venus offrir des fleurs à maman.

– C'est bien, mon *daddy*, approuve-t-il en s'asseyant sur mes genoux. Mais tu viens avec nous, maintenant. Estelle et moi, on a fait de la mousse au chocolat. Je l'ai goûtée, elle est bonne.

– Oui, ça se voit que tu l'as goûtée, dis-je en frottant de l'index la commissure de ses lèvres.

– On pourra faire des pancakes, *daddy* ?

– Des pancakes pour dîner ?… Si tu veux.

Chapitre 44

# LE TRANSFÈREMENT

***Palaiseau, lundi 5 et mardi 6 décembre 2005.***

En attendant qu'Estelle, Zach et Ninja rentrent à pied du cimetière, je discute avec Christophe. Dès qu'il a entendu le ronronnement de ma bécane, il est sorti du PSIG pour me rejoindre dans la cour.

– Alors ? m'interroge-t-il à voix basse. Qu'est-ce qu'il y a sur cette clef USB ? Tu l'as apportée au procureur ?

Je lui raconte en vitesse, avant que Zach, Estelle et Ninja n'arrivent, et j'ajoute :

– Je reprends le boulot demain, si tu veux bien. Tu peux me mettre de jour ? Je me vois mal tourner en rond entre mes quatre murs comme un lion en cage en attendant que le proc' m'appelle, tu comprends ?

Il me fixe, yeux et bouche grands ouverts. Toutefois, aucun son ne sort d'entre ses lèvres. Je pose une main sur son épaule que je secoue légèrement et insiste :

– Ho ! Tu me réponds, Tophe ? C'est toujours toi le chef du PSIG ?

Il hoche la tête et finit par grogner :

– Ce serait Baroni, alors ?

– C'est lui que Kay filochait en tout cas. Elle a rassemblé des preuves matérielles pour que le parquet puisse le mettre en examen pour des faits de corruption, mais j'ai l'impression qu'elle ignorait que sa compagne, cette Elsa Morin, et Audrey étaient amies.

– Imagine que…, baragouine-t-il entre ses dents, alors que sa femme, mon fils et mon chat passent le portillon.

– Vite, dépêche-toi, voilà Zach, dis-je en l'apercevant lâcher la main d'Estelle, Ninja en laisse.

– Oui, oui. Si ça se trouve, Baroni et sa copine se sont servis d'Audrey.

– Quoi ?

– On sait qu'Audrey s'est inventé une vie avec toi et Zach et qu'elle l'a racontée partout. Sa copine est psychiatre, elle n'a pas été sans déceler sa fragilité mentale. Elle n'a eu qu'à lui mettre en tête que la seule solution de t'avoir était de s'en prendre à Kay. Il ne lui restait plus qu'à l'aider à élaborer son plan, avec Moreau comme pion… L'agression du 14 juillet et peut-être d'autres tentatives avortées avant ou après, jusqu'au soir du 21 novembre… Baroni a dû démasquer la filoche de Kay… Sans cette clef USB, il passait à travers les mailles du filet… Tu saisis ?

Son regard converge vers mon fils qui se colle à moi et il enchaîne un ton au-dessus :

– OK. Je te couche sur le planning à partir de neuf heures, ça te permettra d'aller conduire Zach à l'école.

– Merci, souris-je en ébouriffant mon môme qui tire sur la manche de mon blouson. Qu'est-ce qu'il y a mon cœur ?

– Ben, t'as dit qu'on fait des pancakes et tu discutes avec tonton !

– C'est parti ! Allez, en avant, marche ! À plus, Tophe !

Sitôt chez nous, je fais ce que mon fils m'a demandé : des pancakes.

– Je mets la table et je vais dans la salle de bains, *daddy*.

– Attends, je vais faire couler ton bain.

– Pas la peine. Estelle m'a montré à faire la douche.

Alors que j'ouvre une porte des éléments de cuisine pour en extirper la farine, je me redresse et me tourne vers lui, les yeux arrondis :

– Tu es sûr ? Fais attention à ne pas te brûler avec l'eau.

– T'inquiète, *daddy*. Je suis un bonhomme, maintenant.

– Très bien, vas-y.

Je reste immobile jusqu'à ce que j'entende l'eau couler, puis je confectionne ma pâte à beignets en m'efforçant de ne penser à rien d'autre.

Tel un automate, je dispose mes beignets dans un plat, à mesure qu'ils sont cuits.

– *Daddy*, je peux apporter des pancakes à Estelle et Christophe ? lance Zach.

Sa question me fait tressaillir. Planté devant la fenêtre de la cuisine, occupé à admirer les étoiles, une main câlinant Ninja assis sur la tablette, je ne l'ai pas entendu arriver.

– Tu as mis ton pyjama, c'est bien… Mets-en dans une assiette et apporte-la-leur. C'est le moins qu'on puisse faire pour les remercier de nous avoir aidés.

À son retour, nous dînons devant la télé, puis nous décidons d'aller bouquiner au lit. Une heure plus tard, Zach s'est endormi. Je retire doucement le livre qu'il tient entre ses mains et remonte la couette sur lui, puis j'éteins la lampe de chevet.

Ne parvenant pas à trouver le sommeil, je rumine une bonne partie de la nuit.

***Mardi 6 décembre 2005.***

À huit heures quinze, j'emmène Zach à l'école avec Ninja, puis je vais prendre mon service après avoir confié mon partenaire à Estelle. Le premier gendarme que je rencontre dans le couloir du PSIG, c'est Christophe. Je suis étonné qu'il soit encore là.

– Tu n'étais pas d'astreinte cette nuit ?

– Si, mais j'avais de la paperasse à remplir. Je ne veux pas que Ferry me reproche quoi que ce soit quand il reprendra les rênes de l'unité, à son retour de perme. Ça va, toi ? Tu as des nouvelles ? Au fait, merci pour les beignets.

– Aucune nouvelle. Le procureur doit me tenir au courant.

– Tu veux que je joigne la BR ?

– Attendons encore un peu.

Ce matin, avec trois collègues, je suis prévu pour effectuer le transfèrement de trois écroués en vue de leur audition au Palais de justice. Ensuite, nous ferons demi-tour avec deux interpellés pour leur incarcération en détention provisoire. Je m'installe au volant du Trafic et attends que mes camarades grimpent, un à côté de moi et deux à l'arrière.

Un peu plus tard, je stationne le fourgon dans la cour de l'établissement pénitentiaire, et pendant que les autres vont prendre en charge les détenus, je me rends au bureau administratif pour remplir les autorisations de transfèrement.

– Voilà, mon Adjudant, me dit le chef de service en me tendant les trois documents à signer.

J'émarge le premier, puis le deuxième. Mon cœur a un raté et ma chaleur corporelle monte en flèche alors que je lis le troisième nom. Il s'agit de Ziggy Moreau. Je prends une grande inspiration, avant de demander :

– Vous savez pourquoi ce détenu est transféré au tribunal ?

– Le procureur veut l'entendre. Il semblerait qu'il soit mis hors de cause dans l'affaire de l'assassinat de son substitut. Je ne me souviens plus de son nom.

– Dancourt.

– Oui, c'est bien ça… Dancourt… Comme vous, me guigne-t-il en coin sans aller plus loin dans sa réflexion. Toutefois, comme il a reconnu des faits d'agression antérieurs sur cette même jeune femme, il reste inculpé pour coups et blessures volontaires, m'informe-t-il. Vous nous le ramènerez après son audition.

Je redescends jusqu'au parking, remonte dans le fourgon et m'empresse d'appeler Christophe pour lui expliquer la situation délicate dans laquelle je me trouve. Je crains que Moreau ne me reconnaisse et qu'il s'énerve, nous obligeant à gérer un éventuel débordement.

– Ne te montre pas, m'ordonne mon ami qui a saisi le problème. Reste à l'intérieur du Trafic et enfonce ton calot sur ta tête le plus que tu peux. C'est trop tard pour te faire remplacer devant la prison. Je me mets en route pour le Palais de justice. Je prendrai ta place pour le trajet du retour et tu rentreras au PSIG avec mon véhicule.

Quelques minutes plus tard, les collègues arrivent avec les écroués menottés. Dès que j'aperçois Moreau, je baisse la tête et tire sur mon calot des deux mains.

– Tu as vu qui est dans le panier ? me demande le gendarme qui s'installe à mes côtés.

– Oui. J'ai appelé le PSIG. Christophe nous rejoint au tribunal pour me relever.

Je n'ai pas fini de reculer le fourgon devant l'entrée du Palais de justice que Christophe est planté devant.

Il attend que les détenus soient emmenés à l'intérieur pour monter à bord.

– Tiens, voilà les clefs de la 206 avec laquelle je suis venu, marmonne-t-il en désignant du menton la voiture bleue sérigraphiée « *Gendarmerie* ».

– Merci, dis-je en prenant les clefs qu'il me tend.

Alors que j'ouvre la portière pour sauter du véhicule, les doigts de mon ami s'enroulent autour de mon poignet.

– Attends, me retient-il. Je suis allé au parquet. Le proc' t'attend.

À cette injonction, mon cœur rate un battement et ma main glisse sur le volant. Je tourne la tête et demande :

– Pourquoi ? Il sait qui a tué Kay ?

J'ai envie que la réponse soit oui, et en même temps, je le crains.

– J'ai appris que Moreau avait été mis hors de cause dans le meurtre de Kay, m'annonce mon ami. Le résultat des nouvelles analyses salivaires l'a définitivement innocenté.

– C'est qui alors ? Baroni ?

Il hausse les épaules et me tapote l'épaule.

– Allez, vas-y, Axel.

Chapitre 45

# L'APPARENTE VÉRITÉ

*Palais de justice de Paris, mardi 6 décembre 2005, onze heures moins dix.*

Lorsque je pénètre dans son bureau, le procureur se lève de son fauteuil et vient m'accueillir avec une franche et solide poignée de main.

– Bonjour, Axel. Prenez place.

J'imagine que le tremblement de mes doigts se répercute dans les siens, car il m'accompagne jusqu'à un fauteuil sans me lâcher.

– Alors ? C'est Baroni, c'est ça ? dis-je en me laissant tomber sur le siège.

– Oui. Vous aviez raison. J'ai ordonné de nouvelles expertises sur les deux individus. Au regard des résultats, Baroni n'a eu d'autre choix que celui d'admettre son implication. Ça s'est passé ce fameux jour où il a prétexté un rendez-vous à Vauréal. Avant de se rendre au service d'analyses génétiques, il a procédé à l'échange de l'écouvillon de Moreau avec un autre qui contenait sa salive à lui.

– Il a prémédité l'échange ?

– Il est magistrat, Axel, et je l'ai chargé de suivre l'affaire de l'assassinat de Kay. À ce titre, il avait accès à tout. Il a réussi à me berner.

– Comment êtes-vous parvenu à lui faire avouer l'assassinat de Kay ?

Sans me quitter des yeux, le procureur fait deux pas en arrière et pose une fesse sur un coin de son bureau.

– Le capitaine Girard et moi savions que le match serait serré.

– Qu'est-ce que vous avez fait ?

– Nous avons fait appel au département des sciences du comportement du pôle judiciaire de la gendarmerie. Un analyste comportemental m'a rejoint derrière la glace sans tain de la pièce adjacente à la salle d'audition, dans laquelle un enquêteur et le directeur d'enquête entendaient mon substitut.

Mon regard interloqué accroche le sien, alors que je le questionne :

– Vous n'avez pas participé à l'interrogatoire, Monsieur ?

– Eh bien, l'analyste comportemental me l'a fortement déconseillé. Il a pensé, à juste titre, qu'en ma présence Baroni se braquerait et invoquerait son droit au silence.

J'acquiesce alors qu'il poursuit :

– L'analyste comportemental étudiait le langage verbal et non verbal du substitut Baroni. Par le biais d'oreillettes dont le capitaine et son subordonné étaient équipés, il leur transmettait des conseils. Malgré tout, ils ont eu beaucoup de mal à le déstabiliser. Il est coriace mon substitut !

– Comment ça ?

– Il conservait son flegme, répétant sans cesse qu'il ne pouvait pas être l'auteur de cet acte monstrueux, puisqu'il était d'astreinte le soir en question, insistant sur le fait qu'il s'était déplacé jusqu'au Palais de justice pour s'assurer que le téléphone portable de Kay n'était pas resté dans son bureau. Il n'a pas oublié de rappeler qu'il était sur les lieux de la découverte de sa voiture aux environs d'une heure trente, et surtout qu'il n'avait aucune raison de supprimer sa consœur, avec laquelle il entretenait des rapports cordiaux.

Ma gorge se serre et je manque d'air. Je me lève et ôte mon gilet pare-balles qui me comprime le torse comme jamais, puis mon blouson floqué « *Gendarmerie* », et enfin mon ceinturon d'armes. Je me rassieds et soupire :

– C'est sûr qu'il entretenait des rapports cordiaux avec elle. Donc, il n'a rien avoué ?

– Il nous a donné du fil à retordre, il avait réponse à tout. L'analyste comportemental nous a conseillé d'avancer nos pions pour l'obliger à revenir sur sa version des faits. Nous avons décidé de lui mettre sous le nez les photos que votre épouse a prises de lui en compagnie de ce Cyril Besson.

Le front du procureur suinte. Il débouche la bouteille d'eau posée sur son bureau, remplit deux verres et en place un devant moi. Il avale le sien d'un trait et continue :

– Nous avons tout de suite pu observer un changement d'attitude. Il est devenu nerveux. Il a détourné les yeux, a réclamé un verre d'eau et une cigarette. Le capitaine Girard l'a accompagné dans la cour et lui en a proposé une des siennes.

– Vous savez que j'ai longtemps douté de lui à cause de ses cigarettes ?

– Vous avez suspecté le capitaine Girard ? s'étonne-t-il en arquant un sourcil.

– Oui, quand j'ai récupéré les affaires que les TIC ont ramassées dans l'Audi de Kay, il y avait un paquet de Royale Menthol. Comme Girard m'avait lâché que Kay fumait avec lui, j'ai cru…

Je ne vais pas au bout de ma théorie tellement elle me paraît ridicule, et je clos le sujet :

– Laissez tomber. Kay devait fumer de temps en temps car elle était sous tension, c'est tout. Et qu'est-ce qu'il s'est passé dans la cour ? Baroni a dit quelque chose au capitaine ?

– Non, c'est le contraire. Sur le conseil de l'analyste comportemental, le capitaine a glissé à Baroni que nous possédions une clef USB contenant de nombreux documents le mettant dans une fâcheuse posture. Lorsqu'ils ont repris l'audition, Girard lui a annoncé que sa compagne avait été entendue et était passée aux aveux, l'accusant de l'assassinat.

À notre plus grande surprise à tous, le substitut s'est soudain effondré sur le bureau de l'enquêteur, et au bout de quelques minutes, il s'est mis à table.

– Son mobile était de faire taire Kay qui était sur le point de vous faire part de ses agissements et des informations qu'il transmettait en violant le secret d'une instruction. C'est bien ça, Monsieur ?

– Cela va même plus loin. J'appelle ça un crime en bande organisée.

C'est ainsi que le procureur m'informe que, depuis hier soir, il a fait réentendre l'ensemble des personnes interpellées depuis la découverte du corps de ma femme. Il en est ressorti que tout ce petit monde était en lien étroit depuis un certain temps.

Il inspire profondément et complète :

– Au départ, c'est madame Morin qui s'est mis en tête de sauver son compagnon, en élaborant un plan pour éliminer sa consœur qui aurait fini par s'apercevoir qu'il violait le secret de certaines instructions contre rémunérations. Sa...

J'écarquille les yeux et le coupe :

– Ah, parce que ce n'était pas la première fois ?

– Hélas non, Axel, et Kay aurait fini par découvrir le pot aux roses. Il se sentait acculé, il fallait...

Sous le choc de cette révélation, les bras m'en tombent dans le sens propre du terme : ils glissent le long du fauteuil dans lequel je m'affaisse petit à petit.

– Il fallait tuer Kay, dis-je les dents serrées. Continuez, Christian. Qu'est-ce que la compagne de Baroni a inventé pour le sauver ?

– Par sa formation et son métier de psychiatre, elle a très vite cerné la fragilité mentale de son amie Audrey Aubert. Elle a su comment se servir d'elle comme d'une arme contre Kay. On se doute que madame Aubert lui a confié que vous l'aviez engagée pour s'occuper de votre fils, et qu'en parallèle elle entretenait une liaison avec vous.

– Je n'ai jamais entretenu…

– On le sait, maintenant, Axel, mais elle en était convaincue, elle. Et c'est dans cette faille que madame Morin s'est engouffrée.

– Vous voulez dire qu'Elsa Morin a manœuvré Audrey ?

– Tout à fait. Comme elle savait que madame Aubert recevait un sujet atteint de troubles mentaux dans le cadre de l'élaboration de son mémoire, elle l'a incitée à manipuler le pauvre Ziggy Moreau, arguant que si elle parvenait à lui faire accepter de la débarrasser de Kay, elle pourrait vivre sa passion avec vous au grand jour.

Le procureur se lève et fait quelques pas dans la pièce, avant de poursuivre :

– La suite, nous la connaissons tous. L'étudiante en psychologie a fait croire à son patient qu'elle éprouvait des sentiments à son égard pour qu'il accepte de la sortir du joug de la mère du petit garçon dont elle s'occupait pour payer ses études. Moreau, dont la personnalité est déstructurée, s'est vu investi de la mission de sauver sa dulcinée avilie par son employeuse. Il est passé à l'acte le 14 juillet. Il aurait pu tuer Kay, cette nuit-là.

– Mais Kay ignorait tout ça, n'est-ce pas ? dis-je en cherchant son approbation du regard.

– Effectivement. Le hasard a voulu que, d'une part, la magistrate sur le dos de Baroni et la patronne de madame Aubert ne fassent qu'une seule et même personne et, d'autre part, que le substitut corrompu ait pu surveiller l'évolution de l'enquête en participant aux investigations. Ainsi, il a pu légalement garder un œil sur Moreau, qu'il manipulait indirectement avec le concours de sa compagne et de madame Aubert.

Il tourne en rond dans la pièce et plisse le front tout en desserrant sa cravate, avant de continuer :

– Baroni connaissait bien Moreau puisqu'il était chargé de le recevoir régulièrement dans le cadre de son placement sous tutelle. Hélas, à aucun moment de l'enquête je n'ai eu la présence d'esprit de vérifier le dossier de Moreau, accordant une confiance aveugle à mon substitut… Si j'avais su…

J'ai l'impression d'être en plein milieu d'un scénario de polar. Je secoue la tête et souffle :

– Et après ? Qui conduisait le Jumper de Vaudeville le soir de la disparition de Kay, le lundi 21 novembre ?

– La première tentative de juillet avortée, nos trois protagonistes ont échafaudé un second plan. De nouveau, madame Aubert et Baroni, à tour de rôle, ont essayé d'influencer Moreau pour qu'il retente le coup : deux fois en septembre et une fois en octobre, d'après les déclarations de Moreau. Ils n'avaient malheureusement pas prévu qu'il finisse par ne plus leur obéir.

Le magistrat s'affale dans son fauteuil et se racle la gorge, avant d'enchaîner :

– Comme le temps passait et que la menace d'une dénonciation pour violation du secret d'une enquête et corruption pesait au-dessus de sa tête, Baroni n'a eu d'autre choix que celui d'assassiner Kay lui-même en prenant d'énormes risques, puisqu'il était d'astreinte le soir en question.

– Comment a-t-il eu la clef du fourgon de Vaudeville ?

– Après avoir utilisé le Jumper du beau-père de son amie pour déménager, madame Morin a suivi cette dernière jusqu'au domicile de monsieur Vaudeville. Madame Aubert a stationné le véhicule sur son emplacement de parking, puis elle est montée dans la voiture de son amie et lui a remis la clef en lui recommandant de la glisser sous le paillasson, une fois le forfait commis.

– Baroni est donc revenu chercher la camionnette le lundi en fin de journée. Il a suivi Kay, l'a attendue en face de la boulangerie, puis l'a devancée pour la coincer à l'endroit où sa voiture a été découverte. C'est bien ça ?

– Exactement. Elle n'a sans doute pas reconnu son agresseur lorsqu'il lui a fait signe de s'arrêter. Il est assez malin pour se grimer et mettre un bonnet sur sa tête.

– Comme elle l'a fait elle-même pour le filocher.

– Hé oui, Axel. Et quand il a été assez près d'elle, il était trop tard.

– Quand j'ai composé le numéro de téléphone du magistrat de permanence vers vingt heures trente, alors que je m'inquiétais de l'absence de ma femme, c'est Baroni qui m'a répondu. Il l'avait déjà enlevée.

– En tout cas, les enquêteurs avaient bien relevé que ce téléphone portable avait borné aux alentours de la scène de crime. Malheureusement, au regard des fonctions de Baroni, ils n'y ont pas accordé d'importance, déduisant qu'il n'y avait rien de plus normal, puisque c'était lui le magistrat de permanence.

Soudain, je suis assailli d'images insoutenables. Je vois Baroni tuer ma femme à coups de batte de baseball au fond de ce chemin de halage. Je la vois sauter du Jumper et courir pour tenter de lui échapper. Je le vois, lui, la poursuivre en brandissant la batte. Je pose la question qui me tarabuste :

– J'étais parti avant que Baroni ne se pointe sur la RN 118, à l'endroit où l'Audi de Kay a été découverte, mais il aurait dû logiquement être maculé du sang de ma femme. Il vous a donné une explication ? Il avait un complice qui l'attendait au fond du chemin avec sa voiture et de quoi se laver et se changer, afin qu'il puisse reprendre son rôle de substitut d'astreinte rapidement, pour ne pas éveiller les soupçons ?

Le procureur s'éclaircit la voix avant d'avouer :

– Je ne voulais pas évoquer ce volet du drame avec vous, Axel, pour ne pas vous remuer le couteau dans la plaie. En fait, il a déclaré avoir agi seul. Il allègue qu'après avoir arrosé la dépouille de Kay avec de l'essence pour y mettre le feu, il s'est lavé dans le ruisseau à quelques mètres de là. Il a ensuite rejoint sa fourgonnette pour revêtir des vêtements propres qu'il avait glissés sous le siège passager. Il a brûlé ses vêtements maculés, le lendemain… Ainsi que l'arme du crime.

– Et l'attaché-case de ma femme ?

– Il soutient ne pas l'avoir en sa possession, mais j'ai de fortes présomptions qu'il ait réussi à s'en emparer avant qu'on fasse transporter l'Audi de votre épouse à l'IRCGN. Le substitut était encore sur les lieux quand la dépanneuse est arrivée. Il faisait nuit noire, les enquêteurs étaient sous tension, et surtout, ils n'ont pas surveillé ses faits et gestes.

– Effectivement, il avait beau jeu, tout le monde avait une confiance aveugle en lui. Il a sûrement brûlé la mallette avec l'arme du crime. Cependant, je trouve étrange qu'il n'ait pas pensé que Kay avait pu faire une copie des documents qu'elle avait rassemblés contre lui.

– Il semblerait qu'il n'ait pas réfléchi à tout. Hélas, nous ne sommes pas encore en capacité d'éclaircir ces zones d'ombre.

– Il a eu le temps de nettoyer le Jumper à fond, de le stationner devant chez Vaudeville, de glisser la clef sous le paillasson, de rentrer chez lui à Massy à pied pour sauter dans sa voiture de fonction et de retrouver les enquêteurs sur la nationale ?

– Il avait recouvert tout l'intérieur de la caisse. Ça ne lui a pris que deux minutes pour enlever les bâches. Et puis, il y a moins de quatre kilomètres entre Palaiseau et Massy. En marchant vite, il a mis moins de trois quarts d'heure.

– Il n'a pas été filmé par les caméras de surveillance ?

– Il n'y en a pas partout, Axel.

Ce n'est pas faux, mais ça m'exaspère. Je dodeline de la tête et siffle :

– Oui, bon, passons… Et Moreau dans tout ça ?

– Moreau, répète-t-il sur un ton empreint de lassitude. Eh bien, il s'est fait berner un bon moment avant de réaliser que madame Aubert le menait en bateau. Toutefois, ce n'est qu'après la mort de Kay qu'il a voulu s'expliquer avec elle. Il est alors entré chez elle par effraction, puis il l'a agressée sur le parking de son immeuble, le lendemain. Malheureusement pour lui, quand le PSIG l'a interpellé pour les faits d'agression, votre fils, qui se trouvait avec vous à la brigade, l'a identifié comme étant l'assaillant de sa mère, le soir du 14 juillet. Un peu plus tard, il s'est rendu compte que Baroni et Audrey, forts de l'identification de Zach, continuaient à tirer les ficelles pour que nos soupçons à propos de l'assassinat de votre femme s'orientent vers lui.

– Il a alors eu un geste désespéré en séquestrant le substitut à son domicile pour attirer l'attention des forces de l'ordre, leur crier son innocence et tenter d'avoir une discussion avec moi.

J'ai l'impression d'avoir été vidé de toute mon énergie. Je m'accoude aux bras du fauteuil dans lequel je suis assis, prends ma tête entre mes mains et souffle :

– Alors, c'est fini ?

– Oui, c'est fini, Axel. Baroni est mis en examen pour homicide volontaire avec préméditation, actes de torture et de barbarie ayant entraîné la mort de Kay, ainsi que pour abus de faiblesse caractérisé sur la personne de Moreau. De plus, il devra répondre du chef d'accusation de corruption passive qui, lorsqu'elle concerne un magistrat, n'est plus considérée comme un délit mais comme un crime. Je ne pense pas qu'il retrouve la liberté avant longtemps.

– Et les autres ?

– Audrey Aubert et Elsa Morin sont également mises en examen et devront répondre du chef d'accusation de complicité d'assassinat sur la personne de Kay et d'abus de faiblesse à l'encontre de Moreau qui, lui, demeure inculpé pour coups et blessures volontaires sur la personne de Kay, concernant les faits du 14 juillet, et séquestration sous la menace d'une arme à feu sur la personne de Baroni.

Le procureur quitte son fauteuil et s'approche de moi en terminant :

– Le seul qui est étranger à cette affaire, c'est Vaudeville, finalement.

Je me lève, un peu perdu, et je récupère mon blouson, mon calot, mon gilet pare-balles et mon ceinturon posés sur le bras du fauteuil. Quand j'ajuste mon couvre-chef, mon oreille me démange. Le fait de me gratter me fait penser à un truc. Je me tourne vers le magistrat, yeux arrondis et je bégaie :

– Mais quand Kay… Si Kay…

– Si Kay s'est trouvée assez proche de lui pour pouvoir lui arracher des cheveux, elle aurait dû aussi être en mesure de le griffer au visage, achève-t-il pour moi.

– Exactement. Et il ne l'était pas, sinon on l'aurait tous remarqué.

– J'ai posé la question au docteur Belval.

– Qu'est-ce qu'il a dit ?

– Selon lui, ça s'est passé quand Baroni a entravé Kay avant de la séquestrer à l'arrière du Jumper. Il devait tenir d'une main ses poignets dans son dos, le temps d'extirper un lien quelconque de sa poche avec l'autre. Elle a dû profiter d'un moment où Baroni avait la tête baissée contre son épaule pour pivoter la nuque et tenter de lui mordre la joue ou l'oreille.

– Et elle a atteint le sommet du crâne.

– C'est ce que nous pensons, en effet. Je ne peux être qu'admiratif devant autant de courage et de détermination. On est tous animés par l'instinct de survie, lorsqu'on est confrontés à une telle situation, mais chez Kay, c'est sa passion pour la justice qui l'a emporté sur tout le reste. Vérité et justice, Axel. Elle n'a jamais cessé de chercher à nous fournir des indices, jusqu'à son dernier souffle, puisqu'elle…

– Puisqu'elle a protégé l'ADN de son assassin à l'intérieur de sa bouche.

– Tout à fait. Vous pouvez être fier d'avoir eu l'honneur de partager sa vie.

– Je le suis, Christian. Je le suis, dis-je en prenant la main qu'il me tend.

Je sors de son bureau sans dire un mot de plus. Pas même merci. Pourtant, il a dû en passer des nuits blanches. Quatorze, si je sais compter. Il y a deux semaines aujourd'hui, je retrouvais le corps de Kay, au fond de ce chemin de halage.

Si pour tout le monde l'affaire est close, elle est loin de l'être pour moi. Je ne crois pas que je pourrai tourner la page un jour. Et puis, dans quelques années… s'ouvrira le procès aux Assises.

Je passe les portes du Palais de justice, m'installe au volant de la 206 que Christophe m'a laissée et roule jusqu'au cimetière.

Pendant le trajet, mes pensées s'entremêlent et des émotions de toutes sortes montent en moi. La colère se mélange à la peine, puis elles enlacent toutes deux l'impuissance et la honte que je ressens de n'avoir pas été capable de préserver la vie de ma femme, alors que c'est mon métier.

Je ne peux pas rembobiner le film… Ce n'en est pas un, pas plus qu'un roman dont je pourrais arracher les pages qui ne me conviennent pas et les réécrire à ma manière, pour être en capacité de sauver celle que j'aime.

Je n'ai pas d'autre choix que celui de poursuivre mon chemin, d'élever notre fils du mieux que je pourrai et d'attendre. D'attendre le jugement.

Je reste convaincu qu'Audrey a activement participé à l'enlèvement et à la séquestration de ma femme et qu'elle est allée retrouver Baroni sur le chemin de halage. Pour moi, c'est elle qui lui a amené sa voiture de service et des vêtements propres.

Dans le meilleur des cas, Baroni sortira de taule dans une vingtaine d'années. Dans vingt ans, il me restera cinq ans à servir dans la gendarmerie.

Dans vingt ans, Zach aura vingt-sept ans…

Le ciel est gris quand je gare la 206 devant le cimetière. Presque noir. Quand je sors de la voiture, je suis happé par une bourrasque qui soulève mon calot. Je m'élance à sa poursuite dans l'allée gravillonnée comme si je cavalais après un individu, mon *Glock* et ma paire de menottes bringuebalant dans mon ceinturon d'armes. Sitôt le pied dessus, je le fourre dans ma poche en grognant et me laisse choir sur la tombe de ma femme. Puis je mets ma tête entre mes mains et, à mi-voix, je lui raconte tout.

Quand j'ai terminé, j'ajoute :

– Tu ne saurais pas où est ton pendentif, ma Kay ? On ne l'a pas retrouvé… C'est Audrey qui l'a ?… Elle était sur la scène de crime ?… Tu l'as vue ou pas ?

Je laisse un blanc comme si j'attendais une réponse, puis je renchéris :

– Il reste des zones d'ombre… Je sais que je n'ai pas fini ma mission, mais je dois m'occuper de Zach d'abord… Pas maintenant, mais un jour, je quitterai la gendarmerie.

Je passe l'index sur le coin de mon œil pour stopper une larme naissante et je me lève, le cœur lourd et le dos courbé. Sans un regard vers la tombe, je fais quelques pas, stoppe et me retourne pour terminer d'une voix claire et déterminée :

– Et quand ce jour viendra, je ferai toute la lumière, ma Kay… Je te rendrai la justice que tu mérites !

# REMERCIEMENTS

Un grand merci aux personnes qui ont participé à la publication de ce roman.

Tout d'abord à ma famille, mes amis et mon réseau qui m'ont apporté soutien, conseils, savoir-faire ou des récits issus de leur propre expérience, dans leurs domaines de compétences respectifs, pour que cette enquête se confonde à la réalité.

Puis aux lecteurs qui, par leurs votes, m'ont encouragée tout au long du concours « Fait divers » organisé par Fyctia. Grâce à eux, *Chats noirs* a été sélectionné en finale.

Mais aussi, à l'ensemble des membres du jury du concours qui, après avoir délibéré, ont choisi mon manuscrit.

Et enfin, aux éditrices de la collection Hugo Thriller, au graphiste et à la correctrice qui m'ont apporté leurs compétences pour que *Chats noirs* soit entre vos mains.

Bonne lecture !

Véronique Rivat

*Composition et mise en pages*
*Nord Compo à Villeneuve-d'Ascq*

*Imprimé en France par*
CPI Bussière
en octobre 2024
N° d'impression : 2080601